教育部思政课教学方法改革择优推广项目“思政课‘一线二红三实’立体教学模式研究”(17JDSZK119)
湖北省高校人文社会科学重点研究基地——大学生发展与创新教育研究中心项目(D
湖北省高等学校省级教学研究项目(2018152)
中国地质大学(武汉)教学研究项目(2015A42)

思想道德修养与法律基础辅助教材

主　编　杨美华　张　洁　马洪杰　高翠欣
副主编　高艳丽　于晓舟　姚　琳　束永睿
王明华

中国地质大学出版社
ZHONGGUO DIZHI DAXUE CHUBANSHE

图书在版编目(CIP)数据

思想道德修养与法律基础辅助教材/杨美华等主编. —武汉：中国地质大学出版社，2019.9(2021.8 重印)
(高校思想政治理论课系列辅助教材)
ISBN 978-7-5625-4594-1

Ⅰ.①思…
Ⅱ.①杨…
Ⅲ.①思想修养-高等学校-教学参考资料②法律-中国-高等学校-教学参考资料
Ⅳ.①G641.6②D920.4

中国版本图书馆 CIP 数据核字(2019)第 193600 号

思想道德修养与法律基础辅助教材

杨美华 张 洁 马洪杰 高翠欣 主 编
高艳丽 于晓舟 姚 琳 束永睿 王明华 副主编

责任编辑：郑济飞　　选题策划：郑济飞　　责任校对：徐蕾蕾

出版发行：中国地质大学出版社(武汉市洪山区鲁磨路 388 号)　　邮政编码:430074
电话:(027)67883511　　传真:67883580　　E-mail:cbb@cug.edu.cn
经销:全国新华书店　　http://cugp.cug.edu.cn

开本:787mm×1 092mm 1/16　　字数:300 千字　　印张:11.75
版次:2019 年 9 月第 1 版　　印次:2021 年 8 月第 2 次印刷
印刷:武汉市籍缘印刷厂

ISBN 978-7-5625-4594-1　　定价:29.80 元

总 序

习近平总书记指出:"青年是整个社会力量中最积极、最有生气的力量,国家的希望在青年,民族的未来在青年。今天,新时代中国青年处在中华民族发展的最好时期,既面临着难得的建功立业的人生际遇,也面临着'天将降大任于斯人'的时代使命。"新时代中国大学生的思想政治素质,直接关系到"两个一百年"奋斗目标和中华民族伟大复兴梦想的实现。习近平总书记还指出:"思想政治理论课是落实立德树人根本任务的关键课程。"这门课程对于当代青年的成长成才具有思想指引和启迪作用。思想政治理论课用新时代中国特色社会主义思想铸魂育人,引导学生增强中国特色社会主义道路自信、理论自信、制度自信、文化自信,厚植爱国主义情怀;思政课教育学生把爱国情、强国志、报国行自觉融入坚持和发展中国特色社会主义事业、建设社会主义现代化强国、实现中华民族伟大复兴的奋斗之中。思政课作用不可替代。

中国地质大学(武汉)马克思主义学院的思政课教师们,深刻认识到党和国家对思政课的新要求,深入了解学生对思政课的新期待,充分发挥教学积极性、主动性、创造性,以教育部思政课教学方法改革择优推广项目"思政课'一线二红三实'立体教学模式研究"(17JDSZK119)为依托,积极开展思政课教学实践创新。一是建设马克思主义基本原理概论等四门在线课程("一线")。以课堂教学为主、在线教学为辅,以在线教学补充课堂教学,通过二者的结合克服传统课堂教学的单一性。二是实行以"红色之旅""红色之声"为载体的问题导入式教学方式("二红")。"红色之旅"将课堂上的理论思辨转变为实际体验,提高了教学的针对性和实践性;"红色之声"将传统师生之间单向的理论灌输转变为学生之间双向的思想对话,彰显了教育客体的主动性和教育内容的生动性。三是构建思政课教学实验室、实践教学基地和思想政治教育实测中心三个互动性教育教学平台("三实")。"一线""二红"和"三实"之间相互联系、相互依存,犹如一个纽带,把课堂教学、在线教学、实践教学紧密联系在一起,把教学主体与客体、教学过程与结果紧密结合在一起,切实提高了思政课的思想性、理论性、针对性和亲和力。

为了进一步帮助大学生学好思政课，使大学生真学、真懂、真信、真用马克思主义，我们编写了高校思想政治理论课系列辅助教材。本系列辅助教材由四本书构成，分别是《马克思主义基本原理概论辅助教材》《毛泽东思想和中国特色社会主义体系概论辅助教材》《中国近现代史纲要辅助教材》《思想道德修养与法律基础辅助教材》。《马克思主义基本原理概论辅助教材》旨在帮助大学生更好地理解马克思主义的基本原理，掌握马克思主义的基本立场、观点和方法，把握人类社会发展规律，坚定共产主义理想信念。《毛泽东思想和中国特色社会主义体系概论辅助教材》旨在帮助大学生掌握马克思主义中国化的历程与理论成果，把握社会主义建设规律、共产党执政规律，学会运用中国化的马克思主义立场、观点和方法观察、分析和解决中国社会的实际问题。《中国近现代史纲要辅助教材》旨在帮助大学生深刻认识近现代中国社会发展和革命发展的历史进程及其内在的规律性，正确认识近代以来历史和人民是如何选择了中国共产党，选择了马克思主义，选择了社会主义道路，选择了改革开放，从而坚定对中国特色社会主义的“四个自信”。《思想道德修养与法律基础辅助教材》旨在帮助大学生树立正确的世界观、人生观、价值观、道德观、法治观，培养大学生良好的思想道德素质与法律意识、法治素质。本套丛书是教育部高校思政课教学方法改革项目择优推广计划“思政课‘一线二红三实’立体教学模式研究”的阶段性成果，也是我们长期以来对思政课教学经验的一次系统总结。

四本辅助教材均包含了知识要点、重要概念、重难点解析和练习题四个部分，列出了大学生必须掌握的基本知识和重要概念，对学习中的重点、难点问题进行了详细解析，并列出大量的练习题包括单选、多选、简答、材料分析等供大学生复习。辅助教材中的内容既与 2018 年出版的思政课新教材的内容与要求相一致，又与近年来研究生入学考试公共政治课的题型与内容相通相融，既便于在校大学生的思政课学习复习，又有利于研究生入学考试备考，同时也可为有志于报考马克思主义理论专业硕士学位的考生备考专业课提供学习参考。

由于编者水平有限，加之时间仓促，书中难免有不足之处，敬请广大读者批评指正！

编　者

2019 年 8 月

使用说明

本书是高等教育出版社出版的、全国普通高等学校本科生思想政治理论课统一使用的教材《思想道德修养与法律基础》(2018年版)配套的辅助教材。

思想道德修养与法律基础是一门融思想性、政治性、科学性、理论性、实践性于一体的思想政治理论课,包含众多知识点,具有较强的理论性和实践性。为帮助学生更好地掌握马克思主义的世界观、人生观、价值观、道德观和法治观,学习好这门课程,我们特编写了本书。

本书包含绪论、6章正文及参考答案共8个部分,总体结构和内容均与《思想道德修养与法律基础》(2018年版)教材保持一致,涵盖了教材的全部重要知识点;同时又特别参考了近十年的全国硕士研究生入学统一考试的政治理论考试大纲及其他资料,对比较重要、在各类相关考试(如研究生入学考试、公务员考试等)中时有出现的知识点进行了补充论述。

每个部分中又包含5个子部分,分别简要说明如下:

(1)知识要点图示。用简明图表的方式将本部分的主要知识点展示出来,帮助学生对本部分的主要内容和基本结构作一个大概的了解,同时还可作为复习时的提要。

(2)重要概念。对本部分所涉及的重要概念进行说明,帮助学生准确完整地理解这些概念。

(3)重难点解析。对本部分的重要知识点和较难理解、把握的知识点进行分析和解读,帮助学生尽快掌握重点和难点。

(4)练习题。精心编写和选择了各类练习题,特别加入了近年来的全国硕士研究生入学统一考试真题(所有真题都在题前括号中标注年份),帮助学生查缺补漏、复习备考。

(5)推荐阅读文献。精心为学生推荐了与各章节主题相关的阅读文献,包括经典原著、学术著作、通俗读物等,帮助学生更好地理解和掌握各章节的知识点。

本书中还附有练习题参考答案。练习题的参考答案可以帮助学生进行自我测试,检验学习效果。

目　录

绪 论

知识要点图示

(一)我们处在中国特色社会主义新时代
- 1. 新时代是我们理解当前所处历史方位的关键词
- 2. 全面理解中国梦

(二)时代新人要以民族复兴为己任
- 1. 做有理想有本领有担当的时代新人
- 2. 提升思想道德素质与法治素养

重要概念

(1)思想道德素质。思想道德素质是人们的思想观念、政治立场、价值取向、道德情操和行为习惯等方面品质和能力的综合体现,反映着一个人的思想境界和道德风貌,是促进个体健康成长、社会发展进步的重要保障。

(2)法治素养。法治素养是指人们通过学习法律知识、理解法律本质、运用法治思维、依法维护权利与依法履行义务的素质、修养和能力,对于保证人们尊崇法治、遵守法律具有重要的意义。

重难点解析

(一)新时代的内涵

1. 中国特色社会主义进入新时代的"三个意味着"

(1)意味着近代以来久经磨难的中华民族迎来了从站起来、富起来到强起来的伟大飞跃,迎来了实现中华民族伟大复兴的光明前景。

(2)意味着科学社会主义在21世纪的中国焕发出强大生机活力,在世界上高高举起了中国特色社会主义伟大旗帜。

(3)意味着中国特色社会主义道路、理论、制度、文化不断发展,拓展了发展中国家走向现代化的途径,给世界上那些既希望加快发展又希望保持自身独立性的国家和民族提供了全新选择,为解决人类问题贡献了中国智慧和中国方案。

2. 新时代的内涵

这个新时代，是承前启后、继往开来、在新的历史条件下继续夺取中国特色社会主义伟大胜利的时代；这个新时代，是决胜全面建成小康社会、进而全面建设社会主义现代化强国的时代；这个新时代，是全国各族人民团结奋斗、不断创造美好生活、逐步实现全体人民共同富裕的时代；这个新时代，是全体中华儿女勠力同心、奋力实现中华民族伟大复兴中国梦的时代；这个新时代，是我国日益走近世界舞台中央、不断为人类做出更大贡献的时代。

(二)中国梦的内涵

(1)“中国梦”，是中国共产党第十八次全国代表大会召开以来，习近平总书记所提出的重要指导思想和重要执政理念。2012 年 11 月 29 日，在国家博物馆，中共中央总书记习近平在参观“复兴之路”展览时，第一次阐释了“中国梦”的概念，即“实现中华民族伟大复兴，就是中华民族近代以来最伟大梦想”。

(2)“中国梦”的核心目标可以概括为“两个一百年”的目标：到 2021 年中国共产党成立 100 周年和 2049 年中华人民共和国成立 100 周年时，逐步并最终顺利实现中华民族的伟大复兴。具体表现是国家富强、民族振兴、人民幸福；实现途径是走中国特色的社会主义道路、坚持中国特色社会主义理论体系、弘扬民族精神、凝聚中国力量，实施手段是政治、经济、文化、社会、生态文明五位一体建设。

(3)“中国梦”的特色：①“中国梦”是历史的、现实的，也是未来的；②“中国梦”是国家的、民族的、也是每一个中国人的。

(三)时代新人的根本要求

党的十九大提出了“培养担当民族复兴大任的时代新人”的战略要求。大学生应该以有理想、有本领、有担当为根本要求，夯实综合素质基础，着力提升思想道德素质和法治素养，展现新的风貌、新的姿态，成为中国特色社会主义事业的合格建设者和可靠接班人，成为走在时代前列的奋进者、开拓者、奉献者。

1. 做有理想有本领有担当的时代新人

(1)要有崇高的理想信念，牢记使命，自信自励。理想指引人生方向，信念决定事业成败。崇高的理想信念是事业和人生的灯塔，决定我们的方向和立场，也决定我们的精神状态和实际行动，直接关系着人生目标的选择、人生价值的实现。大学生要保持对理想信念的激情和执着，将实现“两个一百年”奋斗目标、实现中华民族伟大复兴中国梦的历史使命内化为担当的自觉，外化为实际的行动，从容自信、坚定自励。

(2)要有高强的本领才干，勤奋学习，全面发展。不断增强的本领才干，是青春焕发光彩的重要源泉。新时代大学生素质和本领的强弱，直接影响着民族复兴的进程。大学生应把学习作为首要任务，树立梦想从学习开始、事业靠本领成就的观念，让勤奋学习成为青春远航的动力，让增长本领成为青春搏击的能量。

(3)要有天下兴亡、匹夫有责的担当精神，讲求奉献，实干进取。青春至美是担当，青年的担当是决定人生价值的最大砝码，是影响时代发展进程的重要力量。作为实现中华民族伟大复兴的生力军，大学生的担当精神体现为奉献祖国、奉献人民、尽心尽力、勇于担责，必须讲求奉献，实干进取，自觉树立国家意识、民族意识、责任意识，把个人前途命运与国家、民族的前途命运紧紧地联系在一起，在尽责集体、服务社会、贡献国家中实现人生理想和人生价值。

2. 提升思想道德素质与法治素养

做有理想有本领有担当的时代新人，必须具备良好的思想道德素质和法治素养。思想道德素质和法治素养，是思想政治素质、道德素质和法治素养的有机融合，是新时代大学生必须具备的基本素质。

大学生应当通过理论学习和实践体验，牢固树立坚定的理想信念和正确的价值观念，陶冶高尚的道德情操，增强尊法学法守法用法的自觉性，不断提高自身的思想道德素质和法治素养。

（四）思想道德和法律的关系

思想道德和法律都是调节人们思想行为、协调人际关系、维护社会秩序的重要手段。思想道德和法律虽然在调节领域、调节方式、调节目标等方面存在很大不同，但二者都是上层建筑的重要组成部分，共同服务于一定的经济基础。

(1)思想道德为法律提供思想指引和价值基础。思想道德为法律的制定、发展和完善提供价值准则，是社会主义法律正当性和合理性的重要基础；思想道德能够促进人们自觉尊法学法守法用法，维护法律权威；思想道德调整社会关系的范围和方式更加广泛灵活，可以弥补法律调整的短板，与法律一道共同促进良好社会秩序的形成。

(2)法律为思想道德提供制度保障。法律通过对思想道德的基本原则予以确认，为思想道德建设提供国家强制力保障。科学立法和民主立法，可以将思想道德有机融入法律体系，使法律具有鲜明道德导向，让法治成为良法善治；严格执法和公正司法，有利于维护社会公平正义，弘扬真善美，打击假恶丑，使思想道德要求在实践中得到切实遵循；全民普法和全民守法，有助于增强人们信守法律的思想道德水平，引导人们自觉履行法定义务、家庭责任、社会责任。

（五）学习“思想道德修养与法律基础”课程的意义

(1)有助于大学生领悟人生真谛，坚定理想信念，践行社会主义核心价值观，做新时代的忠诚爱国者和改革创新的生力军。

(2)有助于大学生形成正确的道德认知，积极投身道德实践，做到明大德、守公德、严私德。

(3)有助于大学生全面把握社会主义法律的本质、运行和体系，理解中国特色社会主义法治体系和法治道路的精髓，增进法治意识，养成法治思维，更好行使法律权利、履行法律义务，做到尊法学法守法用法，从而具备优秀的思想道德素质和法治素养。

练习题

（一）单项选择题

1. 党的十九大报告明确指出，经过长期努力，中国特色社会主义进入了(　　)，这是我国发展新的历史方位。

A. 新时期　　B. 新阶段　　C. 新时代　　D. 新征程

2. “中国梦”，是中国共产党第十八次全国代表大会召开以来，习近平总书记所提出的重要指导思想和重要执政理念，正式提出于(　　)。

A. 2012 年 11 月 29 日　　B. 2013 年 3 月 17 日

C. 2014 年 3 月 22 日　　D. 2017 年 10 月 18 日

3. “中国梦”的核心目标可以概括为“两个一百年”的目标，其本质是(　　)。

A. 国家富强、社会和谐、人民幸福　　B. 国家富强、社会发展、民族振兴

C. 国家富强、民族振兴、人民幸福　　D. 国家富强、民族振兴、社会和谐

4. 在综合分析国际国内形势和我国发展条件的基础上，党的十九大报告提出我国基本实现社会主义现代化的时间是(　　)。

A. 2035 年　　B. 2040 年　　C. 2045 年　　D. 2050 年

5. 思想道德为法律的制定、发展和完善提供(　　)，是社会主义法律正当性和合理性的重要基础。

A. 精神支撑　　B. 道德标准　　C. 价值准则　　D. 道义力量

6. (　　)是人们的思想观念、政治立场、价值取向、道德情操和行为习惯等方面品质和能力的综合体现，反映着一个人的思想境界和道德风貌，是促进个体健康成长、社会发展进步的重要保障。

A. 科学文化素养　　B. 政治素养　　C. 法治素养　　D. 思想道德素质

7. (　　)指人们通过学习法律知识、理解法律本质、运用法治思维、依法维护权利与依法履行义务的素质、修养和能力，对于保证人们尊崇法治、遵守法律具有重要的意义。

A. 政治素养　　B. 法治素养　　C. 法治意识　　D. 法治思维

8. 大学阶段，是人生发展的重要时期，是(　　)形成的关键时期。

A. 世界观、人生观、价值观　　B. 人生观、价值观、荣辱观

C. 世界观、人生观、法制观　　D. 人生观、价值观、法制观

9. 大学生应把学习作为(　　)，树立梦想从学习开始、事业靠本领成就的观念，让勤奋学习成为青春远航的动力，让增长本领成为青春搏击的能量。

A. 主要任务　　B. 首要任务　　C. 重要任务　　D. 基本任务

10. 2018 年 9 月 10 日，习近平总书记在全国教育大会上指出，培养什么人，是教育的首要问题。我国是中国共产党领导的社会主义国家，这就决定了我们的教育必须把(　　)作为根本任务。

A. 全面深化教育体制改革　　B. 培养社会主义建设者和接班人

C. 实现社会主义现代化　　D. 实现中华民族伟大复兴

11. 苏轼说：“古之立大事者，不惟有超世之才，亦必有坚忍不拔之志。”在 2018 年 5 月 2 日北京大学师生座谈会上，习近平总书记借苏轼之名言鼓励广大青年立鸿鹄志、做奋斗者。下列古语中与苏轼名言意思基本一致的是(　　)。

A. 玉不琢，不成器；人不学，不知道　　B. 千淘万漉虽辛苦，吹尽狂沙始到金

C. 道虽迩，不行不至；事虽小，不为不成　　D. 志不立，天下无可成之事

12. “纸上得来终觉浅，绝知此事要躬行”。这是在 2018 年 5 月 2 日北京大学师生座谈会上，习近平总书记所引用的一句经典名句。与它意思相似的古语是(　　)。

A. 非学无以广才，非志无以成学　　B. 见善则迁，有过则改
C. 利于国者爱之，害于国者恶之　　D. 知者行之始，行者知之成

(二)多项选择题

1. 中国梦是历史的、现实的，也是未来的。它凝结着无数仁人志士的不懈努力，承载着全体中华儿女的共同向往，昭示着(　　)的美好前景。

A. 国家富强　　B. 民族振兴　　C. 社会和谐　　D. 人民幸福

2. 新时代为大学生成长成才、勤学报国提供了广阔的舞台和无限的机遇。新时代属于每一个人，每一个人都是新时代的(　　)。

A. 见证者　　B. 开创者　　C. 建设者　　D. 旁观者

3. 我们党立志于中华民族千秋伟业，必须培养一代又一代拥护中国共产党领导、立志为中国特色社会主义事业奋斗终生的人才。习近平总书记强调，青年一代(　　)，国家就有前途，民族就有希望。

A. 有理想　　B. 有本领　　C. 有文化　　D. 有担当

4. 2016 年 7 月 1 日，在庆祝中国共产党成立 95 周年大会上，习近平总书记指出，坚持不忘初心、继续前进，就要坚持中国特色社会主义(　　)，坚持党的基本路线不动摇，不断把中国特色社会主义伟大事业推向前进。

A. 道路自信　　B. 理论自信　　C. 制度自信　　D. 文化自信

5. 2018 年 5 月 2 日，习近平总书记在北京大学同师生代表座谈时，向新时代青年提出了希望，即(　　)。

A. 要爱国，忠于祖国，忠于人民　　B. 要励志，立鸿鹄志，做奋斗者
C. 要求真，求真学问，练真本领　　D. 要力行，知行合一，做实干家

6. 青春至美是担当，青年的担当是决定人生价值的最大砝码，是影响时代发展进程的重要力量。作为实现中华民族伟大复兴的生力军，大学生的担当精神体现为(　　)。

A. 奉献祖国　　B. 奉献人民　　C. 尽心尽力　　D. 勇于担责

7. 思想道德和法律都是上层建筑的重要组成部分，两者发挥作用的不同点体现在(　　)。

A. 经济基础　　B. 调节领域　　C. 调节方式　　D. 调节目标

8. 思想道德具有引领和教化作用，它为法律提供思想指引和价值基础，具体体现在(　)。

A. 为法律的制定、发展和完善提供价值准则
B. 能够促进人们自觉尊法学法守法用法，维护法律权威
C. 可以弥补法律调整的短板，与法律一道共同促进良好社会秩序的形成
D. 为法治建设提供国家强制力保障

9. 法律具有规范和强制作用，它为思想道德提供制度保障，具体体现在(　　)。

A. 法律通过对思想道德的基本原则予以确认，为思想道德建设提供国家强制力保障
B. 科学立法和民主立法，可以将思想道德有机融入法律体系
C. 严格执法和公正司法，可以使思想道德要求在实践中得到切实遵循
D. 全民普法和全民守法，有助于增强人们信守法律的思想道德水平

10. 思想道德素质反映着一个人的思想境界和道德风貌，是促进个体健康成长、社会发展进步的重要保障。能体现思想道德素质的品质和能力有(　　)。

A. 思想观念　　B. 政治立场　　C. 价值取向　　D. 行为习惯

11. 学习思想道德修养与法律基础辅助教材，有助于大学生形成正确的道德认知，积极投身道德实践，做到（　　）。

A. 明大德　　B. 守公德　　C. 严私德　　D. 讲小德

12. 学习思想道德修养与法律基础辅助教材，有助于大学生全面把握社会主义法律的本质、运行和体系，理解中国特色社会主义法治体系和法治道路的精髓，增进法治意识，养成法治思维，更好行使法律权利、履行法律义务，做到（　　）。

A. 尊法　　B. 学法　　C. 守法　　D. 用法

（三）简答题

1. 如何理解中国特色社会主义进入新时代？

2. 简述思想道德与法律的关系。

3. 简述思想道德素质与法治素养的含义。

4. 简述大学生学习“思想道德修养与法律基础”课程的意义？

（四）论述题

1. 论述提升思想道德素质与法治素养的重要性。

2. 论述成为中国特色社会主义时代新人的要求。

（五）材料分析题

材料分析题1

【材料1】 1910年，上海人陆士谔在幻想小说《新中国》里记载了一个神奇的梦。梦中主人公随时光穿梭，看到“万国博览会”在上海浦东举行，为方便市民参观，上海滩建成了浦东大铁桥和越江隧道，还造了地铁，工厂中的机器有鬼斧神工之妙，租界的治外法权已经收回，汉语成了世界通用的流行语言……最后梦中人一跤跌醒，却言道：“休说是梦，到那时，真有这景象也未可知。”

1920年，孙中山先生完成《建国方略》一书，提出了修建三峡水利、建设高原铁路系统等宏伟设想，构想了工厂遍地、机器轰鸣、高楼大厦矗立城乡、火车轮船繁忙往返的现代化景象，描画了“万众一心，急起直追，以我五千年文明优秀之民族，应世界之潮流，而建设——政治最修明、人民最安乐之国家”的愿景。

——摘自《经济日报》（2012年12月2日）

【材料2】 2012年11月29日，党的十八大闭幕不久，习近平总书记率中央政治局常委和中央书记处的同志来到国家博物馆，参观《复兴之路》展览。习近平总书记深情指出：“现在，大家都在讨论中国梦，我以为，实现中华民族伟大复兴，就是中华民族近代以来最伟大的梦想。”……经过鸦片战争以来170多年的持续奋斗，中华民族伟大复兴展现出光明的前景。深藏于中国人民心中的民族复兴梦想，就要梦想成真。正如习近平总书记指出的：“现在，我们比历史上任何时期都更接近中华民族伟大复兴的目标，比历史上任何时期都更有信心、有能力实现这个目标。”

——摘自《人民日报》(2016 年 4 月 20 日)

【材料 3】 中国梦是国家的梦、民族的梦，也是包括广大青年在内的每个中国人的梦。“得其大者可以兼其小。”只有把人生理想融入国家和民族的事业中，才能最终成就一番事业。希望你们珍惜韶华、奋发有为，勇做走在时代前面的奋进者、开拓者、奉献者，努力使自己成为祖国建设的有用之才、栋梁之材，为实现中国梦奉献智慧和力量。

——摘自《人民日报》(2013 年 5 月 5 日)

【材料 4】 今天高校学生的人生黄金时期，同“两个一百年”奋斗目标的实现完全吻合。亲自参与这个伟大历史进程，实现几代中国人的夙愿，实乃人生之大幸……要自觉把个人的理想追求融入国家和民族的事业中，勇做走在时代前列的奋进者、开拓者，书写无愧于时代的青春之歌和精彩人生。

——摘自《习近平在全国高校思想政治工作会议上的讲话》(2016 年 12 月 7 日)

结合材料回答问题：

1. 为什么说“实现中华民族伟大复兴，就是中华民族近代以来最伟大的梦想”？

2. 作为大学生，我们应该如何“书写无愧于时代的青春之歌和精彩人生”？

材料分析题 2

党的十九大报告从中华人民共和国发展史、中华民族发展史、世界社会主义发展史和人类社会发展史的宏大坐标中，用如椽巨笔标定了中华民族“复兴号”巨轮的前进方向，指出“经过长期努力，中国特色社会主义进入了新时代，这是我国发展新的历史方位”。

中国特色社会主义进入新时代，意味着近代以来久经磨难的中华民族迎来了从站起来、富起来到强起来的伟大飞跃，迎来了实现中华民族伟大复兴的光明前景；意味着科学社会主义在 21 世纪的中国焕发出强大生机活力，在世界上高高举起了中国特色社会主义伟大旗帜；意味着中国特色社会主义道路、理论、制度、文化不断发展，拓展了发展中国家走向现代化的途径，给世界上那些既希望加快发展又希望保持自身独立性的国家和民族提供了全新选择，为解决人类问题贡献了中国智慧和中国方案。这“三个意味着”深刻揭示了我们从哪里来、现在在哪里、将到哪里去，彰显了新时代的伟大意义。中国特色社会主义进入新时代的重大政治论断，建立在对世情国情党情的科学分析和准确判断之上，建立在我国发展的国际环境面临新的形势、中国特色社会主义进入新的发展阶段、我国社会主要矛盾发生新变化、我们党的奋斗目标有了新内涵、我们党的自身建设有了新要求基础之上，有着充分的历史依据、现实依据和理论依据。

——摘自《人民日报》(2018 年 2 月 14 日)

结合材料回答问题：

如何理解“中国特色社会主义进入了新时代”？

材料分析题 3

【材料 1】 青年是整个社会力量中最积极、最有生气的力量，国家的希望在青年，民族的未来在青年。今天，新时代中国青年处在中华民族发展的最好时期，既面临着难得的建功立业的人生际遇，也面临着"天将降大任于斯人也"的时代使命。新时代中国青年要继续发扬五四精神，以实现中华民族伟大复兴为己任，不辜负党的期望、人民期待、民族重托，不辜负我们这个伟大时代。

自古英雄出少年。在漫漫历史长河中，人类社会青年英雄辈出，中华民族青年英雄辈出。《共产党宣言》发表时马克思是 30 岁，恩格斯是 28 岁。列宁最初参加革命活动时只有 17 岁。牛顿和莱布尼茨发现微积分时分别是 22 岁和 28 岁，达尔文开始环球航行时是 22 岁，爱因斯坦提出狭义相对论时是 26 岁。贾谊写出"西汉一代最好的政论"时不到 30 岁，王勃写下千古名篇《滕王阁序》时才 20 多岁。在我们党领导人民进行革命、建设、改革的伟大历史进程中更是青年英雄辈出。中共一大召开时毛泽东是 28 岁，周恩来参加中国共产党时是 23 岁，邓小平参加旅欧中国少年共产党时是 18 岁。杨靖宇牺牲时是 35 岁，赵一曼牺牲时是 31 岁，江姐牺牲时是 29 岁，红三十四师师长陈树湘牺牲时是 29 岁，邱少云牺牲时是 26 岁，雷锋牺牲时是 22 岁，黄继光牺牲时是 21 岁，刘胡兰牺牲时只有 15 岁。守岛 32 年的王继才第一次登上开山岛时是 26 岁，航天报国的嫦娥团队、神舟团队平均年龄是 33 岁，北斗团队平均年龄是 35 岁。这样的青年英杰数不胜数！我们要用欣赏和赞许的眼光看待青年的创新创造，积极支持他们在人生中出彩，为青年取得的成就和成绩点赞、喝彩，让青春成为中华民族生气勃发、高歌猛进的持久风景，让青年英雄成为驱动中华民族加速迈向伟大复兴的蓬勃力量！

——摘自《习近平在纪念五四运动 100 周年大会上的讲话》(2019 年 5 月 1 日)

【材料 2】 要成才，先成人。立德为先，修身为本，是青年成长的基本规律。在中国政法大学考察时，习近平总书记循循善诱，"广大青年人人都是一块玉，要时常用真善美来雕琢自己，不断培养高洁的操行和纯朴的情感"；在全国教育大会上，习近平总书记强调要"在加强品德修养上下功夫"，把品德修养作为社会主义建设者和接班人的基本素质。"人生的扣子从一开始就要扣好"，所以价值观培养不能拖；青少年阶段是人生的"拔节孕穗期"，所以铸魂育人的工作必须优先进行。党的十八大以来，习近平总书记始终心系青年的道德培育工作，为青年成长指明方向，对青年未来寄予期望。

——摘自《光明日报》(2019 年 5 月 2 日)

结合材料回答问题：

1. 如何认识"自古英雄出少年"这一社会现象？

2. 如何做新时代新青年？

推荐阅读文献

[1]中共中央宣传部.习近平总书记系列重要讲话读本[M].北京:学习出版社、人民出版社,2016.

[2]习近平.给北京大学学生回信勉励当代青年:勇做走在时代前面的奋进者开拓者奉献者[N].人民日报,2013-05-05.

[3]习近平.在纪念五四运动100周年大会上的讲话[N].人民日报,2019-05-01.

[4]光明日报评论员.答好新时代的道德考卷——二论学习领会习近平总书记在纪念五四运动100周年大会上的重要讲话精神[N].光明日报,2019-05-02.

[5]闻言.为实现中华民族伟大复兴的中国梦而奋斗是中国青年运动的时代主题[N].人民日报,2017-09-12.

[6]刘汉俊.在新时代书写不忘初心牢记使命新篇章[N].人民日报,2018-02-14.

[7]李斌.为实现中国梦增添强大青春能量[N].人民日报,2019-04-22.

第一章 人生的青春之问

知识要点图示

- (一)人生观是对人生的总看法
  - 1. 人生与人生观
    - 正确认识人的本质
    - 人生观的主要内容
    - 人生观与世界观
  - 2. 个人与社会的辩证关系
    - 对立统一的关系
    - 个人利益与社会利益的关系
- (二)正确的人生观
  - 1. 科学高尚的人生追求
  - 2. 积极进取的人生态度
  - 3. 人生价值的评价与实现
- (三)创造有意义的人生
  - 1. 辩证看待人生矛盾
    - 树立正确的幸福观
    - 树立正确的得失观
    - 树立正确的苦乐观
    - 树立正确的顺逆观
    - 树立正确的生死观
    - 树立正确的荣辱观
  - 2. 反对错误人生观
    - 反对拜金主义
    - 反对享乐主义
    - 反对极端个人主义
  - 3. 成就出彩人生
    - 与历史同向
    - 与祖国同行
    - 与人民同在

重要概念

(1)世界观。世界观是人们对生活在其中的世界以及人与世界的关系的总体看法和根本观点。一个人思考生活的意义,树立追求的理想目标,确定以怎样的方式对待生活,探讨协调身与心、自我与他人、个人与社会的关系,总是以其世界观为根据,受到其世界观的制约和影响。世界观决定人生观,有什么样的世界观,就会有什么样的人生观。由于人们的社会地位不同,观察问题的角度不同,就会形成不同的世界观。

(2)人生观。人生观是人们在实践中形成的关于人生目的、人生态度、人生价值等问题的总观点和总看法。人生观是世界观的一个重要组成部分,受世界观的制约。人生观决定着人生道路的方向,也决定着人们行为选择的价值取向和用什么样的方式对待实际生活。人生观主要是通过人生目的、人生态度和人生价值三个方面体现出来的。

(3)价值观。价值观是人们判断某种事物好坏或有无价值的基本态度和立场。它是人们基于主体需要这一尺度,对于什么是价值、怎样评判价值、如何创造价值等问题的根本观点,是人们关于基本价值的信念、信仰和理想系统。它既表现为一定的价值目标,又表现为一定的价值尺度和准则。

重难点解析

(一)正确认识人的本质

在人类思想史上,马克思第一次对人的本质做出科学界定。马克思关于人的本质有三个界定,即:“劳动”是人区别于动物的一般本质,“需要”是人与人之间发生相互联系的本质,在现实性上,人的本质是一切社会关系的总和。

1.劳动是人区别于动物的一般本质

马克思在《1844年经济学哲学手稿》中指出:“劳动这种生命活动、这种生产生活本身对人来说不过是满足他的需要即维持肉体生存的需要的手段。而生产生活本来就是类生活。这是产生生命的生活。一个种的全部特性、种的类特性就在于生命活动的性质,而人的类特性恰恰就是自由的自觉的活动。”这里说的人的类特性即人的本质,这里说的自由的自觉的活动即劳动。

(1)从人类及其历史产生来看,劳动是人的本质。“整个所谓世界历史不外是人通过人的劳动而诞生的过程,是自然界对人来说的生成过程”。

(2)人区别于动物的根本标志是能制造并使用生产工具从事生产劳动,以获取自己所必需的物质生活资料。

(3)人们从事生产劳动或其他社会活动,不能单个人孤立地进行,必须互相依赖、互相合作,结成一定的社会关系才能进行。

(4)人类的活动是有意识、有目的的,人类能够利用自己制造的工具从事生产劳动,从自然界获取自己必需的物质资料,使自然界为自己的目的服务。

2. 人的需要是人们发生相互联系的本质

这一观点是马克思、恩格斯在《德意志意识形态》中提出的。马克思、恩格斯指出："在任何情况下，个人总是'从自己出发的'，但由于从他们彼此不需要发生任何联系这个意义上来说他们不是唯一的，由于他们的需要即他们的本性，以及他们求得满足的方式，把他们联系起来（两性关系、交换、分工），所以他们必然要发生相互关系。"简单地说，就是人的需要即人的本质（本性）。

3. 人的本质是一切社会关系的总和

马克思在《关于费尔巴哈的提纲》中指出："人的本质不是单个人所固有的抽象物，在其现实性上，它是一切社会关系的总和。"简单地说，就是人的本质是一切社会关系的总和。

马克思将人的本质定义为一切社会关系的总和，这不仅仅是从人区别于动物的角度上来进行区分的，更多的是从人与人之间的区别上来阐释的，这就涉及到了人类社会的分工和协作。这种人与人之间的区别，既包括不同时代的人之间的区别，又包括同一时代处于不同社会地位的人之间的区别。

"人的本质是一切社会关系的总和"，所讲的不是一切人所共有的一般本质，而是不同的人所具有的不同的本质，即人的具体本质。人的具体本质不是先天的，而是后天的；不是不变的，而是随着社会关系的变化而变化的。

任何人都是处在一定的社会关系中从事社会实践活动的人。社会属性是人的本质属性。每一个人从来到人世的那天起，就从属于一定的社会群体，同周围的人发生各种各样的社会关系，如家庭关系、地缘关系、业缘关系、经济关系、政治关系、法律关系、道德关系等。人的社会关系的总和决定了人的本质。人们正是在这种客观的、不断变化的社会关系中塑造自我，成为真正现实的、具有个性特征的人。因此，认识人的本质，只能立足于具体的、历史的社会关系中从事社会实践的人，而不能从抽象的人性论出发，更不能依靠神的启示。正是在一定的社会历史条件下，人们面对各种各样的境遇，在客观的不断变化的社会关系中实践人生，通过现实的生活逐渐地感悟人生，形成了相应的人生观。

目前，我国学术理论界对劳动是人的本质和人的本质是一切社会关系的总和这两个界定多有论述，而对人的需要即人的本质这一界定则论述很少。

（二）人生观的主要内容

人生观的主要内容包括人生目的、人生态度和人生价值。人生目的回答人为了什么活着，人生态度回答人应当如何活着，人生价值回答什么样的人生才有价值。这三个方面相互联系、相辅相成，统一为一个有机整体。

1. 人生目的

人生目的是指生活在一定历史条件下的人，在人生实践中关于自身行为的根本指向和人生追求。它具有以下作用：①人生目的决定人生道路。人生目的规定了人生的方向，对人们所从事的具体活动起着定向的作用。②人生目的决定人生态度。人生道路上有时会一帆风顺，有时会崎岖不平，面对各种各样的矛盾和斗争，不同的人生目的会使人持有不同的人生态度。③人生目的决定人生价值选择。正确的人生目的会使人懂得人生的价值首先在于奉献，从而在工作中尽心、尽力、尽责。错误的人生目的则会使人把人生价值理解为向社会或他人进行索取，从而把追逐个人私利视为有价值、有意义的人生，而漠视对国家、社会、集体和他人的义务与责任。

2. 人生态度

人生态度是指人们通过生活实践形成的对人生问题的一种稳定的心理倾向和精神状态。它与人生观有如下关系：①一个人有什么样的人生观就会有什么样的人生态度。②一个人对人生的态度如何，往往又制约着他对整个世界和人生的看法，从而对个人的世界观、人生观产生重要的影响。

3. 人生价值

人生价值是指人的生命及其实践活动对于社会和个人所具有的作用和意义。它内在地包含了人生的自我价值和社会价值两个方面。

(1)人生的自我价值是个体的人生活动对自己的生存和发展所具有的价值，主要表现为对自身物质和精神需要的满足程度。

(2)人生的社会价值是个体的实践活动对社会、他人所具有的价值。

(3)人生的自我价值与社会价值的关系：①人生的自我价值是个体生存和发展的必要条件，人生的自我价值的实现是个体为社会创造更大价值的前提。②人生的社会价值是社会存在和发展的重要条件，人生社会价值的实现是个体自我完善、全面发展的保障。没有社会价值，人生的自我价值就无法存在。人是社会的人，这不仅意味着个体物质和精神的需要必须在社会中才能得到满足，还意味着以怎样的方式和在多大程度上得到满足也是由社会决定的。

4. 人生目的、人生态度、人生价值三者间的辩证关系

(1)人生目的表明人的一生追求什么，人生态度表示以怎样的心态实现人生目标，人生价值判定一个具体人生的价值和意义。

(2)人生目的决定着人们对待实际生活的基本态度和人生价值的评判标准，人生态度影响着人们对人生目的的持守和人生价值的评判，人生价值制约着人生目的和人生态度的选择。

(三)人生观与世界观的关系

世界观是人们对生活在其中的世界以及人与世界的关系的总体看法和根本观点。一个人思考生活的意义，树立追求的理想目标，确定以怎样的方式对待生活，探讨协调身与心、自我与他人、个人与社会的关系，总是以其世界观为根据，受到其世界观的制约和影响。

人生观与世界观有密切的关系：①世界观决定人生观，有什么样的世界观，就会有什么样的人生观。②人生观又对世界观的巩固、发展和变化起着重要作用。

(四)个人与社会的关系

人是社会的人，每一个人都存在和活动于具体的、基于特定历史的现实社会当中。人生的内容与复杂多样的社会关系和社会活动密不可分。个人与社会的关系问题是认识和处理人生问题的重要着眼点和出发点。

1. 个人与社会是对立统一的关系

个人与社会两者相互依存、相互制约、相互促进；社会是由一个个具体的人组成的，离开了人就没有社会，社会是人的存在形式；人是社会的人，离开了社会，人也无法生活；社会成员素质的不断提高是社会发展的重要基础，推动和实现人的全面发展是社会发展的根本目标。

2. 个人与社会的关系，最根本的是个人利益与社会利益的关系

在社会主义社会中，个人利益与社会利益在根本上是一致的。社会利益离不开个人利益，个人利益也离不开社会利益。社会利益不是个人利益的简单相加，而是所有人利益的有机统一。社会利益体现了作为社会成员的个人的根本利益和长远利益，是个人利益得以实现的前提和基础，同时它也保障着个人利益的实现。

（五）正确的人生观

1. 科学高尚的人生追求

“服务人民、奉献社会”的思想以其科学而高尚的品质，代表了人类社会迄今最先进的人生追求。

(1)一个人确立了服务人民、奉献社会的人生追求，才能清楚地把握人的生命历程和奋斗目标，深刻理解人为了什么而活、应走什么样的人生之路等道理。

(2)一个人确立了服务人民、奉献社会的人生追求，才能以正确的人生态度对待人生、解决实际生活中的各种问题，以人民利益为重，始终对祖国和人民具有高度的责任感，在服务人民、奉献社会中实现自己的人生价值。

(3)一个人确立了服务人民、奉献社会的人生追求，才能掌握正确的人生价值标准，才能懂得人生的价值首先在于奉献，自觉用真善美来塑造自己，不断培养高洁的操行和纯朴的情感，努力使自己成为一个高尚的人。

2. 积极进取的人生态度

走好人生之路，需要大学生正确认识、处理生活中各种各样的困难和问题，保持认真务实、乐观向上、积极进取的人生态度。

(1)人生须认真。以认真的态度对待人生，就是要严肃思考人的生命应有的意义，明确生活目标和肩负的责任，既要清醒地看待生活，又要积极认真地面对生活。

(2)人生当务实。要从人生的实际出发，以科学的态度看待人生，以务实的精神创造人生。

(3)人生应乐观。只有热爱生活的人，才能真正拥有生活。乐观豁达、热爱生活、对人生充满自信，体现了对自己、对生活、对社会的积极态度，这种态度是人们承受困难和挫折的心理基础。

(4)人生要进取。人生实践是一个创造的过程。适应历史发展的趋势，以开拓进取的态度迎接人生的各种挑战，才能不断领悟美好人生的真谛，体验生活的快乐和幸福。

3. 人生价值的评价与实现

(1)正确评价人生价值。①评价标准：评价人生价值的根本尺度，是看一个人的实践活动是否符合社会发展的客观规律，是否促进了历史的进步。在今天，衡量人生价值的标准，最重要的就是看一个人是否用自己的劳动和聪明才智为国家和社会真诚奉献，为人民群众尽心尽力服务。②评价方法：坚持能力有大小与贡献须尽力相统一，坚持物质贡献与精神贡献相统一，坚持完善自身与贡献社会相统一。

(2)人生价值的实现条件。任何人都只能在一定的主客观条件下去实现自己的人生价值。①实现人生价值要从社会客观条件出发。人生价值是在社会实践中实现的，人的创造力的形成、发展和发挥都要依赖于一定的社会客观条件。大学生要珍惜难得的历史机遇，把自己的人生追求建立在正确把握当今中国社会发展实际的基础上，努力实现自己的人生价值。②实现人生价值要从个体自身条件出发。人的自身条件会有一定的差异，某一个具体的价值目标，对这个人来说是恰当的、比较容易实现的，而对另一个人来说却未必如此。大学生要针对自己成长成才过程的实际，注重完善知识结构、丰富社会实践、坚持实事求是的原则，努力客观认识自己，准确把握影响人生价值实现的自身条件。③不断增强实现人生价值的能力和本领。人的能力具有累积效应，能够通过学习、锻炼而得以提升。大学生可以通过各种方式和途径，全面提高自身的综合素质和能力，努力创造实现人生价值的良好条件。

（六）辩证看待人生矛盾

丰富而复杂的人生，是一个充满矛盾的过程。大学生要科学认识实际生活中的各种问题，勇敢面对和正确处理各种人生矛盾。

1. 树立正确的幸福观

（1）幸福是一个总体性范畴，它意味着人总体上生活得美好，家庭和睦、职业成功、行为正当、人格完善等都是幸福的重要因素。

（2）幸福总是相对的，不是尽善尽美的，不同的人有不同的幸福标准。追求幸福的过程就是不满足于现状、不断追求和创造更美好生活的过程。

（3）实现幸福离不开一定的物质条件，物质需要的满足、物质生活的富足是幸福的重要方面，但人的幸福不能仅仅局限于物质方面，精神需要的满足、精神生活的充实也是幸福的重要方面。

（4）在追求幸福的过程中，我们不能把自己的幸福建立在损害社会整体利益和他人利益的基础上。相反，只有在为社会作贡献、为他人服务的过程中，我们才能获得幸福所需要的环境和条件，产生更大的幸福感，实现个人幸福与社会进步的相互促进。

2. 树立正确的得失观

（1）不要拘泥于个人利益的得失。个人利益的得失只能部分地衡量人生价值的大小，在奉献社会中才能实现更大的人生价值。只有追求高尚的道义，跳出对狭隘利益的计较，才能赢得他人和社会的尊重。

（2）不要满足于一时的得。一个人如果总是满足于一时的得，往往会停步在小小的成功和已有的成绩之上，放弃接下来的努力，以致造成最后的失败。生活从不眷顾因循守旧、满足现状者，从不等待不思进取、坐享其成者，而是将更多机遇留给善于和勇于创新创造的人们。

（3）不要惧怕一时的失。得到的不一定是好事，失去了也不一定是坏事。在失意之际坚持不懈，在坎坷之时不断努力，这样的人生才能更有意义。

3. 树立正确的苦乐观

（1）苦与乐既对立又统一，又在一定条件下可以相互转化。

（2）真正的快乐只能由奋斗的艰苦转化而来。

（3）要准确把握苦与乐的辩证关系，努力做迎难而上、艰苦奋斗的开拓者。

4. 树立正确的顺逆观

（1）在顺境中前进，使人们更容易接近和实现目标，但是又容易使人滋生骄娇二气，自满自足，意志衰退。

(2)在逆境中奋斗，需要付出更大的努力和更多的艰辛才可能成功。但可以磨炼意志、陶冶品格、积累战胜困难的经验、丰富人生阅历。

(3)只有善于利用顺境，勇于正视逆境和战胜逆境，人生价值才能够实现。

5. 树立正确的生死观

(1)要牢固树立生命可贵的意识，倍加爱护自己和他人的生命，理性面对生老病死的自然规律，努力使自己的生命绽放人生应有的光彩。

(2)人的生命是有限的，而生命的价值却是无限的。我们无法增加生命的长度，但却能追求生命应有的高度。大学生应珍惜韶华，在服务人民、投身民族复兴伟大事业中开发出生命所蕴藏的巨大潜能，努力给有限的个体生命赋予更有价值的意义。

6. 树立正确的荣辱观

(1)荣辱观是人们对荣辱问题的根本看法和态度，是一定社会思想道德原则和规范的体现和表达。

(2)只有具备正确的荣辱观，明确是非、对错、善恶、美丑的界限，才会在纷繁复杂的社会生活中明确应当坚持和提倡什么，反对和抵制什么，从而为自身判断行为得失，做出道德选择，确定价值取向，提供基本的价值准则和行为规范。

(七)反对错误的人生观

由于受国内外各种错误思潮、腐朽观念等因素的影响，现实中还存在拜金主义、享乐主义和极端个人主义等种种错误观念和看法。这些错误人生观容易侵蚀大学生的心灵，不利于大学生树立科学高尚的人生观、价值观。

1. 反对拜金主义

(1)拜金主义。拜金主义是一种认为金钱可以主宰一切，把追求金钱作为人生至高目的的思想观念。

(2)拜金主义的危害。①拜金主义将金钱神秘化、神圣化，视金钱为圣物，把追逐和获取金钱作为人生的目的和生活的全部意义，金钱成为衡量人生价值的唯一标准。②拜金主义是引发自私自利、钱权交易、行贿受贿、贪赃枉法等丑恶现象的重要思想根源。

2. 反对享乐主义

(1)享乐主义。享乐主义是一种把享乐作为人生目的，主张人生就在于满足感官的需求与快乐的思想观念。

(2)享乐主义的危害。①把享乐尤其是感官的享乐变成人生的唯一目的，作为一种“主义”去诠释人生的根本意义，是对人的需要的一种错误理解。②享乐主义的观念和行为，不仅危害大学生的健康成长，而且败坏社会风气。

3. 反对极端个人主义

(1)个人主义。个人主义是以个人利益为出发点和归宿的一种思想体系和道德原则，它主张个人本身就是目的，具有最高价值，社会和他人只是达到个人目的的手段。

(2)极端个人主义。极端个人主义是个人主义的一种表现形式，它突出强调以个人为中心，在个人与他人、个人与社会的关系上表现为极端利己主义和狭隘功利主义。

(3)极端个人主义的危害。个人主义是生产资料私有制的产物，是资产阶级人生观的核心。在资产阶级革命的早期，在争取个人权利和自由、反对封建专制方面，个人主义具有一定的积极意义。但是，随着资本主义的发展，资产阶级个人主义发展到了顶点，成为极端个人主义。极端个人主义者损人利己，损公肥私，尔虞我诈，唯利是图，具有销蚀社会危害。

(八)成就出彩人生

当代大学生担当新时代赋予的历史责任，应当与历史同向、与祖国同行、与人民同在，在服务人民、奉献社会的实践中创造有意义的人生。

1. 与历史同向

要正确认识世界和中国发展大势，尊重顺应历史的选择和人民的选择，准确把握中国发展的重要战略机遇期，提升民族自信心，增强时代责任感，与历史同步伐，与时代共命运。

2. 与祖国同行

要正确认识国家和民族赋予的历史责任和使命，自觉与国家和民族共奋进、同发展。

3. 与人民同在

要在为人民群众服务、实现人民群众利益的过程中实现人生价值。

4. 参与社会实践

社会实践是科学理论、创新思维的源泉，是检验真理的试金石，也是青年锻炼成长的有效途径。美好的人生目标要靠社会实践才能转化为现实。

练习题

(一)单项选择题

1. 马克思主义认为，人的本质不是单个人所固有的抽象物，在其现实性上，它是(　　)。

A. 单个人所固有的抽象物　　B. 一切社会关系的总和

C. 有生命的自然存在　　D. 饥食渴饮，性欲生殖

2. 马克思指出："蜘蛛的活动与织工的活动相似，蜜蜂建筑蜂房的本领使人间的许多建筑师感到惭愧。但是，最蹩脚的建筑师从一开始就比最灵巧的蜜蜂高明的地方，是他在用蜂蜡建筑蜂房以前，已经在自己的头脑中把它建成了。"这段话说明(　　)。

A. 人的实践活动是有意识的　　B. 蜜蜂也有意识

C. 意识决定实践　　D. 实践对意识具有反作用

3. 下列关于"人的本质"的观点，正确的是(　　)。

A. 人的本质就是人的自然属性　　B. 人的本质是自由的

C. 人的本质是自私的　　D. 人的本质是一切社会关系的总和

4. 人类在脱离动物状态而转变为人的过程中，(　　)发挥了决定性作用。

A. 思考　　B. 劳动　　C. 行走　　D. 学习

5. 人对自身的认识，既是一个古老的问题，又是一个常新的问题。对人的认识，核心在于

认识(　　)。

A. 人的思维　　B. 人的活动　　C. 人的发展　　D. 人的本质

6.“人的本质不是单个人所固有的抽象物,在其现实性上,它是一切社会关系的总和。”这一论断,说明人的本质属性是(　　)。

A. 自然属性　　B. 社会属性

C. 自然属性和社会属性　　D. 动物属性和物质属性

7. 人生观决定着人生道路的方向,也决定着人们行为选择的价值取向和用什么样的方式对待实际生活,其核心内容是(　　)。

A. 人生价值　　B. 人生态度　　C. 人生目的　　D. 人生信仰

8.【2012 年考研真题】人生目的是人在人生实践中关于自身行为的根本指向和人生追求,它所认识和回答的根本问题是(　　)。

A. 人为什么活着　　B. 人如何对待生活

C. 怎样对待人生境遇　　D. 怎样选择人生道路

9. 有的人身处逆境而百折不挠,有的人在顺境中却长吁短叹,有的人笑对人生,有的人看破红尘,这些都是(　　)的表现。

A. 人生目的　　B. 人生态度　　C. 人生理想　　D. 人生信念

10.“个人的脆弱性和种种限制,使得他无法单独地达到自己的目标。只凭个人力量来应付自己的问题,他必然无法保存自己的生命,也无法将人类的生命延续下去。”这说明,个人的生存、人类的发展都离不开人与人之间的(　　)。

A. 激烈竞争　　B. 良好合作　　C. 相互封闭　　D. 紧张冲突

11. 人生态度是指人们通过生活实践形成的对人生问题的一种稳定的心理倾向和精神状态,它回答的是(　　)。

A. 什么样的人生才有价值　　B. 人应当如何活着

C. 人为什么活着　　D. 世界的本源是什么

12. 人们常说不要好高骛远、空谈理想、浅尝辄止等,所反映出的人生态度是(　　)。

A. 人生须认真　　B. 人生应乐观　　C. 人生要进取　D. 人生当务实

13. 任何人都只能在一定的主客观条件下去实现自己的人生价值。实现人生价值的根本途径是(　　)。

A. 培养正确的人生态度　　B. 自觉提高自我的主体素质和能力

C. 进行有意识、有目的的创造性实践活动

D. 选择与社会主导价值观相一致的人生价值目标

14. 认识和处理人生问题的重要着眼点和出发点是(　　)。

A. 个人与集体的关系问题　　B. 个人与社会的关系问题

C. 个人与家庭的关系问题　　D. 个人与国家的关系问题

15. 个人与社会的关系,最根本的是(　　)。

A. 个人需要与社会需要的关系　　B. 人的自然属性与社会属性的关系

C. 个人利益与社会利益的关系　　D. 享受个人权利与承担社会责任的关系

16. 人们的实践活动从来都不是随心所欲的,任何人都只能在一定的主客观条件下去实现自己的人生价值。因此,正确把握人生价值实现的条件至关重要。下列选项中,不属于实现人

生价值的个体自身条件是(　　)。

A. 良好的经济、政治、社会环境　　B. 不断增强自身能力和本领

C. 注重完善知识结构,丰富社会实践　　D. 坚持实事求是的原则,努力客观认识自己

17.【2013 年考研真题】个体的人生活动不仅具有满足自我需要的价值属性,还必然包含着满足社会需要的价值属性。个人的需要能不能从社会中得到满足,在多大程度上得到满足,取决于他的(　)。

A 社会影响　　B. 社会价值　　C. 社会地位　　D. 社会理想

18.【2015 年考研真题】钱学森说:"我作为一名中国的科技工作者,活着的目的就是为人民服务。如果人民最后对我的一生所做的工作表示满意,那才是最高的奖赏。"这说明评价人生价值的根本尺度是(　　)。

A. 个体在社会中的地位　　B. 个体在社会中的影响

C. 个体对社会和他人的生存和发展的贡献　　D. 个体从社会获得的满足程度

19. 爱因斯坦说过:"一个人对社会的价值,首先取决于他的感情、思想和行动对增进人类利益有多大作用,而不应看他取得什么。"这就是说,衡量一个人社会价值的标准应该是(　)。

A. 个人在社会中的行为动机和自我发展　　B. 个人的自我发展与自我实现

C. 个人对社会和他人的责任和贡献　　D. 社会对个人的尊重和满足

20. 马克思说:"人们只有为同时代人的完美、为他们的幸福而工作才能使自己也达到完美。如果一个人只为自己劳动,他也许能成为著名学者、大哲人、卓越诗人,然而他永远不能成为完美无疵的伟大人物。"这表明(　　)。

A. 人生的自我价值是个体生存和发展的必要条件

B. 人生的社会价值是实现人生自我价值的基础

C. 人生的自我价值和社会价值是矛盾的、对立的

D. 自觉提高自我的主体素质和能力是实现人生价值的根本途径

21. 著名科学家钱三强讲过:科学家的重大发明创造、作家的优秀作品、企业家创造的巨额财富,都超出了个人享受的范畴。这才是人生最大的乐趣、最高尚的追求、最有价值的幸福。这段论述启示我们,人生价值追求应该定位在(　　)。

A. 肯定自己的生命存在　　B. 获取更多的金钱,掌握更大的权力

C. 得到社会的尊重和满足　　D. 为社会创造尽可能多的物质财富和精神财富

22.【2017 年考研真题】社会主义核心价值观,为人们确定和实现人生价值提供了基本遵循。人生价值评价主要是看一个人的人生活动是否符合社会的客观规律,其评价的根本尺度是(　　)。

A. 历史标准　　B. 政治标准　　C. 经济标准　　D. 文化标准

23. 对人生的重大问题人们总是有所取舍,有所好恶。赞同什么,抵制什么,认同什么,反对什么,总会有一定的标准。这个标准其实就是指(　　)。

A. 一定历史条件下的人在实践中关于自身行为的根本指向和人生追求

B. 人的生命及其生活实践对于社会和个人所具有的意义和作用

C. 人们在实践中形成的对于人生目的和意义的根本看法

D. 人们通过生活实践形成的对人生问题的一种稳定的心理倾向和精神状态

24.“一个人的价值，不在于他对社会索取了什么，而在于他对社会贡献了什么。”社会评价一个人的人生价值的普遍标准是(　　)。

A. 人生活动是否符合社会发展的客观规律，是否通过实践促进了历史的发展

B. 劳动以及通过劳动对社会和他人所做出的贡献

C. 对社会贡献的绝对量

D. 是否具有自强不息的精神

25. 爱因斯坦说：“人只有献身于社会，才能找出那短暂而有风险的生命的意义。”这句名言表明(　　)。

A. 人生价值的实现必须有良好的社会环境　B. 人生价值的实现需要发挥主观能动性

C. 要实现社会价值必须实现自我价值　D. 人的自我价值和社会价值是统一的

26.“在居里夫人这样一位崇高人物结束她一生的时候，我们不要仅仅满足于回忆她的工作成果对人类已经做出的贡献。第一流人物对于时代和历史进程的意义，在其道德品德方面，也许比单纯的才智成就方面还多。”爱因斯坦对居里夫人的人生价值评价体现了(　　)的评价方法。

A. 能力大小与贡献须尽力的统一　B. 物质贡献与精神贡献的统一

C. 完善自身与贡献社会的统一　D. 动机和效果的统一

27. 古往今来，人们对人生目的的探索从未停止过，思想家们孜孜以求留下难以计数的答案。在各式各样的关于人生目的的思想中，(　　)的思想以其科学而高尚的品质，代表了人类社会迄今为止最先进的人生追求。

A. 格物、致知、诚意、正心　B. 服务人民、奉献社会

C. 仁、义、礼、智、信　D. 修身、齐家、治国、平天下

28.“人与人之间除了赤裸裸的利害关系、冷酷无情的金钱交易，再没有其他关系”，这句话体现的是(　　)思想观念。

A. 拜金主义　B. 享乐主义　C. 功利主义　D. 个人主义

29.(　　)是一种主张人生就在于满足感官的需求与快乐的思想观念。

A. 拜金主义　B. 享乐主义　C. 功利主义　D. 个人主义

30. 司马迁认为“人固有一死，或重于泰山，或轻于鸿毛”，这一千古名句说明，人应该树立正确的(　　)。

A. 得失观　B. 荣辱观　C. 苦乐观　D. 生死观

(二)多项选择题

1. 人生观决定着人生道路的方向，也决定人们行为选择的价值取向和用什么样的方式对待实际生活。人生观是通过(　　)体现出来的。

A. 人生目的　B. 人生态度　C. 人生价值　D. 人生信仰

2. 人生观就是人们关于人生目的、人生态度、人生价值等问题的总观点和总看法。下列关于人生观的说法正确的有(　　)。

A. 人生观是人们在实践中形成的

B. 人生观决定着人生道路的方向

C. 人生观主要通过人生目的、人生态度、人生价值体现出来

D. 人生观是价值观的一部分

3.人的生命只有一次，理应严肃认真地思考人生，努力领悟人生的真谛，选择正确的人生道路，树立崇高的人生追求，实现应有的人生价值。下列选项中，需要人生观回答的是(　　)。

A.人为了什么活着　　B.人应当如何活着

C.人的思维与存在的关系　　D.什么样的人生才有价值

4.人生目的是对“人为什么活着”这一人生根本问题的认识和回答，是人生观的核心，在人生实践中具有重要的作用，主要体现在(　　)。

A.人生目的决定人生道路　　B.人生目的决定人生意义

C.人生目的决定人生态度　　D.人生目的决定人生价值选择

5.人生目的是人生观的核心，是指生活在一定历史条件下的人，在人生实践中关于自身行为的根本指向和人生追求。下列选项中，能体现出人生目的重要性的有(　　)。

A.人生目的对人们所从事的具体活动起着定向作用

B.人生目的决定了人们如何对待人生道路上的顺逆曲直

C.人生目的决定了人们如何处理奉献与索取的价值选择

D.人生目的揭示了人的社会属性

6.人生态度是指人们通过生活实践形成的对人生问题的一种稳定的心理倾向，是人生观的重要内容。正确的人生态度可以使人在追求有意义的人生中保持积极进取、乐观向上的精神状态。下列选项中，属于积极进取、乐观向上的精神状态的有(　　)。

A.遇事积极主动　　B.对生活充满信心

C.能够用乐观的心态看待世界　　D.经受得起人生道路上的困难和考验

7.人生价值是指人的生命及其实践活动对于社会和个人所具有的作用和意义，它内在地包含了人生的自我价值和社会价值两个方面。人生的自我价值和社会价值，既相互区别，又密切联系、相互依存，共同构成人生价值的矛盾统一体，主要体现在(　　)。

A.人生的自我价值的实现是个体为社会创造更大价值的前提

B.人生的自我价值是个体生存和发展的必要条件

C.人生的社会价值是社会存在和发展的重要条件

D.人生社会价值的实现是个体自我完善、全面发展的保障

8.选择什么样的人生目的，走什么样的人生道路，如何处理生命历程中个人与社会、现实与理想、付出与收获、生与死等一系列人生中的重大问题，人们总是有所取舍、有所好恶，有一定的标准。“苟利国家生死以，岂因祸福避趋之?”这句诗反映了民族英雄林则徐对人生价值的看法是(　　)。

A.人生的价值在于对社会的贡献

B.有价值的人生不应考虑个人利益

C.对社会贡献大小决定了人生价值的高低

D.个人对社会的贡献以社会对个人的尊重为基础

9.【2009年考研真题】华罗庚生前曾说:“我们最好把自己的生命看作是前人生命的延续，是现在人类共同的生命的一部分，同时也是后人生命的开端。如此延续下去，科学就会一天比一天更灿烂，社会就会一天比一天更美好。”这段话对我们如何实现人的个人价值的教益是(　　)。

A.个人价值的实现与社会价值的实现是统一的

B. 个人价值的实现是一个历史过程

C. 个人价值的实现是社会价值实现的归宿

D. 个人价值的实现和个人生命的长短相一致

10. 人生观是人们在实践中形成的关于人生目的、人生态度、人生价值等问题的总观点和总看法;世界观是人们对生活在其中的世界以及人与世界的关系的总体看法和根本观点。对两者关系表述正确的是(　　)。

A. 有什么样的世界观,就有什么样的人生观

B. 世界观以人生观为依据,受人生观的制约和影响

C. 人生观对世界观的巩固、发展和变化起着重要作用

D. 正确的人生观离不开科学的世界观的指导

11. 人是社会的人,每一个人都存在和活动于具体的、基于特定历史的现实社会当中,个人与社会的关系问题是认识和处理人生问题的重要着眼点和出发点。下列关于个人与社会的关系,表述正确的是(　　)。

A. 个人与社会是对立统一的　　B. 社会是个人生存和发展的基础

C. 社会是人的社会,人是社会的人　　D. 个人是构成社会的前提

12. 马克思认为:"人是最名副其实的社会动物,不仅是一种合群的动物,而且是只有在社会中才能独立的动物。"下列关于个人与社会的关系,表述正确的是(　　)

A. 个人的生存离不开社会　　B. 离开一定的社会环境,个人无法生活

C. 个人的发展依赖于社会　　D. 个人离开了社会,就不能成为人类的个体

13. 个人与社会的关系,最根本的是个人利益与社会利益的关系,在社会主义社会中,个人利益与社会利益在根本上是一致的。下列选项中,对社会利益理解正确的是(　　)。

A. 社会利益是所有人利益的总和

B. 社会利益是每个社会成员的根本利益和长远利益的集中体现

C. 社会利益是所有人利益的有机统一

D. 社会利益是个人利益得以实现的前提和基础

14. 电影《中国合伙人》以某教育集团的发展历史为背景,讲述了 20 世纪 80 年代到今天,三个大学里的亲密同学,毕业后经历了各自的浮沉,最终并肩作战直至成功的故事。其中关于个人与他人的关系,竞争与合作的关系,下列选项中,你认为正确的是(　　)。

A. 竞争离不开合作,合作离不开竞争　　B. 两者形式上对立,本质上统一

C. 竞争促进合作的广度和深度　　D. 合作增强竞争的实力

15. 中国特色社会主义事业大厦是靠一砖一瓦砌成的,人民的幸福是靠一点一滴创造得来的。我国历年五一表彰的劳动模范和先进工作者是以高度的主人翁责任感、卓越的劳动创造、忘我的拼搏奉献,为全国各族人民树立了学习的榜样。劳动模范和先进工作者们的行为表明(　　)。

A. 社会价值的实现总是以个人价值的牺牲为代价

B. 人的价值的大小取决于对社会的贡献

C. 人的价值不仅表现为在物质方面,更表现在精神方面

D. 个人价值和社会价值密切联系,不可分割

16. 大学时期是世界观、人生观、价值观形成的关键时期。走好人生之路，需要大学生正确认识、处理生活中各种各样的困难和问题，保持积极进取的人生态度，基本要求如下（　　）。

A. 人生须认真　　B. 人生当务实　　C. 人生应乐观　　D. 人生要进取

17. 人生的意义，需要从人生价值的角度进行审视和评价，客观、公正、准确地评价社会成员人生价值的大小，除了要掌握科学的标准外，还需要掌握恰当的评价方法。在今天，正确评价人生价值的方法是（　　）。

A. 坚持能力有大小与贡献须尽力相统一　　B. 坚持物质贡献与精神贡献相统一

C. 坚持社会地位与社会影响相统一　　D. 坚持完善自身与贡献社会相统一

18. 人们的实践活动从来都不是随心所欲的，任何人都只能在一定的主客观条件下去实现自己的人生价值。因此，正确把握人生价值实现的条件至关重要。这些条件包括（　　）。

A. 要从社会客观条件出发　　B. 要从个体自身条件出发

C. 要不断增强实现人生价值的能力和本领　　D. 要从个体需要出发

19. 什么是人生的真正幸福，追求什么样的幸福，通过什么样的方式实现幸福，是大学生应该认真思考的人生课题。下列选项中，对幸福理解正确的是（　　）。

A. 幸福总是相对的，不是尽善尽美的

B. 实现幸福离不开一定的物质条件

C. 个人幸福与社会进步是相互促进的

D. 幸福都是奋斗出来的

20. 荣辱观是人们对荣辱问题的根本看法和态度，是一定社会思想道德原则和规范的体现和表达。中国古人向来注重荣与辱，并通过“知耻”来进行道德评价和判断。下列名言中，体现中国古人荣辱观的是（　　）。

A. 无羞耻之心，非人也　　B. 舍生取义，杀身成仁

C. 知耻近乎勇　　D. 礼义廉耻，国之四维

21. 金钱作为物质财富，为人所创造并为人服务。大学生对待金钱的正确态度应该是（　　）。

A. 人应当是金钱的主人，而不是金钱的奴隶

B. 应当依靠自己的劳动创造财富，合理合法获取金钱

C. 金钱不是万能的，生活中有许多有意义的东西值得我们去追寻

D. 金钱是衡量人生价值的标准

22. 生命的历程是一个从生到死的过程，有生必有死，这是恒常不变的自然现象。生与死是贯穿人生始终的一对基本矛盾。从一定意义上说，正是因为生命短促，每个人只有一次生命，才更显示了人生的弥足珍贵。如何认识、对待生与死，体现了一个人人生境界的高低，更直接影响着他的实际生活。下列观点中，属于正确生死观的是（　　）。

A. 人生自古谁无死，留取丹心照汗青　　B. 塞翁失马，焉知非福

C. 礼义廉耻，国之四维　　D. 人固有一死，或重于泰山，或轻于鸿毛

23. 是非明，方向清，路子正，人们付出的辛劳才能结出果实，人生实践才能获得应有的价值和意义。目前，受各种因素影响，现实中还存在各种错误思潮和腐朽观念。大学生要学会思考、善于分析、正确抉择，认清这些错误思想观念的实质，警惕和自觉抵制它们的侵蚀。下列选项中，大学生需要警惕和自觉抵制的错误思想观念有（　　）。

A. 拜金主义　　B. 个人主义　　C. 享乐主义　　D. 极端个人主义

24. 青年是标志时代的最灵敏的晴雨表，时代的责任赋予青年，时代的光荣属于青年。要实现最大的人生价值，创造无悔的青春，当代大学生必须做到（　　）。

A. 与历史同向　　B. 与祖国同行　　C. 与人民同在　　D. 与专业一致

（三）简答题

1. 简述人的本质。

2. 简述人生观的内在构成及内在关联。

3. 简述人生的自我价值与社会价值的关系。

4. 简述人生观与世界观的关系。

5. 简述个人与社会的关系。

6. 为什么说"服务人民、奉献社会"代表了人类社会迄今最先进的人生追求？

7. 简述积极进取的人生态度的要求。

8. 如何正确评价人生价值？

9. 简述人生价值实现的条件。

10. 简述拜金主义、享乐主义和极端个人主义等错误观念的危害。

（四）论述题

1. 为什么要树立正确的人生观？

2. 试论人生目的、人生态度和人生价值的关系。

3. 为什么说人生目的是人生观的核心？

4. 根据马克思主义关于个人与社会关系的原理说明人生的自我价值与社会价值的关系。

5. 联系自身实际，谈谈如何勇敢面对和正确处理各种人生矛盾。

6. 联系自身实际，谈谈如何担当新时代赋予的历史责任，成就自己出彩的人生。

(五)材料分析题

材料分析题 1

【材料 1】 人的一生只有一次青春。现在,青春是用来奋斗的;将来,青春是用来回忆的。人生之路,有坦途也有陡坡,有平川也有险滩,有直道也有弯路。青年面临的选择很多,关键是要以正确的世界观、人生观、价值观来指导自己的选择。

——摘自《人民日报》(2013 年 5 月 5 日)

【材料 2】 如果我们选择了最能为人类工作的职业,那么,重担就不能把我们压倒,因为这是为大家做出的牺牲;那时我们所享受的就不是可怜的、有限的、自私的乐趣,我们的幸福将属于千百万人,我们的事业将悄然无声地存在下去,但是它会永远发挥作用,而面对我们的骨灰,高尚的人们将洒下热泪。

——摘自马克思《青年在选择职业时的考虑》,人民出版社,1995

【材料 3】 2000 年,为响应国家西部大开发号召,河北保定学院 15 名毕业生放弃工作和深造机会,到万里之遥的新疆且末县中学任教,在大漠写就青春篇章。习近平总书记给他们回信时指出,同人民一道拼搏、同祖国一道前进,服务人民、奉献祖国,是当代中国青年的正确方向。青年应该到基层和人民中去建功立业,青春之花应该在祖国最需要的地方绽放。新时代的青年儿女,志在四方、奋斗无悔,把“爱国”二字刻写在心间、落实于行动,才能在实现中国梦的伟大实践中书写精彩人生。

——摘自《人民日报》(2014 年 5 月 4 日)

结合材料回答问题:

1. 青年面临选择时,为什么“要以正确的世界观、人生观、价值观来指导自己的选择”?

2. 为什么我们选择了“最能为人类而工作的职业”,我们所享受的就不是“可怜的、有限的、自私的乐趣”?

3. 如何评价河北保定学院 15 名毕业生的选择?

材料分析题 2【2011 年考研真题】

郭明义,鞍山钢铁集团矿山公司齐大山铁矿采场公路管理员。几十年来,他照着雷锋那样去做,“把雷锋的道路作为自己的人生选择,把雷锋的境界作为自己的人生追求”,连续 15 年每天提前 2 小时上班,相当于多奉献了 5 年的工作量;连续 20 年先后 55 次无偿献血、捐献血小板,累计近 6 万毫升;连续 16 年为希望工程、工友、灾区群众捐款 12 万元,资助 180 多名特困生。可是,他一家至今还是住在一间不过 40 平方米的旧楼房里。

有人曾不解地问郭明义,你这么做究竟值不值得?“如果发出一点光,放出一点热,能够换来孩子幸福的笑脸,换来他人生命之花的绽放,换来人与人之间的温暖和谐,这样的人生,我无怨无悔!”“给人温暖就是给自己幸福”。他是这样说的,也是这样做的。

30 年来,郭明义就像一支火把燃烧着自己,也燃旺着志愿者和社会上更多人的爱心。他 8 次发起捐献造血干细胞的倡议,得到 1700 多人的响应;他 7 次发起献血的建议,600 多人无偿献出 15 万毫升热血;他发起成立遗体(器官)捐献志愿者俱乐部,汇聚了 200 多名志愿者;他发起成立“郭明义爱心联队”，从12人已经发展到2800多人，捐款40余万元，资助特困生1000多名。

郭明义的精神是一块磁石，在鞍钢、在辽宁、在全国吸引汇集越来越多的人加入爱心行动，为他人奉献、为社会分忧、为国家尽责，凝聚成巨大的道德力量，推进着当代中国社会稳定和谐发展。郭明义的先进事迹体现了“简单中的伟大”。

——摘自《人民日报》(2010年9月19日)

结合材料回答问题：

1. 如何理解“给人温暖就是给自己幸福”？

2. 为什么说郭明义的先进事迹是“简单中的伟大”？

材料分析题3

有一位作家，过世多年之后，人们越来越怀念他；随着他离开时间越久，他的作品愈来愈有生命力。他就是在陕北黄土地上出生成长的、“像牛一样劳动，像土地一样奉献”的作家——路遥。

“人，不仅要战胜失败，而且还要超越胜利”。当路遥的中篇小说《人生》出版后，在全国引起很大的反响，他本可以带着这份荣誉，安逸地生活，但他却没有就此止步，很快又重复起艰难的跋涉和远行，开始了“平静而紧张地”《平凡的世界》的准备工作。

从1982年到1983年间，他列了一个近百部长篇小说的阅读书目，尽量阅读、研究、分析古今中外的多部头长卷作品。为了更清晰、准确地把握1975年到1985年这十年间的时代背景，路遥找来十年的《人民日报》《光明日报》以及一种省报、一种地区报和《参考消息》的全部合订本。为体验生活，路遥在山上放过羊，在田野里过过夜，在铜川矿务局鸭口煤矿和矿工们一起劳动。

《平凡的世界》(第一部)发表和出版后，反响并不如路遥所愿，甚至对他打击很大。此时的路遥，身体的变化十分明显，不用照镜子，路遥也知道自己苍老了许多，不到38岁的年龄，两鬓已染了白发，走路的速度也缓慢了，饭量明显减少，右边的眼睛一直在发炎，难受得令人发狂，他以“初恋般的热情和宗教般的意志”坚持了下来。“必须紧张地抓住生命黄金段落中的一分一秒，而不管要付出什么样的代价”“生活拯救了我，就要知恩而报，不辜负它的厚爱。要格外珍视自己的工作和劳动。”

路遥用自己的经历和笔触塑造了一批通过奋斗改变自身命运的青年形象。他们追逐梦想的信念坚不可摧、乐观自信，这对当下年轻人来说无疑是一种巨大的鼓舞。虽然路遥作品中所描写的那个时代背景已经“翻篇”了，但作品中人性的东西是永恒的。今天，依然有很多人在路遥的作品里可以找到精神上的共鸣。坚韧、乐观、永不停息奋斗的路遥精神，已经通过其作品融入了我们的民族精神中。

——摘自《光明日报》(2018年11月11日)

结合材料回答问题：

1. “人，为什么不仅要战胜失败，而且还要超越胜利？”

2. 结合自身实际，谈谈你从路遥的身上可以学到什么？

材料分析题 4

外卖小哥与诗词达人，看似不搭界的两个身份集于一身，让雷海为成了“网红”。这个为生活默默奋斗的年轻人，一路披荆斩棘，获得《中国诗词大会》第三季总冠军。他的对手这样评价他：这才是真正的高手，就像《天龙八部》里的扫地僧。

答题沉着，泰然自若，雷海为给很多观众留下了这样的印象。十几年里，他做过电话销售、马路推销、服务员、洗车工，也辗转了几座城市，在变动不居的生活中，诗词是唯一不变的行李。“腹有诗书气自华”，面对日晒雨淋、穿行不息，仍能保持一份淡定和宁静，于无声处听惊雷，于无色处见繁花，是诗词给他带来的不凡。

当雷海为在书店里默默背诗，当他利用送餐间隔的碎片时间读书，当他承受着生活的奔波与辛苦，他没有自怨自艾，也没有迁怒贰过，赛场上那句“千淘万漉虽辛苦，吹尽狂沙始到金”，成了他自信人生的定场诗。正如主持人董卿所说：他是一位生活的强者。

——摘自《人民日报》(2018 年 4 月 10 日)

结合材料回答问题：

1. 为什么主持人董卿说雷海为是“一位生活的强者”？

2. 结合自身实际，谈谈如何树立正确的顺逆观。

材料分析题 5

【材料 1】 回溯我们诞生的过程，两组生命基因的嵌合，更是充满了人所不能把握的偶然性。我们每一个个体，都是机遇的产物。

常常遥想，如果是另一个男人和另一个女人，就绝不会有今天的我……

即使是这一个男人和这一个女人，如果换了一个时辰相爱，也不会有此刻的我……

即使是这一个男人和这一个女人在这一个时辰，由于一片小小落叶或是清脆鸟啼的打搅，依然可能不会有如此的我……

我们的生命，端坐于概率垒就的金字塔的顶端……

对于我们的父母，我们永远是不可重复的孤本。

——摘自《我很重要——毕淑敏散文学生读本》，山东文艺出版社，2015

【材料 2】 我从哪里来，我们从哪里来，所问像生命一样久远和古老。不仅是未来对过去的询问、是大树对根须的询问、是火山对岩浆的询问、是有限对无垠的询问。我们曾经是奴隶，否则不会有从 1840 年到 1949 年中华民族的百年沉沦。我们也拥有英雄，否则不会有从 1949 年到 2050 年中华民族的百年复兴。

中国革命的胜利不是来自神的赋予，而是来自人的奋斗。不是天赐机缘，而是来自千千万万人的英勇献身。1949 年全国解放时党员人数为 300 万，有名可查的党员烈士就有 370 万，绝大多数共产党员没有看到五星红旗升起这一天。

与波澜壮阔的历史相较，人的生命何其短暂。幸福起来的人们于是不想承认自己曾经是奴隶，也不屑于承认自己有过英雄，不能深刻感触过去，怎么获得腾飞的翅膀。

——摘自《苦难辉煌》，作家出版社，2016

【材料 3】 悲观的人说，在命运的随机安排之下，每个人对自己的出生都没有选择权。在奋斗者看来，这从来不会成为抱怨人生的理由，相反，他们会用自己孜孜不倦的努力、金石可镂的精神，修正并改写人生的轨迹。充满阳光的大男孩莫天池就是如此。

出生时的一场意外，让中南大学学子莫天池运动神经受损，成了终生不能站立、四肢严重痉挛的脑瘫患者，吞咽有严重障碍，无法正常握笔写字。就是这样一位只能生活在轮椅上的同学，却凭借超人的毅力和勇气，以优异的成绩读完小学到大学的所有课程。如今，他在托福和GRE 考试中获得接近满分的成绩，多所世界名校伸出橄榄枝，更大的世界已经向他敞开大门。

“万物皆有缝隙，那是阳光照进来的地方”。生命是一次美丽的馈赠，不负此生则需要坚持不懈地奋斗，而有涯之人生、有限之精力，更需要我们像莫天池那样“单点对焦”、持续发力。有理由相信，你我每一个人只有让自己成为那束执著的强光，才能照亮风景殊异的彼岸。

——摘自《人民日报》(2018 年 3 月 12 日)

结合材料回答问题：

1. 谈谈你对“对于我们的父母，我们永远是不可重复的孤本”这句话的理解。

2. 如何看待中国共产党人的牺牲精神？

3. “生命是一次美丽的馈赠”，结合自身实际，谈谈我们如何才能“不负此生”？

推荐阅读文献

[1]马克思，恩格斯. 马克思恩格斯文集(第 1 卷，第 2 卷，第 5 卷)[M]. 北京：人民出版社，2009.

[2]毛泽东. 毛泽东选集(第 3 卷)[M]. 北京：人民出版社，1991.

[3]习近平. 习近平谈治国理政(第 1 卷)[M]. 北京：外文出版社，2018.

[4]习近平. 决胜全面建成小康社会 夺取新时代中国特色社会主义伟大胜利——在中国共产党第十九次全国代表大会上的报告[M]. 北京：人民出版社，2017.

[5]中共中央文献研究室. 习近平关于青少年和共青团工作论述摘编[M]. 北京：中央文献出版社，2017.

[6]习近平. 在同各界优秀青年代表座谈时强调：在实现中国梦的生动实践中放飞青春梦想在为人民利益的不懈奋斗中书写人生华章[N]. 人民日报，2013 - 05 - 05.

[7]王令金，李元峰，张祥云. 马克思主义经典著作精选及导读[M]. 北京：中央编译出版社，2002.

[8]金一南. 苦难辉煌[M]. 北京：作家出版社，2016.

第二章 坚定理想信念

知识要点图示

- (一)理想信念的内涵及重要性
  - 1. 什么是理想信念
    - 理想的内涵与特征
    - 信念的内涵与特征
  - 2. 理想信念是精神之“钙”
- (二)崇高的理想信念
  - 1. 为什么要信仰马克思主义
  - 2. 中国特色社会主义是我们的共同理想
  - 3. 胸怀共产主义远大理想
- (三)在实现中国梦的实践中放飞青春梦想
  - 1. 理想与现实的关系
  - 2. 个人理想与社会理想的统一
  - 3. 为实现中国梦注入青春能量

重要概念

(1)理想。理想是人们在实践中形成的、有实现可能性的、对未来社会和自身发展目标的向往与追求，是人们的世界观、人生观和价值观在奋斗目标上的集中体现。

(2)信念。信念是认知、情感和意志的有机统一体，是人们在一定的认识基础上确立的对某种思想或事物坚信不疑并身体力行的心理态度和精神状态。

(3)理想信念。理想信念是人类特有的精神现象。人既需要物质资料来满足生存需要，也需要理想信念来充实精神生活。正确坚定的理想信念，激励人们为一定的社会理想和生活目标而不断努力追求。

(4)个人理想。个人理想是指处于一定历史条件和社会关系中的个体对于自己未来的物质生活、精神生活所产生的种种向往和追求。

(5)社会理想。社会理想是指社会集体乃至社会全体成员的共同理想，即在全社会占主导地位的共同奋斗目标。

重难点解析

（一）理想和信念的特征

1. 理想的特征

(1)超越性。①理想之所以能够成为一种推动人们创造美好生活的巨大力量，就在于它不仅源于现实，而且超越现实；②理想在现实中产生，但它不是对现状的简单描绘，而是与奋斗目标相联系的未来的现实，是人们对未来美好生活的憧憬和期待。

(2)实践性。理想在实践中产生，在实践中发展，而且也只有在实践中才能得以实现。

(3)时代性。①理想同任何一种社会意识形式一样，都是一定时代的产物，都带着特定历史时代的烙印；②理想的时代性，不仅体现为它受时代条件的制约，而且体现为它随着时代的发展而发展；③随着社会的发展进步，随着对社会发展规律和人的发展规律认识的逐步深化，人们也会不断地调整、丰富和发展自己的理想。

2. 信念的特征

(1)执着性。信念一旦形成，就不会轻易改变。坚定的信念使得人们具有强大的精神定力，不为利益所动，不为诱惑所扰，不为困难所惧。

(2)多样性。①不同的人由于社会环境、思想观念、利益需要、人生经历和性格特征等方面的差异，会形成不同的信念；②同一个人也会形成不同类型和层次的信念，并由此构成其信念体系。

3. 理想与信念的关系

理想和信念总是相互依存。理想是信念所指的对象，信念则是理想实现的保障。理想和信念难以分割地紧密联系在一起，人们常将理想与信念合称为理想信念。

（二）理想信念的作用

理想指引方向，信念决定成败。没有理想信念的人生，就像失去了方向和动力的小船，在生活的波浪中随处漂泊，甚至会沉没于急流之中。理想信念是人生发展的内在动力。

1. 理想信念昭示奋斗目标

人的理想信念，反映的是对社会和人自身发展的期望。有什么样的理想信念，就意味着以什么样的期望和方式去改造自然和社会，塑造和成就自身。只有树立起崇高的理想信念，才能够解答好人生的意义、奋斗的价值以及做什么样的人等重要的人生课题。

2. 理想信念提供前进动力

志向高远，便力量无穷。一个人有了崇高坚定的理想信念，才会以惊人的毅力和不懈的努力成就事业。大学生人生目标的确立、生活态度的形成、知识才能的丰富、发展方向的设定、工作岗位的选择，以及如何择友、如何面对挫折、如何克服困难等问题的解决，都需要一个总的原则和目标，都离不开理想信念的指引和激励。大学生应当重视理想信念的选择和确立，努力树立科学崇高的理想信念，使人生道路越走越宽广，使宝贵的人生富有价值。

3. 理想信念提高精神境界

理想信念是衡量一个人精神境界高下的重要标尺。理想信念作为人的精神世界的核心，一方面能使人的精神生活的各个方面统一起来，使人的精神世界成为一个健康有序的系统；另一方面又能引导人们不断地追求更高的人生目标，并在追求和实现理想目标的过程中提升精神境界、塑造高尚人格。

（三）信仰马克思主义的原因

马克思主义作为我们立党立国的根本指导思想，是近代以来中国历史发展的必然结果，是中国人民长期探索的历史选择，是由马克思主义严密的科学体系、鲜明的阶级立场和巨大的实践指导作用决定的。

1. 马克思主义体现了科学性和革命性的统一

(1)马克思主义深刻揭示了自然界、人类社会、人类思维发展的普遍规律，为人类社会发展进步指明了方向。

(2)马克思主义坚持实现人民解放、维护人民利益的立场，以实现人的自由而全面的发展和全人类解放为己任，反映了人类对理想社会的美好憧憬。

(3)马克思主义揭示了事物的本质、内在联系及发展规律，是“伟大的认识工具”，是人们观察世界、分析问题的有力思想武器。

2. 马克思主义具有鲜明的实践品格

(1)马克思主义不仅致力于科学解释世界，而且致力于积极改变世界。170 多年来，正是在马克思主义的指导下，社会主义由空想变成科学，由科学理论转变为社会实践。

(2)社会主义国家的出现和社会主义制度的建立，深刻改变着人类历史的走向。中国特色社会主义的成功实践，无可辩驳地证明马克思主义是认识世界和改造世界的强大思想武器，社会主义具有光明的未来。

(3)在人类思想史上，还没有一种理论像马克思主义那样对人类文明进步产生如此广泛而巨大的影响。

3. 马克思主义具有持久生命力

(1)马克思主义具有与时俱进的理论品格和持久生命力。马克思主义诞生于 19 世纪中叶，但并没有停留在 19 世纪。作为一个开放的理论体系，马克思主义不但不排斥而且最能够吸收、提炼人类创造的一切科学知识和文明成果，并将其运用于推动社会历史的进步。

(2)马克思主义进入中国，既引发了中华文明的深刻变革，也走过了一个逐步中国化的过程。实践证明，马克思主义只要与本国国情相结合、与时代发展同进步、与人民群众共命运，就能焕发出强大的生命力、创造力和感召力。

(3)无论时代如何变迁、科学如何进步，马克思主义依然占据着真理和道义的制高点，仍然具有强大持久的生命活力。

（四）中国特色社会主义的共同理想

有共同理想，才能有共同步调。大学生要牢固确立在中国共产党领导下走中国特色社会主义道路、为实现中华民族伟大复兴而奋斗的共同理想和坚定信念。

1. 树立中国特色社会主义共同理想的必要性

(1)在中国共产党领导下,坚持和发展中国特色社会主义,实现中华民族伟大复兴,必须树立中国特色社会主义共同理想。

(2)中国特色社会主义共同理想有着广泛的社会共识,具有令人信服的必然性、广泛性和包容性。

2. 坚定中国特色社会主义信念

(1)中国特色社会主义是科学社会主义,不是别的什么主义。①历史和现实都告诉我们,只有社会主义才能救中国,只有中国特色社会主义才能发展中国。②新时代坚持和发展中国特色社会主义,总任务是实现社会主义现代化和中华民族伟大复兴,在全面建成小康社会的基础上,分两步走在本世纪中叶建成富强民主文明和谐美丽的社会主义现代化强国。③在当代中国,坚持中国特色社会主义,就是真正坚持科学社会主义。

(2)中国特色社会主义由道路、理论体系、制度和文化构成。①中国特色社会主义道路是实现社会主义现代化,指引中国人民创造自己美好生活的必由之路。②中国特色社会主义理论体系是指导党和人民沿着中国特色社会主义道路实现中华民族伟大复兴的正确理论,是立于时代前沿、与时俱进的科学理论。③中国特色社会主义制度是当代中国发展进步的根本制度保障,是具有鲜明中国特色、明显制度优势、强大自我完善能力的先进制度。④中国特色社会主义文化源自于中华民族5000多年文明历史所孕育的中华优秀传统文化,熔铸于党领导人民在革命、建设、改革中创造的革命文化和社会主义先进文化,植根于中国特色社会主义伟大实践,是中国人民胜利前行的强大精神力量。⑤中国特色社会主义,既是我们必须不断推进的伟大事业,又是我们开辟未来的根本保证。

(3)中国共产党的领导是中国特色社会主义最本质的特征。①中国共产党是中国工人阶级的先锋队,同时是中国人民和中华民族的先锋队,是中国特色社会主义事业的领导核心。②当今中国,只有中国共产党,才能领导中国人民坚持和发展中国特色社会主义,才能担当起带领中国人民创造幸福生活、实现中华民族伟大复兴的历史使命。

(五)胸怀共产主义远大理想

中国共产党从成立之日起,就确立了共产主义的远大理想,始终团结带领中国人民朝着这个伟大理想前行。

1. 共产主义是现实运动和长远目标相统一的过程

共产主义是崇高的社会理想,是关于无产阶级解放的学说,同时也是一种现实运动。共产主义远大理想既是面向未来的,又是指向现实的,不仅反映了人们对未来社会的美好向往,更是一个从现实的人出发,不断满足人的现实利益需求、推进人的全面发展、推动社会发展进步的历史过程与现实运动。

2. 共产主义的思想和实践早已存在于我们的现实生活中

共产主义远大理想的最终实现是一个漫长、艰辛的历史过程,需要一代又一代人付出艰苦的努力。作为当代大学生,我们要正确认识共产主义远大理想和中国特色社会主义共同理想之间的关系。实现共产主义是我们的远大理想,坚持和发展中国特色社会主义,就是向着远大理想所进行的实实在在的努力。

(六)理想与现实的关系

1. 辩证看待理想与现实的矛盾

(1)理想与现实是对立的。理想和现实存在着对立的一面,二者的矛盾与冲突,属于"应然"和"实然"的矛盾。

(2)理想与现实又是统一的。理想受现实的规定和制约,是在对现实认识的基础上发展起来的:①现实中包含着理想的因素,孕育着理想的发展。②理想中也包含着现实,既包含着现实中必然发展的因素,又包含着由理想转化为现实的条件,在一定的条件下,理想就可以转化为未来的现实。

2. 实现理想的长期性、艰巨性和曲折性

理想的实现是一个过程。一般来说,理想越是远大,它的实现过程就越复杂,需要的时间也就越漫长。理想变为现实不是一帆风顺的,往往会遭遇波澜和坎坷。

3. 艰苦奋斗是实现理想的重要条件

(1)艰苦奋斗是我们的传家宝。我们的国家,我们的民族,从积贫积弱一步一步走到今天的发展繁荣,靠的就是一代又一代人的顽强拼搏,靠的就是中华民族自强不息的奋斗精神。

(2)艰苦奋斗绝不是一时的权宜之计。①物质生活条件的改善,社会观念的变化,只是赋予艰苦奋斗以新的时代内涵和实践要求,但艰苦奋斗的精神是永远不会过时的。②讲艰苦奋斗,也并不是不讲物质利益,而是为了实现既定的理想,不怕吃大苦、耐大劳,不惜献出自己的一切。

(3)大学生要把敢于吃苦、勇于奋斗的精神落实到日常的学习、生活和工作中。①在学习上,刻苦钻研、不畏艰难,孜孜不倦地学习理论和专业知识,不断提高思想道德和专业知识水平。②在生活上,艰苦朴素、勤俭节约,抵制和反对铺张奢华的思想和生活作风。③在工作上,奋发图强、不怕困难、不避艰险,努力完成各项任务。

(七)个人理想与社会理想的关系

个人理想与社会理想的关系实质上是个人与社会关系在理想层面的反映。个人与社会有机地联系在一起,二者相互依存、相互制约、共同发展。同样,社会理想与个人理想也不是彼此孤立的,它们之间相互联系、相互影响、相互制约。

1. 个人理想以社会理想为指引

(1)追求个人理想的实践活动都是在社会中进行的,正确的个人理想不是依个人主观愿望随意确定的,从根本上说它是由正确的社会理想规定的。

(2)个人理想的实现,必须以社会理想的实现为前提和基础。因此,在整个理想体系中,社会理想是最根本、最重要的,而个人理想则从属于社会理想。

2. 社会理想是对个人理想的凝练和升华

(1)社会理想不是凭空产生的,也不是由外在力量强加的,而是建立在众人的个人理想基础之上。

(2)社会理想归根到底要靠全体社会成员的共同努力来实现,并具体体现在每个社会成员为实现个人理想而进行的活生生的实践中。

(3)当社会理想同个人理想有矛盾冲突的时候,有志气、有抱负的人可以作出最大的自我牺牲,使个人的理想服从于全社会的共同理想。

(八)为实现中国梦注入青春能量

大学生肩负实现中华民族伟大复兴中国梦的历史重任,只有把实现理想的道路建立在脚踏实地的奋斗上,才能放飞青春梦想,实现人生理想。

1. 立志当高远

"志"的双重含义:①对未来目标的向往。②实现奋斗目标的顽强意志。志向,就是理想信念;立志,就是确立理想信念。有志者,事竟成;有大志者,人生事业才能辉煌。志向高远,就是要放开眼界,不满足于现状,也不屈服于一时一地的困难与挫折,更不要斤斤计较个人私利的多少与得失。

2. 立志做大事

青年要以国家民族的命运为己任,而不要以个人的荣华富贵为人生的理想。在今天,做大事就是献身于新时代中国特色社会主义伟大事业。新时代的大学生应该把个人的命运与国家和人民的命运联系在一起,立为国奉献之志,立为民服务之志,为祖国和人民的利益而奋斗,在为实现社会理想而奋斗的过程中实现个人理想。

3. 立志须躬行

漫长征途需要一步一步地走,崇高理想的实现需要一点一滴地奋斗。通往理想的路是遥远的,但起点就在脚下,就在一切平凡的岗位上,就在扎扎实实的学习和工作中。

练习题

(一)单项选择题

1. 理想信念与人的精神境界的关系是(　　)。

A. 没有内在联系

B. 理想信念越崇高、越坚定,精神境界就越高尚

C. 一个人理想信念的高低是由其精神境界决定的

D. 空虚、迷茫的人才需要理想信念

2. 理想信念是由理想和信念两个概念结合而成,包含了理想和信念各自的含义。其中,理想是(　　)。

A. 人们在社会生活中应该遵循的行为规范的总和

B. 人们在改造世界的过程中形成的对于自我和世界的认识

C. 人们在实践中形成的具有实现可能性的对未来的向往和追求

D. 人们在一定的认识基础上确立的对某种思想或事物坚信不疑的态度

3. 理想信念的实践性是指人们的理想信念(　　)。

A. 在阶级社会里打上阶级的烙印

B. 包含人们的行动意志,是一种从精神向行动的转变过程

C. 存在于内心深处，属于一种精神现象

D. 一种纯粹的主观现象和静止的精神状态

4.（　　）是人的精神世界的核心，是人精神上的“钙”。

A. 人生观　　B. 理想信念　　C. 爱国主义　　D. 道德品质

5.“大道之行也，天下为公。选贤与能，讲信修睦。故人不独亲其亲，不独子其子。使老有所终，壮有所用，幼有所长，鳏寡孤独废疾者皆有所养。男有分，女有归。货恶其弃于地也，不必藏于己；力恶其不出于身也，不必为己。是故谋闭而不兴，盗窃乱贼而不作。故外户而不闭，是谓大同。”这里的“大同”指的是一种（　　）。

A. 社会理想　　B. 职业理想　　C. 道德理想　　D. 生活理想

6.“樱桃好吃树难栽，不下功夫花不开。”理想是美好的，但美好的理想是不会自动实现的。把理想转化为现实的根本途径是（　　）。

A. 积极投身社会实践　　B. 认真学习科学理论

C. 大胆畅想美好未来　　D. 逐步确立坚定信念

7. 习近平总书记在纪念邓小平同志诞辰 110 周年座谈会的讲话中指出，（　　）是邓小平同志一生最鲜明的政治品格，也永远是中国共产党人应该挺起的精神脊梁。

A. 艰苦奋斗　　B. 信念坚定　　C. 改革开放　　D. 理想崇高

8. 习近平总书记在纪念红军长征胜利 80 周年大会讲话时指出：“长征胜利启示我们：心中有（　　），脚下有力量。没有牢不可破的理想信念，没有崇高理想信念的有力支撑，要取得长征胜利是不可想象的。”

A. 理想　　B. 信仰　　C. 梦想　　D. 信念

9. 在伦敦海格特公墓的马克思墓碑上，镌刻着马克思的一句名言：“哲学家们只是用不同的方式解释世界，而问题在于改变世界。”这鲜明地表明了马克思主义（　　）的基本特征。

A. 科学性　　B. 革命性

C. 科学性与革命性的统一　　D. 重视实践、以改造世界为己任

10. 社会主义核心价值体系是社会主义意识形态的主体、灵魂和本质体现。在这个价值体系中，作为建设社会主义的理论基础和行动指南，为我们提供科学的世界观和方法论的是（　　）。

A. 马克思主义指导思想　　B. 中国特色社会主义共同理想

C. 民族精神和时代精神　　D. 社会主义荣辱观

11.“理想变为现实，不是一蹴而就、一帆风顺的，往往会遭遇波澜和坎坷。”这句话表明了（　　）。

A. 理想实现的概率非常低　　B. 理想是一定可以实现的

C. 理想的实现是长期的、艰巨的、曲折的　　D. 理想的实现取决于社会环境

12. 人生的最高境界是（　　）。

A. 不以物喜，不以己悲　　B. 艰苦奋斗，为理想而献身

C. 随心所欲不逾矩　　D. 苦而不言，喜而不语

13. 对个人而言，理想信念的主要作用表现在指引人生的奋斗目标、提供人生的前进动力和（　　）。

A. 增加人生的知识储备　　B. 提高人生的精神境界

C. 增加人生的物质财富　　D. 使人生充满好运

14. 党的十八大以来，习近平总书记多次到高校考察并与师生座谈，对广大青年学子提出了殷切的期望，引用很多经典名句进行诠释，其中不包括以下哪句(　　)。

A. 长江后浪推前浪　　B. 苟日新，日日新，又日新

C. 从善如登，从恶如崩　　D. 如临深渊，如履薄冰

15. 习近平总书记在同团十七届中央书记处同志集体座谈时强调，团的干部必须坚定理想信念，应该(　　)，团干部要在广大青年中树立威信、形成号召力，首先要高扬理想旗帜。

A. 最富有理想，富有理想主义　　B. 最有创造力，富有创造激情

C. 最能吃苦，最有吃苦精神　　D. 最能改革，最有改革精神

16. 人们会因为所处社会环境和成长经历的不同，形成不同的理想信念，这体现的是理想信念的(　　)。

A. 时代性　　B. 超越性　　C. 执着性　　D. 多样性

17. 面对一系列人生重大课题的解决，如人生观的确立、价值观的选择等，每个人都需要有一个总的原则和目标，而导引这一切的明亮灯塔正是人生的(　　)。

A. 理想与信念　　B. 道德与修养　　C. 法规和准则　　D. 基本行为规范

18. 下面对共产主义的认识正确的是(　　)。

A. 从人的现实利益需求出发，推动历史发展　　B. 共产主义是渺茫的幻想

C. 既是面向未来的，又是指向现实的　　D. 共产主义没有经过实践检验

19. 树立科学的理想信念，首先要确立马克思主义的科学信仰。下列关于马克思主义的科学性的表述不正确的是(　　)。

A. 是科学而又崇高的　　B. 是马克思、恩格斯创立的

C. 具有持久生命力　　D. 以改造世界为己任

20. 下列对信念的理解中，正确的是(　　)。

A. 信念强调的是认识的正确性　　B. 信念是认知、情感和意志的有机统一体

C. 信念反映的是客观事物的发展规律　　D. 信念体现的是人们对人生目标的追求

21. 以下关于理想、幻想、空想的表述正确的是(　　)。

A. 理想是个人对幻想空想的改进

B. 理想源于实践，具有实现可能，是对未来的向往和追求

C. 理想是永恒的，幻想和空想可以随时间的变化而变化

D. 知识渊博的人具有崇高的理想，而空想幻想则源于无知

22. 个人理想和社会理想的关系，下列论述正确的是(　　)。

A. 个人理想和社会理想从来都是矛盾的

B. 个人理想必须和社会理想在内容上一致

C. 任何情况下，个人理想都应该服从社会理想

D. 社会理想和个人理想密不可分

23. 现阶段我国各族人民建设中国特色社会主义的共同理想和我们党建立共产主义社会的最高理想，属于人生理想中(　　)的内容。

A. 道德理想　　B. 政治理想　　C. 生活理想　　D. 职业理想

24. 中国古代先哲老子说“合抱之木，生于毫末；九层之台，起于垒土；千里之行，始于足

下。”这说明(　　)。

A. 立志当高远　　B. 立志做大事　　C. 立志须躬行　　D. 立志莫迟疑

25. 习近平总书记2019年3月1日在中央党校(国家行政学院)中青年干部培训班开班式上讲到,中国共产党人的理想信念建立在对(　　)的深刻理解之上,建立在对历史规律的深刻把握之上。

A. 马克思主义理论　　B. 马克思主义　　C. 马克思主义哲学　　D. 实现共产主义

26. 在党的十九届一中全会上,习近平总书记指出,“(　　)是事业和人生的灯塔,决定我们的方向和立场,也决定我们的言论和行动”。

A. 理想信念　　B. 马克思主义　　C. 共产主义信仰　　D. 制度和规矩

27.【2019年考研真题】马克思说:“人只有为同时代人的完美、为他们的幸福而工作,自己才能达到完美。如果一个人只为自己劳动,他也许能够成为著名的学者、伟大的哲人、卓越的诗人,然而他永远不能成为完美的、真正伟大的人物。”这表明(　　)。

A. 实现自我价值是创造社会价值的原因　　B. 人生价值是自我价值和社会价值的统一

C. 人生社会价值可以代替自我价值　　D. 个人价值的实现取决于他人的认可

28. 对衣食住行的构想以及爱情、婚姻方面追求的目标是人们的(　　)。

A. 道德理想　　B. 生活理想　　C. 社会理想　　D. 职业理想

29. 处在不同社会发展阶段的人们,对社会发展规律认识和把握的深度与广度不同,所形成的理想也必然不同。这体现了理想具有(　　)。

A. 阶级性　　B. 时代性　　C. 预见性　　D. 主观性

(二)多项选择题

1. 下面关于“理想信念”说法正确的是(　　)。

A. 理想信念提供前进动力

B. 理想作为一定的社会实践的产物

C. 理想就是信念,信念就是理想

D. 高层次的信念决定低层次的信念,低层次的信念服从高层次的信念

2. 习近平总书记在同各界优秀青年代表座谈时,阐述“中国梦”时提到(　　)。

A. 中国梦是历史的,现实的,也是未来的

B. 中国梦是属于中国的,也是属于世界的

C. 中国梦是国家的,民族的,也是每一个中国人的

D. 中国梦是我们的,更是你们青年一代的

3. 科学的理想是(　　)。

A. 人的主观能动性与社会发展客观趋势的一致性的反映

B. 追求个人私利和贪图物质享受

C. 反映人民群众根本利益的

D. 指明了人类社会的发展方向

4. 当代大学生应当确立马克思主义的科学信仰,因为(　　)。

A. 马克思主义是科学的又是崇高的　　B. 马克思主义具有持久的生命力

C. 马克思主义以改造世界为己任　　D. 马克思主义永远是对的

5. 习近平总书记指出,理想信念就是共产党人精神上的“钙”,没有理想信念,理想信念不

坚定，精神上就会“缺钙”，就会得“软骨病”。强调理想信念是（　　）。

A. 理想决定成败，信念指引方向　　B. 理想信念提高精神境界

C. 理想信念昭示奋斗目标　　D. 理想理念提供价值动力

6. 信念是认知、情感和意志的有机统一体，是人们在一定的认识基础上确立的对某种思想或事物坚定不移并身体力行的心理状态和精神状态，信念是人们追求理想目标的强大动力，决定事业的成败。信念有不同的层次和类型，下列说法正确的是（　　）。

A. 高层次的信念代表了一个人的基本信仰　　B. 高层次的信念决定低层次的信念

C. 不同的人会形成不同乃至截然相反的信念　　D. 各种信念没有科学与非科学之分

7. 下列内容中，属于信念特征的是（　　）。

A. 多样性　　B. 政治性　　C. 执着性　　D. 实践性

8. 无数事实证明，有了明确的理想，才能在人生的追求上不断去攀登，最大限度实现人生价值；人若没有明确的理想信念，就像没有舵的小船，在生活的大海中迷失方向，甚至搁浅触礁，这就是说（　　）。

A. 理想信念是人生的精神向导　　B. 理想信念是人生前进的精神动力

C. 理想信念是人生的精神支柱　　D. 理想信念是人们的主观意志

9. 从理想的内容上划分，理想可以分为（　　）等。

A. 道德理想　　B. 职业理想　　C. 政治理想　　D. 生活理想

10. 以下选项中，对理想的含义和特征描述正确的是（　　）。

A. 理想是一种精神现象

B. 理想是人们对未来社会和自身发展目标的向往和追求

C. 理想是人们的世界观、人生观和价值观在奋斗目标上的集中体现

D. 理想源于现实，又超越现实

11. 实现理想要有艰苦奋斗的精神，在社会主义条件下艰苦奋斗的精神表现在（　　）。

A. 自力更生，奋发图强，不怕困难，不畏艰险地去完成各项任务

B. 艰苦朴素，勤劳节俭，抵制和反对剥削阶级腐朽生活作风的侵蚀

C. 刻苦钻研，勇于探索，孜孜不倦地学习理论和专业知识

D. 乐天安命，顺其自然，回避社会和人生矛盾，过一种与世无争的生活

12. 以下关于信念的表述正确的是（　　）。

A. 信念是理想实现的保障

B. 信念是对客观事物的本质和发展规律的正确反映

C. 信念是认知、情感和意志的有机统一体

D. 信念是人们对某种思想或事物坚信不疑并身体力行的心理态度和精神状态

13. 信念和信仰的关系是（　　）。

A. 信念是信仰的最高表现形式　　B. 信仰是信念的最高表现形式

C. 信念和信仰都是人的精神支柱　　D. 信仰属于信念，是信念的一部分

14. 我们之所以要确立马克思主义的科学信仰，是因为（　　）。

A. 马克思主义体现了科学性和革命性的统一　　B. 马克思主义具有鲜明的实践品格

C. 马克思主义具有持久生命力　　D. 马克思主义穷尽了世间一切真理

15. 习近平总书记 2017 年 8 月 15 日在给第三届中国“互联网＋”大学生创新创业大赛“青

年红色筑梦之旅”大学生的回信中指出：祖国的青年一代有理想、有追求、有担当，实现中华民族伟大复兴就有源源不断的青春力量。希望你们扎根中国大地了解国情民情，在创新创业中增长智慧才干，在艰苦奋斗中锤炼意志品质，在亿万人民为实现中国梦而进行的伟大奋斗中实现人生价值，用青春书写无愧于时代、无愧于历史的华彩篇章。这就告诉青年，应当正确认识和处理个人理想与社会理想的关系。下列论述正确的是（　　）。

A. 个人理想以社会理想为指引

B. 个人理想的实现，必须以社会理想的实现为前提和基础

C. 在整个理想体系中，社会理想是最根本、最重要的，而个人理想从属于社会理想。

D. 社会理想是个人理想的凝练与升华

16. 共产党人若精神上缺“钙”，没了理想信念，就会（　　）。

A. 政治上变质　　B. 经济上贪婪　　C. 道德上堕落　　D. 生活上腐化

17. 习近平总书记在陕西省延川县梁家河村的七年时间里，为群众办好事、干实事，是乡亲们眼里能吃苦、爱读书的好后生。他说：“我永远不会忘记梁家河，永远不会忘记父老乡亲，永远不会忘记老区人民。”这对肩负实现中华民族伟大复兴中国梦的历史重任的大学生在实现人生理想方面的启示是（　　）。

A. 立志当高远　　B. 立志做大事　　C. 立志须躬行　　D. 立志须果断

18. 以下关于理想的表述正确的是（　　）。

A. 理想带有时代的烙印，在阶级社会中，还必然带有特定阶级的烙印

B. 理想不仅具有现实性，而且具有预见性

C. 理想是在正确把握社会历史发展客观规律的基础上形成的，因此理想必然可以实现

D. 实践产生理想，理想指引实践

19. 下列关于理想和现实的统一性认识错误的是（　　）。

A. 理想就是现实

B. 有了坚定的信念，理想就能自动变为现实

C. 现实是理想的基础，理想在一定条件下可以转化为未来的现实

D. 理想总是美好的，而现实中既有美好的一面，也有丑陋的一面

20. 共同理想和最高理想的关系是（　　）。

A. 共同理想是最高理想的具体表现，最高理想是共同理想的思想基础和最高原则

B. 共同理想是最高理想的必经阶段，最高理想是共同理想的最终目标

C. 共同理想决定和制约着最高理想的发展

D. 最高理想指导着共同理想的发展方向

21. 坚定马克思主义的信仰，需要（　　）。

A. 把对马克思主义信仰等同于一种宗教信仰

B. 用马克思主义理论武装自己的头脑，指导自己的行动

C. 把马克思主义理论看作众多理论流派中的一个

D. 相信马克思主义的科学性和崇高性

22. 流沙河诗里讲道：“理想是罗盘，给船舶导引方向；理想是船舶，载着你出海远行。但理想有时候又是海天相吻的弧线，可望不可及，折磨着你那进取的心。”这三句话表达了理想的（　　）。

A. 导向作用,激励作用　　B. 时代性与超前性
C. 理想的超越性带来的实现的艰难性与曲折性　　D. 理想具有阶级性和实践性

23. 下列关于理想的正确结论是(　　)。
A. 理想是社会实践的产物　　B. 理想是一定社会关系的产物
C. 理想是多样的,没有共同性　　D. 理想源于现实,又超越现实

24. 理想、幻想、空想都是(　　)。
A. 具有主观能动性的　　B. 有实现的可能性的
C. 对未来的想象　　D. 自然形成的,符合客观规律性的

25. 以下关于艰苦奋斗的表述正确的有(　　)。
A. 艰苦奋斗是实现理想的重要条件
B. 一个没有艰苦奋斗精神作支撑的国家,是难以发展进步的
C. 一个没有艰苦奋斗精神作支撑的民族,是难以自立自强的
D. 一个没有艰苦奋斗精神作支撑的政党,它的事业是难以兴旺发达的

26. 俄国著名作家尼古拉·车尔尼雪夫斯基曾说:"人的活动如果没有理想的鼓舞,就会变得空虚渺小。"这句名言告诉我们(　　)。
A. 理想指引人生的奋斗目标　　B. 理想提供人生的前进动力
C. 理想提升人生的精神境界　　D. 理想只是人们的主观意志

27. 个人理想和社会理想是辩证统一的,其主要表现在(　　)。
A. 社会理想决定、制约着个人理想　　B. 个人理想决定、制约着社会理想
C. 社会理想体现着个人理想　　D. 个人理想体现着社会理想

28. 理想具有的特征是(　　)。
A. 超越性　　B. 随意性　　C. 实践性　　D. 时代性

29. 理想是否合理、进步与科学的判断标准是(　　)。
A. 是否正确反映了客观事物的发展规律　　B. 是否合乎历史的发展方向
C. 是否有益于社会的发展与进步　　D. 是否为社会的大多数谋利益

(三)简答题

1. 简述理想和信念的特征。

2. 简述信仰马克思主义的原因。

3. 为什么要坚持中国特色社会主义共同理想?

4. 为什么要胸怀共产主义远大理想?

5. 简述理想与现实的关系。

6. 简述个人理想与社会理想的关系。

(四)论述题

1. 谈谈理想信念对大学生成长成才的重要意义。

2. 如何认识中国特色社会主义共同理想与共产主义远大理想的关系?

3. 结合自身实际,谈谈在实现中华民族伟大复兴进程中大学生肩负的责任。

(五)材料分析题

材料分析题 1【2018 年考研真题】

【材料 1】 2017 年 11 月 17 日,在全国精神文明建设表彰大会上,习近平总书记请老人坐在自己身边的暖心举动,感动了全国人民,同时也让大家记住了这位 93 岁高龄的中国核潜艇之父——黄旭华。

1937 年,日本开始了全面侵华,黄旭华随同学在向内地转移途中,看到无数城市在日军的轰炸下化为了废墟。年少的黄旭华默默思考:"国家太弱就会任人欺凌、宰割,当时有句话叫'科学救国'。我不学医了,我要读航空、读造船,将来我要制造飞机捍卫我们的蓝天,制造军舰从海上抵御外国的侵略"。凭着这个信念他考入大学学习舰船技术。

由此把他自己的专业志向与国家需要紧紧结合在一起。从 20 世纪 50 年代起,他隐姓埋名 30 多年,自力更生、艰苦奋斗、孜孜不倦地战斗在核潜艇研制一线。1970 年,我国第一艘鱼雷攻击型核潜艇终于顺利下水试航,中国也由此成为世界上第五个拥有核动力潜艇的国家。如今,已是 90 多岁高龄的黄旭华仍然每天准时出现在研究所,在他身上好像蕴涵着无穷的力量,永远不知疲倦。而这一力量正是源自他年轻时确立的正确的理想信念,他说:"研制核潜艇是我的梦想,一辈子从事自己热爱的事业,我很幸福。"

——摘自《人民日报》(2017 年 7 月 30 日);《光明日报》(2017 年 11 月 6 日)

【材料 2】 2017 年 5 月 24 日,习近平总书记在对黄大年同志先进事迹作出重要指示时强调,黄大年同志秉持科技报国理想,把为祖国富强、民族振兴、人民幸福贡献力量作为毕生追求,为我国教育科研事业作出了突出的贡献,他的先进事迹感人肺腑。我们要以黄大年同志为榜样,从自己做起,从本职岗位做起,为实现中华民族伟大复兴的中国梦贡献智慧和力量。

黄大年是我国著名的地球物理学家、国家"千人计划"专家,2017 年 1 月 8 日因病去世,年仅 58 岁。黄大年青年时期就立下"振兴中华,乃我辈之责"的宏大志向。他 17 岁考到地质队工作,成为一名物探操作员;1977 年考入大学,从此与地球物理结下一生的缘分。1992 年被选至国外大学攻读博士学位,临行前,他说:"等着我,我一定会把国外的技术带回来""我是国家培养出来的,我的归宿在中国"。2009 年,黄大年放弃国外优越的生活和科研回到了阔别多年的母校。回国 7 年多,他作为国家多个技术攻关项目的首席专家,带领科技团队只争朝夕,顽强拼搏,取得了一系列重大的科技成果,填补了多项国内技术空白,部分成果达到了国际领先水平。他秉持"祖国的需要就是最高需要"的人生信条,为实现科技强国梦殚精竭虑,直到生命最后一刻。他常说:"中国要由大国变成强国,需要有一批'科研疯子',这其中能有我,余愿足矣!"

黄大年的一生从"物探操作员"到"地球物理学家",变的是称呼,不变的是他对理想信念的不懈追求。

——摘自《人民日报》(2017 年 7 月 13 日);《光明日报》(2017 年 7 月 24 日)

结合材料回答问题:

1. 为什么说青年时代树立正确的理想信念能为人的一生提供“无穷的力量”?

2. 青年如何在中国梦的实践中放飞青春梦想?

材料分析题 2

【材料 1】 71 年前,他是西北野战军的突击队员,冒着枪林弹雨,炸掉敌人四个碉堡,战功卓著,是董存瑞式的战斗英雄。

64 年前,他退役转业,主动选择到湖北省最偏远的来凤县工作,为贫穷山区奉献一生。从此,赫赫战功被他埋在心底,只字不提。

7 年前,他 88 岁,左腿截肢,为了不给组织添麻烦,更为了让子女“安心为党和人民工作”,装上假肢,顽强地站了起来。

现在,他 95 岁,仍然坚持学习。他说:“人离休了,政治上思想上绝不能离休。”……所有这些,只因他是一名共产党员。他就是原西北野战军 359 旅 718 团 2 营 6 连战士张富清。

战争年代不怕牺牲、出生入死,张富清靠的是一个党员的信仰——“我一直按我入党宣誓的去做……满脑子都是要消灭敌人,要完成任务……所以也就不怕死了。”

和平时期淡泊名利、扎根大山,张富清为的是不负入党的誓言——“和我并肩作战的战士,有几多(好多)都不在了。比起他们来,我有什么资格拿出立功证件去摆自己啊?! 我有什么功劳啊?!”讲起这些,这位 95 岁的老人声音颤抖,泪水溢满了眼眶。

——摘自新华网(2019 年 4 月 8 日)

【材料 2】 习近平总书记强调理想信念,是由于其对中国共产党人具有特殊的政治意义。习近平总书记强调“理想信念动摇是最危险的动摇,理想信念滑坡是最危险的滑坡。一个政党的衰落,往往从理想信念的丧失或缺失开始。”“理想信念是共产党人精神上的‘钙’,理想信念坚定,骨头就硬,没有理想信念,或者理想信念不坚定,精神上就会‘缺钙’,就会得‘软骨病’。”“一个民族、一个人能不能把握自己,很大程度上取决于道德价值……如果没有自己的精神独立性,那政治、思想、文化、制度等方面的独立性就会被釜底抽薪。”

——摘自《解放军报》(2017 年 6 月 23 日)

结合材料回答问题:

1. 谈谈你对“人离休了,政治上思想上绝不能离休。”这句话的理解。

2. 为什么说理想信念对中国共产党人来说具有特殊的政治意义?

材料分析题 3【2014 年考研真题】

鹦哥岭是海南省陆地面积最大的自然保护区,区内分布着完整的垂直带谱。在我国热带雨林生态系统保存上独占鳌头。这里山高路远,条件艰苦,一直难以招聘到具有较高专业素质的工作人员。

一、鹦哥岭来了大学生

自2007年起，先后有27名大学毕业生(2名博士、4名硕士、21名本科生)放弃大城市的优越生活，陆续从全国各地来到鹦哥岭保护区工作，山脚下一排破旧平房中的两间就是他们的家。“孩子们，这里的黎苗兄弟说是以种田为生，实际上就是种些橡胶，靠山吃山……你们来任务重啊！在关爱森林的同时，还要想法帮这里的百姓致富！”老站长的一席话，像重锤一样敲击着大家。“我们不会让鹦哥岭失望的！”大家不约而同地喊出声。

二、鹦哥岭有了“档案馆”

到底鹦哥岭有多少种动植物？这是摆在大学生们面前最直接的课题，也是鹦哥岭自然保护区要完成的首要工作。大学生们背着睡袋、锅碗瓢盆和监测仪上山了，他们聚精会神地做着记录，天黑了，就架起锅煮点米饭，和着辣酱吃；实在太困了就支起帐篷钻进去睡一觉……经过4年多的艰辛努力，鹦哥岭自然保护区终于有了自己的“档案馆”；记录到植物2197种、脊椎动物431种、鹦哥岭树蛙等14种科学新种以及26个中国新记录种等。

三、鹦哥岭有了护林员

鹦哥岭周边有103个自然村，近2万村民。看到村民大片砍伐雨林种山芝、香蕉，作为环境保护者，大学生们痛心疾首。但习惯靠山吃山的当地百姓说，“让我们放下砍刀、放下猎枪绝对不行！”大学生们克服阻力，用真诚和智慧动员招募了270名护林员，并与他们一起，用一个多月时间，走遍了209千米长的界线，埋下了近400根桩和5多块界碑，为鹦哥岭保护区筑起了一道看得见的保护网。

四、鹦哥岭有了农业示范田

鹦哥岭是海南的贫困山区，为帮助当地黎苗族百姓脱贫致富，大学生们特地去外地取经，在鹦哥岭通过试点而大面积推广“稻鸭共育”的方法，带动当地人致富，农户们在稻田里骄傲地插上了“农业示范田”的牌子。接着大学生们又推广林下经济，在橡胶树下种菜、种瓜、养鸡；并帮助当地人建起了环保厕所，盖起了猪圈，改善了居住的环境。当地百姓手里有了钱，靠上山砍树卖钱的人越来越少了。看到这一切，大学生们说，“我们感到由衷的幸福和快乐，也深切地感受到，这就是我们工作的意义和存在的价值。”

5年过去了，27名大学生一直坚守在鹦哥岭，他们甘于寂寞，乐于奉献，尝试发现新物种，是敬业的科研工作者；引来环保理念，是先进理念的传播者；心系百姓喜忧，是黎苗族兄弟的贴心人！一份职业，背负三份责任。三个角色的完美融合，让我们看到了甘于寂寞的坚守力量和不甘于寂寞的奋斗精神，也让我们懂得了自己手中的笔、脚下的路、心中的秤要靠什么来指引，他们选择了一种有远见的生活方式。

每到毕业季，总有一些大学毕业生发出“理想很丰满，现实很骨感”的感慨。究竟如何看待理想与现实的关系，鹦哥岭的大学生们用他们的实际行动给出了最响亮的回答。

——摘自《光明日报》(2012年4月9日、2013年6月7日)

结合材料回答问题：

1. 为什么说鹦哥岭的大学生选择的是“一种有远见的生活方式”？

2. 怎样看待“理想很丰满，现实很骨感”这种说法？

推荐阅读文献

[1]习近平.在纪念邓小平同志诞辰110周年座谈会上的讲话[N].人民日报,2014-08-21.

[2]习近平.在同团中央新一届领导班子成员集体谈话时强调:共青团要紧跟党走在时代前列走在青年前列[N].中国青年报,2013-06-21.

[3]习近平.在中央党校(国家行政学院)中青年干部培训班开班式上发表重要讲话强调:在常学常新中加强理论培养 在知行合一中主动担当作为[N].人民日报,2019-03-02.

[4]习近平.在党的十九届一中全会上的讲话[J].求是,2018(1):3-8.

[5]习近平.在同各界优秀青年代表座谈时的讲话[N].中国青年报,2013-05-05.

[6]习近平.回信勉励第三届中国"互联网+"大学生创新创业大赛"青年红色筑梦之旅"的大学生:扎根中国大地了解国情民情 用青春书写无愧于时代无愧于历史的华彩篇章[N].中国青年报,2017-08-16.

[7]田豆豆.中国核潜艇之父黄旭华:痴心不改强国梦[N].人民日报,2017-07-30.

[8]王云娜.黄大年先进事迹报告会走进广西[N].人民日报,2017-07-13.

[9]韩庆祥,唐爱军.坚守共产党人安身立命的根本——学习习近平总书记关于理想信念的重要论述[N].解放军报,2017-06-23.

第三章 弘扬中国精神

知识要点图示

(一)中国精神的传承与价值
- 1.实现中国梦必须弘扬中国精神
- 2.重精神是中华民族的优秀传统
- 3.中国精神是民族精神和时代精神的统一

(二)爱国主义及其时代要求
- 1.爱国主义的基本内涵
- 2.新时代的爱国主义
- 3.做忠诚爱国者

(三)让改革创新成为青春远航的动力
- 1.创新创造是中华民族最深沉的民族禀赋
- 2.改革创新是时代要求
- 3.做改革创新生力军

重要概念

(1)民族精神。民族精神是指一个民族在长期共同生活和社会实践中形成的,为本民族大多数成员所认同的价值取向、思维方式、道德规范、精神气质的总和。民族精神集中体现了一个民族在一定的自然环境和社会历史条件下生存和发展的独特方式,反映了一个民族的心理特征、文化传统、精神风貌,是一个民族赖以生存和发展的精神支柱。民族精神是中国精神的本质内涵之一,与时代精神共同构成了中国精神的核心内容。

(2)时代精神。时代精神是一个国家和民族在新的历史条件下形成和发展的,是体现民族特质并顺应时代潮流的思想观念、价值取向、精神风貌和社会风尚的总和,是一种对社会发展具有积极影响和推动作用的集体意识。时代精神反映社会进步的发展方向,是社会的主旋律和时代的最强音。

(3)中国精神。中国精神是以爱国主义为核心的民族精神和以改革创新为核心的时代精神的统一。民族精神和时代精神共同构成了我们当今时代的中国精神。民族精神赋予中国精神以民族特征,是中华民族的精神独立性得以保持的重要保证;时代精神赋予中国精神以时代内涵,是中国精神引领时代前行、拥有鲜明时代性和强大生命力的重要根源。中国精神是兴国强国之魂，是凝聚中国力量的精神纽带，是激发创新创造的精神动力，是推进复兴伟业的精神定力。

重难点解析

(一)重精神是中华民族的优秀传统

(1)中华民族崇尚精神的优秀传统的主要表现。①表现在对物质生活与精神生活相互关系的独到理解上。重视并崇尚精神生活，是中国古代思想家们的主流观点。②表现在中国古人对理想的不懈追求上。矢志不渝地坚守理想，是中国古人崇尚精神的典型体现。③表现在对道德修养和道德教化的重视上。中国传统文化十分强调道德修养和道德教化，将“立德”置于“三不朽”(立德、立功、立言)之首，重视人的精神品格的养成。④表现为对理想人格的推崇。对高尚人生境界和理想人格的尊崇与追求。

(2)中国共产党是中华民族重精神优秀传统的忠实继承者和坚定弘扬者。在革命、建设、改革各个历史时期，中国共产党都强调要处理好物质和精神的关系，重视发挥人的精神的能动作用，中华民族重精神的优秀传统得到进一步发扬光大。

(二)中国精神是民族精神和时代精神的统一

中国精神的基本内容：以爱国主义为核心的民族精神和以改革创新为核心的时代精神，构成了中国精神的基本内容。

1. 以爱国主义为核心的民族精神

(1)民族精神的含义。民族精神是一个民族在长期共同生活和社会实践中形成的，为本民族大多数成员所认同的价值取向、思维方式、道德规范、精神气质的总和，是一个民族赖以生存和发展的精神支柱。

(2)民族精神的核心。爱国主义是民族精神的核心，中华民族从来就有爱国主义的传统。

(3)伟大民族精神的时代内涵。①伟大创造精神；②伟大奋斗精神；③伟大团结精神；④伟大梦想精神。

(4)民族精神的意义。勤劳勇敢的中国人民在长期奋斗中培育、继承、发展起来的以爱国主义为核心的伟大民族精神，为中国发展和人类文明进步提供了强大精神动力，是坚定中国特色社会主义道路自信、理论自信、制度自信、文化自信的底气，是中华民族风雨无阻、高歌行进的根本力量。

2. 以改革创新为核心的时代精神

(1)时代精神的含义。时代精神是一个国家和民族在新的历史条件下形成和发展的，是体现民族特质并顺应时代潮流的思想观念、价值取向、精神风貌和社会风尚的总和，是一种对社会发展具有积极影响和推动作用的集体意识。时代精神反映社会进步的发展方向，引领时代的进步潮流，是社会的主旋律和时代的最强音。

(2)时代精神的核心。改革创新精神是时代精神的核心，贯穿于改革开放的全部实践，体现在时代精神的各个方面。改革是破除社会发展障碍、激发社会发展活力的引擎，创新则是民族进步的灵魂、国家兴旺发达的动力。改革创新精神既是对中华民族革故鼎新优良传统的继承弘扬，也是当代中国改革开放伟大实践中体现出来的精神品格和精神特征。

(3)时代精神的意义。以改革创新为核心的时代精神，是当代中国人民精神风貌的集中写照，是激发社会创造活力的强大力量。中国特色社会主义事业是一项前无古人的创造性事业，只有坚持弘扬以改革创新为核心的时代精神，才能使全体人民始终保持昂扬向上的精神状态，不断推进中国特色社会主义伟大事业。

3. 民族精神与时代精神的辩证统一

民族精神与时代精神紧密关联，都是一个民族赖以生存和发展的精神支撑。

(1)一切民族精神都曾经是一定历史阶段中带动潮流、引领风尚、推动社会发展的时代精神。同时，一切时代精神都将随着历史的变迁逐步融入民族精神的长河之中，不断丰富和发展民族精神的时代内涵。

(2)弘扬和培育民族精神，必须自觉回应时代的要求，推动民族精神的不断革新，推动民族精神的创新性发展和创造性转化，从而为当下的实践提供精神力量；弘扬和培育时代精神，必须立足民族精神的根基，接续民族精神的血脉、承接民族精神的基因，使得时代精神既面向未来，又不忘本来，始终具有引领民族前行的强大吸引力和感召力。

(3)民族精神和时代精神共同构成了我们当今时代的中国精神。民族精神赋予中国精神以民族特征，是中华民族的精神独立性得以保持的重要保证；时代精神赋予中国精神以时代内涵，是中国精神引领时代前行，拥有鲜明时代性和强大生命力的重要根源。

(4)民族精神和时代精神的交融汇通，使得中国精神既具有鲜明的民族性，又洋溢着强烈的时代性，成为中华民族共有的精神家园和奋力实现复兴的强大精神力量。

(三)实现中国梦必须弘扬中国精神

中国精神是兴国强国之魂。实现中国梦，必须弘扬中国精神，以高扬的精神旗帜为指引，以强大的精神支柱为支撑，团结凝聚全体人民的智慧和力量，为实现中国梦而努力奋斗。

1. 中国精神是凝聚中国力量的精神纽带

推进民族复兴的时代伟业，我们必须有万众一心、众志成城的强大精神凝聚力。在当代中国，必须用中国精神引领各族人民心往一处想、劲往一处使，用13亿多人的智慧和力量汇集起不可战胜的磅礴力量，为实现中华民族伟大复兴的中国梦而努力奋斗。

2. 中国精神是激发创新创造的精神动力

当前，我们正在从事的中国特色社会主义事业是一项前无古人的创造性事业，中国精神作为兴国强国之魂的价值和意义更为凸显。推进新时代的伟大事业，必须有创新创造、向上向前的强大精神奋发力，勇于变革、勇于创新，永不僵化、永不停滞，使全体人民始终保持昂扬向上的精神状态，为实现中国梦注入强大的精神力量。

3. 中国精神是推进复兴伟业的精神定力

只有自觉弘扬中国精神，增强民族自尊心和自信心，坚定不移走自己的路，才能使全体人民在实现复兴伟业的征途中拥有坚如磐石的精神和信仰力量，不为困难吓倒，不为诱惑所动，不为干扰迷惑，坚定不移把我们的事业不断推向前进，直至光辉的彼岸。

（四）爱国主义的基本内涵

爱国主义体现了人们对自己祖国的深厚感情，揭示了个人对祖国的依存关系，是人们对自己家园以及民族和文化的归属感、认同感、尊严感与荣誉感的统一。它是调节个人与祖国之间关系的道德要求、政治原则和法律规范，也是中华民族精神的核心。

1. 爱国主义的特点

爱国主义是历史的、具体的，在不同的历史时代和文化背景下所产生的爱国主义，具有不同的内涵和特点。爱国主义的丰富性和生命力，正是通过它的历史性和具体性来表现的。

2. 爱国主义的基本要求

(1)爱祖国的大好河山。祖国的河山在人们的心中占据着至高无上的地位。祖国的大好河山，不只是自然风光，还是主权、财富、民族发展和进步的基本载体。因此，领土完整涉及国家的重大核心利益，每一个爱国者都会把“保我国土”“爱我家乡”、维护祖国领土的完整和统一，作为自己的神圣使命和义不容辞的责任。

(2)爱自己的骨肉同胞。对骨肉同胞的爱，反映的是对整个民族利益共同体的自觉认同。爱自己的同胞就是爱人民群众。对人民群众感情的深浅程度，是检验一个人对祖国忠诚程度的试金石。爱自己的骨肉同胞，最主要的是培养对人民群众的深厚感情，坚持以人民为中心的立场，始终紧紧地同人民群众站在一起。

(3)爱祖国的灿烂文化。文化是一个国家、一个民族的灵魂。文化传统常常被称为国家和民族的胎记，是一个国家民族得以延续的精神基因，是培养民族心理、民族个性、民族精神的摇篮，是民族凝聚力的重要基础。爱祖国的灿烂文化，就是要认真学习和真正了解祖国的历史，在充分理解和尊重的基础上，积极推动祖国优良历史文化传统的传承和发展。

(4)爱自己的国家。祖国的大好河山，自己的骨肉同胞，民族的灿烂文化，都是同我们的国家联系在一起的，我们每个人的发展也都时刻同国家的发展进步紧密关联。因此，爱自己的国家，拥护国家的基本制度，遵守国家的宪法法律，维护国家安全和统一，捍卫国家的利益，为国家繁荣发展贡献自己的力量，是爱国主义的基本要求。

（五）新时代的爱国主义

新时代的爱国主义，既承接了中华民族的爱国主义优良传统，又体现了鲜明的时代特征，内涵更加丰富。新时代的爱国主义基本要求体现在以下四个方面。

1. 坚持爱国主义和社会主义相统一

祖国的命运和党的命运、社会主义的命运密不可分。只有坚持爱国和爱党、爱社会主义相统一，爱国主义才是鲜活的、真实的，这是当代中国爱国主义精神最重要的体现。在当代中国，爱国主义首先体现在对社会主义中国的热爱上。

2. 维护祖国统一和民族团结

在新的时代条件下，弘扬爱国主义精神，必须把维护祖国统一和民族团结作为重要着力点和落脚点。维护和推进祖国统一，是中华民族走向伟大复兴的题中之义。弘扬新时代的爱国主义精神，就要自觉维护全国各族人民大团结的政治局面，不断增强对伟大祖国、中华民族、中华文化、中国共产党、中国特色社会主义的认同，坚决维护国家主权、安全、发展利益，筑牢国家统一、民族团结、社会稳定的铜墙铁壁。

3. 尊重和传承中华民族历史和文化

对祖国悠久历史、深厚文化的理解和接受，是人们爱国主义情感培育和发展的重要条件。我们必须尊重和传承中华民族历史和文化，以时代精神激活中华优秀传统文化的生命力，延续文化基因，萃取思想精华，推进中华优秀传统文化创造性转化和创新性发展，在传承与创新中树立和坚持正确的历史观、民族观、国家观、文化观，增强做中国人的骨气和底气。

4. 必须坚持立足民族又面向世界

坚持新时代的爱国主义，要求我们正确处理好立足民族与面向世界的辩证统一关系。

(1)必须坚持立足民族，维护国家发展主体性。在参与经济全球化的过程中，我们既要充分利用经济全球化所提供的机遇发展自己，又要坚决维护国家的主权和尊严，按照本国国情坚持、发展自己的政治制度和民族文化。

(2)必须面向世界，构建人类命运共同体。要有更加宽广的世界胸怀和全球视野，为维护人类共同利益、推动人类文明发展进步提供中国智慧，始终做世界和平的建设者、全球发展的贡献者、国际秩序的维护者。

(六)做忠诚爱国者

爱国既需要情感的基础，也需要理性的认识，更需要实际的行动。爱国不是简单的情感表达，而是一种理性的行为，要讲原则、守法律，以合理合法的方式来进行。

1. 维护和推进祖国统一

保持香港、澳门长期繁荣稳定，实现祖国完全统一，是实现中华民族伟大复兴的必然要求，是不可阻挡的历史进程，也是全体中华儿女的共同心愿。①推进祖国统一，必须保持香港、澳门长期繁荣稳定。②和平统一最符合包括台湾同胞在内的中华民族的根本利益。③坚持一个中国原则。④推进两岸交流合作。⑤促进两岸同胞团结奋斗。⑥反对"台独"分裂图谋。

2. 促进民族团结

(1)深化对党的民族理论和民族政策的认识，认真学习国家关于民族事务的法律法规，深入了解中华民族"多元一体"的发展历史，坚定"汉族离不开少数民族，少数民族离不开汉族，各少数民族之间也相互离不开"的思想观念。

(2)认清"藏独"和"疆独"等各种分裂主义势力的险恶用心和反动本质，坚持原则、明辨是非，不信谣、不传谣，不受分裂分子挑拨煽动，不参与违法犯罪活动，与破坏民族团结的行为作坚决斗争。在危急关头、关键时刻，要立场坚定、挺身而出，敢于同各种分裂活动作斗争。

3. 增强国家安全意识

(1)确立总体国家安全观。必须坚持总体国家安全观，坚持国家利益至上，以人民安全为宗旨，以政治安全为根本，以经济安全为基础，以军事、文化、社会安全为保障，以促进国际安全为依托，走出一条中国特色的国家安全道路。

(2)增强国防意识。我国的国防是全民的国防。保卫祖国、抵抗侵略是中华人民共和国每一个公民的神圣职责。大学生必须具有很强的国防观念和忧患意识，自觉接受国防和军事方面的教育训练，关心国防、了解国防、热爱国防、投身国防，积极履行国防义务，成为既能建设祖国、又能保卫祖国的优秀人才。

(3)履行维护国家安全的义务。大学生应自觉遵守国家安全法律,履行维护国家安全的法律义务。

(七)让改革创新成为青春远航的动力

1. 创新创造是中华民族最深沉的民族禀赋

(1)中华民族是富有创新精神的民族。在历史的漫漫长河中,变通求新、因革损益、革故鼎新、与时俱进、与日偕新等思想观念逐渐积淀为中华民族最深沉的民族禀赋。

(2)勇于创新创造的民族禀赋成就了辉煌灿烂的中华文明。我国在历史上长期处于世界领先地位,我国思想文化、社会制度、经济发展、科学技术以及其他许多方面对周边发挥了重要辐射和引领作用,中华文明对世界文明进步作出了巨大贡献,产生了深远影响。究其深层精神根源,就在于中华民族创新创造这一宝贵的精神传统和民族禀赋。

(3)近代以来,我国逐渐由领先变为落后,一个重要原因就是错失了多次科技和产业革命带来的巨大发展机遇,在世界工业革命大潮中被时代远远甩下。

(4)中华人民共和国的成立,让古老的中国焕发新生,勤劳勇敢的中国人民在建设自己美好家园的伟大实践中迸发出创新创造的生机活力,在中国共产党的领导下开启了全力追赶时代、勇于引领时代的改革创新大潮。

2. 改革创新是时代要求

改革创新是当代中国最突出、最鲜明的特点。在当代中国,社会发展离不开改革创新,改革创新是社会发展的重要动力,坚持改革创新是新时代的迫切要求。

(1)创新始终是推动人类社会发展的第一动力。从某种意义上说,创新决定着世界政治经济力量对比的变化,也决定着各国各民族的前途命运。

(2)创新能力是当今国际竞争新优势的集中体现。"在激烈的国际竞争中,惟创新者进,惟创新者强,惟创新者胜。"今天,国际竞争的新优势越来越集中体现在创新能力上。当今世界,谁牵住了科技创新这个"牛鼻子",谁走好了科技创新这步先手棋,谁就能占领先机,赢得优势。

(3)改革创新是我国获得未来的必然要求。抓创新就是抓发展,谋创新就是谋未来。在新一轮科技革命和产业变革中,我国能否在未来发展中后来居上、弯道超车,主要就看能否在创新驱动发展上迈出实实在在的步伐。

改革创新永无止境。大学生要自觉树立敢为天下先的志向和信心,敢于担当、勇于超越,在攻坚克难中追求卓越,在改革创新中引领世界潮流。

3. 做改革创新生力军

(1)树立改革创新的自觉意识。①增强改革创新的责任感。大学生要不断增强以改革创新推动社会进步,在改革创新中奉献服务社会、实现人生价值的崇高责任感和使命感,以"时不我待、只争朝夕"的紧迫感投身改革创新的实践中。②树立敢于突破陈规的意识。敢于大胆突破陈规甚至常规,敢于大胆探索尝试,善于观察发现、思考批判,不唯书、不唯上、只唯实,这是大学生在学习与实践中创新创造的重要前提。③树立大胆探索未知领域的信心。要创新,就要有强烈的创新自信。青年应是常为新、敢创造,理当锐意创新创造,不等待、不观望、不懈怠,勇做改革创新的生力军。

(2)增强改革创新的能力本领。①夯实创新基础。改革创新者都具有扎实的专业知识基础。大学生作为改革创新的生力军,应从扎实系统的专业知识学习起步和入手,而不能好高骛远,空谈改革,坐论创新。②培养创新思维。大学生在专业学习与社会实践中应自觉培养创新型思维,勤于思考,善于发现,勇于创新。③投身创新实践。当代大学生应当在全面深化改革的伟大实践中深深体悟改革创新精神,增强改革创新的意识,锤炼改革创新的意志,增强改革创新的能力本领,勇做改革创新的实践者和生力军。

练习题

(一)单项选择题

1. 爱国是每个人都应当自觉履行的责任或义务。履行爱国的责任或义务,是对祖国母亲的报答,爱自己的骨肉同胞,反映的是对整个民族利益共同体的自觉认同。爱自己的骨肉同胞就是爱(　　)。

A. 人民群众　　B. 灿烂文化　　C. 大好河山　　D. 自己的国家

2. 古往今来,无论是那些对历史作出过较大贡献的政治家、思想家、军事家、文学艺术家,还是那些在祖国历史发展中起着决定作用的千千万万普通劳动群众,启迪、指引他们壮丽人生的一个共同思想因素是(　　)。

A. 爱国主义　　B. 集体主义　　C. 自由主义　　D. 社会主义

3. 戚继光抗击倭寇、郑成功收复台湾、三元里人民抗英、轰轰烈烈的义和团运动、浴血八年的全民族抗日战争等,这些爱国壮举集中体现了中华民族爱国主义优良传统中(　　)。

A. 维护祖国统一,促进民族团结的精神

B. 抵御外来侵略,捍卫国家主权的精神

C. 心系民生苦乐,推动历史进步的精神

D. 开发祖国山河,创造中华文明的精神

4. 在当代,对每一个中华人民共和国公民来说,爱国主义首先体现在(　　)。

A. 热爱社会主义中国

B. 参与经济全球化的竞争

C. 全面肯定和接受中华民族的道德传统

D. 把中国纳入西方国家的发展模式和发展轨道

5. 在五千多年的发展中,中华民族形成了以爱国主义为核心的团结统一、爱好和平、勤劳勇敢、自强不息的(　　)。

A. 人文精神　　B. 时代精神　　C. 创新精神　　D. 民族精神

6. 中华民族在五千多年的历史进程中不仅创造出光辉灿烂、享誉世界的中华文明,也塑造出中华民族独特的精神气质和精神品格,形成了崇尚精神的优秀传统。中国古人所说的"不义而富且贵,于我如浮云""一箪食,一瓢饮,在陋巷,人不堪其忧,回也不改其乐"这两句话,表现出的中华民族崇尚精神的优秀传统是(　　)。

A. 对理想的不懈追求　　B. 对道德修养和道德教化的重视

C. 对物质生活与精神生活相互关系的独到理解　　D. 对人生境界和理想人格的提升

7.《朱子语类》中记录了朱熹这样一段名言:"人之所以异者,以其有仁义礼智。若为子而孝，为弟而悌，禽兽岂能之哉?”这说明中华民族自古就有(　　)。

A. 勤劳勇敢的精神　　B. 爱国主义的情感

C. 重视民族精神的传统　　D. 大同社会的情怀

8. 时代精神是一个时代的人们在文明创建活动中体现出来的精神风貌和优良品格。在当今时代，我们应该大力弘扬的时代精神的核心是(　　)。

A. 墨守成规　　B. 改革创新　　C. 趋利避害　　D. 明荣辨耻

9.【2019 年考研真题】解决台湾问题，实现祖国完全统一，是全体中华儿女的共同愿望，是中华民族的根本利益所在。党的十八大以来，在以习近平总书记为核心的党中央坚强领导下，在两岸同胞共同努力下，两岸关系取得重要积极成果，两岸关系和平发展的政治基础是(　　)。

A. 相互尊重，求同存异

B. 坚持“九二共识”，反对“台独”

C. 增强两岸同胞的民族认同、文化认同、国家认同

D. 深化两岸利益融合，共创两岸互利互赢

10.【2016 考研真题】爱国主义在不同的历史和文化背景下有着不同的内涵和特点。在新民主主义革命时期，爱国主义主要表现为致力于推翻帝国主义、封建主义和官僚资本主义的反动统治，把黑暗的旧中国改造成光明的新中国。在现阶段，爱国主义主要表现为心系国家的前途和命运，献身于社会主义现代化事业，献身于祖国统一大业。这表明(　　)。

A. 爱国主义是客观的、具体的　　B. 爱国主义是历史的、具体的

C. 爱国主义是客观的、抽象的　　D. 爱国主义是主观的、现实的

11.【2013 年考研真题】我们要大力弘扬的时代精神是当代人民精神风貌的集中体现，是激发社会创造活力的强大力量。时代精神内涵十分丰富，其核心是(　　)。

A. 国际主义　　B. 集体主义　　C. 改革创新　　D. 开拓进取

12.【2010 年考研真题】爱因斯坦曾经说过大多数人都以为是才智成就了科学家，他们错了，是品格”。下列名言与这段话含义一致的是(　　)。

A. 道虽迩，不行不至；事虽小，不为不成　　B. 才者，德之资也；德者，才之帅也

C. 不学礼，无以立　　D. 是非之心，智也

13.【2010 年考研真题】中华民族精神源远流长，包含着丰富的内容，其中，夸父追日、大禹治水、愚公移山、精卫填海等动人的传说，体现的是中华民族精神的(　　)。

A. 勤劳勇敢　　B. 团结统一　　C. 自强不息　　D. 爱好和平

14. 重精神是中华民族的优秀传统。中华民族崇尚精神的优秀传统，首先表现在对物质生活与精神生活相互关系的独到理解上。在下列名言中，与“一箪食，一瓢饮，在陋巷，人不堪其忧，回也不改其乐”含义近似的有(　　)。

A. 不义而富且贵，于我如浮云　　B. 见贤思齐焉，见不贤而内自省也

C. 为天地立心，为生民立命　　D. 自天子以至于庶人，壹是皆以修身为本

15. 时代精神形成的重要基础和依托是(　　)。

A. 爱国主义　　B. 民族精神　　C. 经济全球化　　D. 与时俱进

16. 贯穿中国历史发展的一条主线，也是中华民族精神核心的是(　　)。

A. 团结统一　　B. 爱好和平　　C. 勤劳勇敢　　D. 爱国主义

17. 主权、财富、民族发展和进步的基本载体是（　　）。

A. 祖国的灿烂文化　　B. 祖国的大好河山　　C. 国家　　D. 广大的人们群众

18. 检验一个人对祖国忠诚程度的试金石是（　　）。

A. 对祖国的大好河山的热爱程度　　B. 对人民群众感情的深浅程度

C. 对国家前途命运的关心程度　　D. 对祖国的灿烂文化的热爱程度

19. 常常被称为国家和民族的“胎记”，是一个民族得以延续的“精神基因”，是培养民族心理、民族个性、民族精神的“摇篮”，是民族凝聚力的重要基础的是（　　）。

A. 文化传统　　B. 爱国主义　　C. 儒家思想　　D. 集体主义

20. 在新民主主义革命时期，爱国主义主要表现为（　　）。

A. 大力支持国家的经济建设

B. 致力于推翻帝国主义、封建主义和官僚资本主义的统治，建设新中国

C. 发扬我国博大精深的民族文化

D. 献身于建设和保卫社会主义现代化事业和促进祖国统一大业

21. 在当代中国，爱国主义首先体现在（　　）。

A. 对骨肉同胞的热爱上　　B. 对社会主义中国的热爱上

C. 对祖国大好河山的热爱上　　D. 对祖国灿烂文化的热爱上

22. 对全体中华儿女包括港澳台同胞以及海外侨胞来讲，爱国与否的最基本政治要求是（　　）。

A. 爱国主义与爱社会主义的一致　　B. 爱国主义与爱中国共产党的一致

C. 爱国主义与爱人民政府的一致　　D. 爱国主义与拥护祖国统一的一致

23. 国家安全问题事关国家安危和民族存亡。总体国家安全观的根本是（　　）。

A. 政治安全　　B. 经济安全

C. 国际安全　　D. 军事、文化、社会安全

（二）多项选择题

1. 爱国主义不仅是一种社会意识形态，而且是一种社会实践活动。在当代中国，以实际行动履行爱国义务，需要（　　）。

A. 投身于建设中国特色社会主义的伟大实践

B. 刻苦学习科学文化知识，掌握建设祖国和保卫祖国的过硬本领

C. 确立正确的思想政治观念，自觉维护祖国的安定、团结和统一

D. 把握爱国主义的科学内涵，爱任何性质的任何国家

2. 早在改革开放之初，邓小平同志就针对有人提出的“爱国可以不爱社会主义”的观点尖锐地指出：“有人说‘不爱社会主义不等于不爱国’，难道祖国是抽象的吗？不爱共产党领导的社会主义新中国，爱什么呢？港澳、台湾、海外的爱国同胞，不能要求他们都拥护社会主义，但是至少也不能反对社会主义的新中国，否则怎么叫爱祖国呢？至于对中华人民共和国领导下的每一个公民，每一个青年，我们的要求当然要更高一些。”这充分说明（　　）。

A. 爱国主义与爱社会主义是一致的

B. 爱国主义与拥护祖国统一是一致的

C. 大陆同胞和港澳台同胞可以求维护祖国统一之同，存意识形态之异

D. 中华儿女的任何一分子都不能损害社会主义祖国的利益

3. 爱国主义是一个古老而又现实的话题。在处理个人与祖国的关系问题上，爱国主义是重要的道德要求。古人描绘爱国主义优良传统的诗句有（　　）。

A. 臣心一片磁针石，不指南方不肯休　　B. 一片丹心图报国，两行清泪为忠家

C. 一身报国有万死，双鬓向人无再青　　D. 愿得此身长报国，何须生入玉门关

4. 作家陆幼青说过："有没有一个伟大的祖国去让你爱，对你可能就意义非常。就看看犹太人这几千年的历史吧，看看他们惶惶不可终日的奔走吧，直到今天，这种奔走已经成为一种根深蒂固的恐惧感，为什么？因为他们的祖国没有山一样的根基，能够屹立在地球之上。"这对当代大学生在新时期弘扬爱国主义精神的启示是（　　）。

A. 没有祖国作为坚强后盾，就不可能有国民在世界上的地位

B. 个人的发展与国家命运、民族命运是息息相关的

C. 国家强大与民族复兴具有高度一致性

D. 祖国承载着国民的归属感、认同感、尊严感与荣誉感

5. 爱国主义是历史的、具体的，在不同的历史时期有不同的内涵。在现阶段，我国爱国主义的基本内涵是（　　）。

A. 推翻帝国主义、封建主义和官僚资本主义的统治

B. 献身于促进祖国统一大业

C. 发愤图强，实现中华民族伟大复兴的中国梦

D. 献身于建设社会主义现代化事业

6. 抗日战争时期，北平伪警司令宣铁吾过生日，硬邀齐白石赴宴作画。齐白石来到宴会上，略为思索，铺纸挥洒。转眼之间，一只水墨螃蟹跃然纸上，众人赞不绝口。不料，齐白石笔锋轻轻一挥，在画上题了一行字——"横行到几时"，后书"铁吾将军"，然后仰头拂袖而去。"没有国哪有家，没有家哪有我。"中华民族有着源远流长的爱国主义传统，下列关于爱国主义，表述正确的有（　　）。

A. 爱国主义是历史的　　B. 爱国主义是具体的

C. 爱国主义是永恒的　　D. 爱国主义在任何时候都不具有阶级性

7.【2014 年考研真题】中华民族的爱国主义优良传统源远流长，内涵极为丰富。下列诗句中反映爱国主义优良传统的有（　　）。

A. 位卑未敢忘忧国，事定犹须待阖棺　　B. 四万万人齐下泪，天涯何处是神州

C. 寄意寒星荃不察，我以我血荐轩辕　　D. 苟利国家生死以，岂因祸福避趋之

8.【2012 年考研真题】爱国主义体现了人民群众对自己祖国的深厚感情，反映了个人对祖国的依存关系，是人们对自己故土家园、民族和文化的归属感、认同感、尊严感与荣誉感的统一。在我国，爱国主义（　　）。

A. 既是道德要求，又是法律规范

B. 既继承了优良传统，又具有时代特征

C. 体现了爱国主义与爱社会主义的一致性

D. 体现了爱国主义与拥护祖国统一的一致性

9.【2010 年考研真题】1955 年，钱学森冲破重重阻力，回到魂牵梦绕的祖国。当有人问他为什么回国时，他说："我为什么要走回归祖国这条道路？我认为道理很简单——鸦片战争近百年来，国人强国梦不息，抗争不断。革命先烈为兴邦，为了炎黄子孙的强国梦，献出了宝贵的

生命，血沃中华热土。我个人作为炎黄子孙的一员，只能追随先烈的足迹，在千万般艰险中，探索追求，不顾及其他。再看看共和国的缔造者和建设者们，在百废待兴的贫瘠土地上，顶住国内的贫穷、国外的封锁，经过多少个风风雨雨的春秋，让一个社会主义新中国屹立于世界东方。想到这些，还有什么个人利益不能丢弃呢?”钱学森发自肺腑的言语，对我们在新时期弘扬爱国主义精神的启示是(　　)。

A. 科学没有国界，但科学家有祖国

B. 个人的理想要与国家命运、民族命运相结合

C. 爱国主义与爱社会主义具有深刻的内在一致性

D. 爱国主义是爱国情感、爱国思想和爱国行为的高度统一

10. 中华民族在五千多年的历史进程中，不仅创造出光辉灿烂、享誉世界的中华文明，也塑造出中华民族独特的精神气质和精神品格，形成了崇尚精神的优秀传统。中华民族崇尚精神的优秀传统表现在(　　)。

A. 对物质生活与精神生活相互关系的独到理解上　B. 中国古人对理想的不懈追求上

C. 对道德修养和道德教化的重视上　D. 对高尚人生境界和理想人格的推崇

11. 鲁迅曾说：“惟有民魂是值得宝贵的，惟有他发扬起来，中国才有真进步。”实现中国梦必须弘扬中国精神。中国精神是兴国强国之魂，弘扬中国精神是(　　)。

A. 激发创新创造的精神动力　B. 凝聚中国力量的精神纽带

C. 推进复兴伟业的精神定力　D. 政治文明建设的重要内容

12. 中国人民在长期奋斗中培育、继承、发展起来的伟大民族精神，为中国发展和人类文明进步提供了强大精神动力。中华民族以爱国主义为核心的民族精神的主要内容有(　　)。

A. 伟大创造精神　B. 伟大奋斗精神　C. 伟大团结精神　D. 伟大梦想精神

13. 时代精神与民族精神紧密相连，具体体现在(　　)。

A. 两者都是一个民族赖以生存和发展的精神支撑

B. 一切民族精神都曾经是一定历史阶段中的时代精神

C. 两者的有机结合构成了中国精神的基本内容

D. 民族精神的核心是改革创新

14. 资本没有国界，但商人有祖国。在经济全球化的条件下，国家仍然是民族存在的最高组织形式，是国际社会活动中的独立主体，爱国主义有着坚实的基础和丰富的意义。人有地域和信仰的不同，但报效祖国之心不应有差别。以下符合做忠诚爱国者的选项是(　　)。

A. 与祖国同呼吸共命运　B. 维护和推进祖国统一

C. 促进民族团结　D. 增强国家安全意识

15. 爱国主义体现了人们对自己祖国的深厚感情，揭示了个人对祖国的依存关系，是人们对自己家园以及民族和文化的归属感、认同感、尊严感与荣誉感的统一。爱国主义就是(　　)。

A. 爱祖国的大好河山　B. 爱自己的骨肉同胞

C. 爱祖国的灿烂文化　D. 爱自己的国家

16. 新时代的爱国主义，既承接了中华民族的爱国主义优良传统，又体现了鲜明的时代特征，内涵更加丰富。新时代的爱国主义的基本要求是(　　)。

A. 坚持爱国主义和社会主义相统一　B. 维护祖国统一和民族团结

C. 尊重并传承中华民族历史和文化　D. 坚持立足民族又面向世界

17. 中华民族在五千多年的历史进程中，不仅创造出光辉灿烂、享誉世界的中华文明，也塑造出中华民族独特的精神气质和精神品格，形成了崇尚精神的优秀传统。中华民族崇尚精神的优秀传统表现在（　　）。

A. 对物质生活与精神生活相互关系的独到理解上

B. 中国古人对理想的不懈追求上

C. 对道德修养和道德教化的重视上

D. 对理想人格的推崇上

18. 时代精神与民族精神紧密相连，都是一个民族赖以生存发展的精神支撑。两者的关系是（　　）。

A. 民族精神是时代精神形成的重要基础和依托

B. 时代精神是民族精神的时代性体现，并赋予时代内涵

C. 一切民族精神都曾经是一定历史阶段中的时代精神

D. 一切时代精神都将随着历史的变迁融入民族精神之中

19. 在漫长的历史岁月中，中国的主体一直是一个统一的多民族国家，虽有分合离乱，但统一的时期远远多于分裂的时期，其根本的原因在于（　　）。

A. 中华民族具有高度一致的整体感、责任感

B. 中华民族具有团结统一的优良传统

C. 中华民族具有忠实于国家民族整体利益的价值取向

D. 各个民族之间有和睦相处、友好相待、共赴国难、共渡难关的优良传统

20. 爱国主义体现了人民群众对自己祖国的深厚感情，反映了个人对祖国的依存关系（　　）。

A. 是人们对自己故土家园，民族和文化的归属感、认同感、尊严感与荣誉感的统一

B. 是民族精神的核心

C. 也是时代精神的核心

D. 是调节个人与祖国之间关系的道德要求、政治原则和法律规范

21. 爱祖国的大好河山是爱国主义的基本要求之一，这是因为（　　）。

A. 祖国的河山在人们的心中占据着至高无上的地位

B. 祖国的山山水水滋养哺育着她的子子孙孙

C. 祖国的大好河山是自然风光，更是主权、财富、民族发展和进步的基本载体

D. 祖国的大好河山是培养民族心理、民族个性、民族精神的“摇篮”

22. 对骨肉同胞的爱，反映的是对整个民族利益共同体的自觉认同。中华民族的利益是我国各族人民的（　　）。

A. 共同利益　　B. 长远利益　　C. 局部利益　　D. 最高利益

23. 爱国主义体现了人民群众对自己祖国的深厚感情，反映了个人对祖国的依存关系，是人们对自己家园，民族和文化的归属感、认同感、尊严感与荣誉感的统一。爱国主义是（　　）。

A. 调节个人与祖国之间关系的道德要求　　B. 调节个人与祖国之间关系的政治原则

C. 调节个人与祖国之前关系的法律规范　　D. 民族精神的核心

24. 爱国主义的基本要求之一是爱祖国的灿烂文化。文化是一个国家、一个民族的灵魂，文化传统是（　　）。

A. 一个民族群体意识的载体，常常被称为国家和民族的“胎记”

B. 一个民族得以延续的“精神基因”

C. 培养民族心理、民族个性、民族精神的“摇篮”

D. 民族凝聚力的重要基础

25. 爱国主义体现了人们对自己祖国的深厚感情，下面关于爱国主义的论述正确的是（　　）。

A. 爱国主义是历史的、具体的

B. 不同历史时期产生的爱国主义有不同的内涵

C. 在共产主义社会，爱国主义会失去存在的条件和意义

D. 爱国主义不分阶级，不具有阶级性

26. 爱国主义是历史的，具体的。在现阶段，爱国主义主要表现在献身于（　　）。

A. 建设社会主义现代化事业　　B. 保卫社会主义现代化事业

C. 促进祖国统一大业　　D. 把黑暗的旧中国改造成光明的新中国

27. 爱国主义与拥护祖国统一的一致性，是对下列哪些人民的要求（　　）。

A. 生活在中国大陆的中国公民　　B. 港澳同胞

C. 海外侨胞　　D. 台湾同胞

28. 人有地域和信仰的不同，但报效祖国之心不应有差别。做忠诚爱国者应做到（　　）。

A. 推进祖国统一　　B. 促进民族团结

C. 增强国家安全意识　　D. 爱国的深厚情感、理性认识和实际行动一致

29. 热爱祖国，维护祖国统一是中华民族的传统，也是我国公民的基本义务。当前，开创两岸关系和平发展新局面，我们要做到（　　）。

A. 要始终坚持一个中国原则　　B. 要持续推进两岸交流合作

C. 要努力促进两岸同胞团结奋斗　　D. 要坚决反对“台独”分裂图谋

30. 国家安全问题事关国家安危和民族存亡，公民维护国家安全的法律义务有（　　）。

A. 依照法律服兵役和参加民兵组织的义务

B. 保守国家秘密的义务、提供便利条件或其他协助的义务

C. 如实提供证据的义务、及时报告危害国家安全行为的义务

D. 不得非法持有、使用专用间谍器材的义务

31. 时代精神是一个国家和民族在新的历史条件下形成和发展的，有着十分丰富的内涵，其中改革创新居于核心地位。改革创新精神表现为（　　）。

A. 突破陈规、大胆探索、勇于创新的思想观念

B. 开拓进取、善于在危难中开辟发展新路的精神

C. 不甘落后、奋勇争先、追求进步的责任感和使命感

D. 坚忍不拔、自强不息、锐意进取的精神状态

（三）简答题

1. 简述中华民族重精神优秀传统的表现。

2. 简述中国精神的基本内容。

3. 简述民族精神与时代精神的关联性。

4. 为什么说实现中国梦必须弘扬中国精神?

5. 简述爱国主义的基本内涵。

6. 简述新时代的爱国主义的基本要求。

7. 如何做新时代忠诚的爱国者?

8. 为什么说创新创造是中华民族最深沉的民族禀赋?

9. 为什么说改革创新是时代发展的必然要求?

10. 如何做改革创新生力军?

(四)论述题

1. 试论中国精神的基本内容及弘扬中国精神的重要意义。

2. 试论爱国主义的基本内涵与时代要求。

3. 联系实际,谈谈当代大学生如何做忠诚爱国者。

4. 结合自身实际,谈谈大学生应如何走在改革创新的时代前列。

(五)材料分析题

材料分析题 1

【材料 1】 1950 年,数学家华罗庚放弃在美国的终身教授职务,奔向祖国。归途中,他写了一封致留美学生的公开信,信中说:"为了抉择真理,我们应当回去;为了国家民族,我们应当回去;为了为人民服务,我们应当回去;就是为个人出路,也应当早日回去,建立我们工作的基础,为我们伟大祖国的建设和发展而奋斗!"

——摘自清华大学新闻网(2008 年 10 月 20 日)

【材料 2】 1955 年,曾任美国麻省理工学院和加州理工学院教授的钱学森冲破重重阻力,回到魂牵梦绕的祖国。离开美国时,钱学森只有一个愿望:与中国人民一道建设国家,使中国人民过上有尊严的幸福生活。

——摘自中央电视台纪录片《钱学森》(2016 年 2 月 13 日)

【材料 3】 多少年以来,总有一个问题萦回在我心中:什么是中华民族最优秀的传统?几经思考的结果,我认为是爱国主义。我们是唯物主义者,不能说,中国人天生就是爱国的。存在决定意识，必须有一个促进爱国主义的环境，我们才能有根深蒂固的爱国主义。只要看一看我们几千年的历史，这样的环境立即呈现在我们眼前。在几千年的历史中，我们始终没有断过敌人，东西南北，四面都有。如果没有外敌的话，我们也产生不出岳飞、文天祥，也出不了爱国诗人陆游及更早牧羊北海的苏武。

中国知识分子有源远流长的爱国主义传统，是世界上哪一个国家也不能望其项背的……我平生优点不多，但自谓爱国不敢后人，即使把我烧成了灰，每一粒灰也还是爱国的。

——摘自《中流自在心·季羡林谈修身养性》，重庆出版社，2013

结合材料回答问题：

1. 华罗庚、钱学森和季羡林有如此浓厚爱国情感的原因。

2. 为什么季羡林说爱国主义主义是中华民族“最优秀的传统”？

3. 以爱国主义为核心的民族精神的时代内涵是什么？

材料分析题 2

【材料 1】 中兴通讯股份有限公司成立于 1985 年，是在香港和深圳两地上市的大型通讯设备公司，是中国高科技通信设备主导供应商之一。

2018 年 4 月 16 日，美国商务部以中兴通讯股份有限公司违反了美国限制向伊朗出售美国技术的制裁条款为由，宣布未来 7 年将禁止美国公司向中兴通讯销售零部件、商品、软件和技术。消息传出后，中兴 A 股、H 股双双停牌，其美国供应商的股票大幅下跌，最严重的跌了 30%以上，中兴受到相当大的冲击。原因比较简单，因为中兴通讯股份有限公司生产的产品中需要大量进口来自美国公司的元器件，尤其是芯片。

——摘自《人民日报》(2018 年 4 月 19 日)

【材料 2】 中国要强盛、要复兴，就一定要大力发展科学技术，努力成为世界主要科学中心和创新高地。我们比历史上任何时期都更接近中华民族伟大复兴的目标，我们比历史上任何时期都更需要建设世界科技强国！

实践反复告诉我们，关键核心技术是要不来、买不来、讨不来的。只有把关键核心技术掌握在自己手中，才能从根本上保障国家经济安全、国防安全和其他安全。要增强“四个自信”，以关键共性技术、前沿引领技术、现代工程技术、颠覆性技术创新为突破口，敢于走前人没走过的路，努力实现关键核心技术自主可控，把创新主动权、发展主动权牢牢掌握在自己手中。

——摘自《在中国科学院第十九次院士大会、中国工程院第十四次院士大会上的讲话》，人民出版社，2018

【材料 3】 中国人民具有伟大梦想精神，中华民族充满变革和开放精神。几千年前，中华民族的先民们就秉持“周虽旧邦，其命维新”的精神，开启了缔造中华文明的伟大实践。自古以来，中国大地上发生了无数变法变革图强运动，留下了“治世不一道，便国不法古”等豪迈宣言。自古以来，中华民族就以“天下大同”“协和万邦”的宽广胸怀，自信而又大度地开展同域外民族交往和文化交流，曾经谱写了万里驼铃万里波的浩浩丝路长歌，也曾经创造了万国衣冠会长安的盛唐气象。正是这种“天行健，君子以自强不息”“地势坤，君子以厚德载物”的变革和开放精神，使中华文明成为人类历史上唯一一个绵延 5000 多年至今未曾中断的灿烂文明。以数千年大历史观之，变革和开放总体上是中国的历史常态。中华民族以改革开放的姿态继续走向未来，有着深远的历史渊源、深厚的文化根基。

——摘自新华网(2018 年 12 月 18 日)

【材料 4】 青年是整个社会力量中最积极、最有生气的力量，国家的希望在青年，民族的未来在青年。今天，新时代中国青年处在中华民族发展的最好时期，既面临着难得的建功立业的人生际遇，也面临着“天将降大任于斯人也”的时代使命。新时代中国青年要继续发扬五四精神，以实现中华民族伟大复兴为己任，不辜负党的期望、人民期待、民族重托，不辜负我们这个伟大时代。

——摘自《在纪念五四运动 100 周年大会上的讲话》，人民出版社，2019

【材料 5】 日前，共青团中央公布了 2019 年“全国向上向善好青年”评选活动结果，中国地质大学(武汉)地球科学学院地质学 2018 级硕博连读生王奉宇获“勤学上进”类“全国向上向善好青年”荣誉称号，成为我校首位获此殊荣的学生，并受邀前往人民大会堂参加纪念五四运动 100 周年大会。

王奉宇同学于 2014 年进入我校地球科学学院地质学专业学习，现为地球科学学院地质学 2018 级硕博连读生，学院大学生科技协会副主席。他是大家眼中的“石头迷”，痴迷地质、勤学探索，本科期间跑遍西藏、贵州等六省区，考察行程上万千米，发现早三叠世(2.5 亿年前)腕足动物新物种化石，填补了生物大灭绝后腕足动物的演化空白。他对腕足动物迟缓复苏的传统观点提出质疑，将腕足动物复苏时间提前约 300 万年，大三时以第一作者身份在全球古生物领域权威期刊上发表论文，受到国际知名古生物专家正面评论。他研究生入学后继续刻苦钻研，不断求索，获得硕士研究生国家奖学金。他获评第十五届“挑战杯”全国大学生课外学术科技作品竞赛一等奖、第十三届中国大学生年度人物、中国青少年科技创新奖、湖北省优秀共青团员等多项荣誉。

——摘自中国地质大学(武汉)新闻网(2019 年 4 月 30 日)

结合材料回答问题：

1. 为什么说“中国要强盛、要复兴，就一定要大力发展科学技术，努力成为世界主要科学中心和创新高地”?

2. 谈谈你对中华民族的先民们秉持“周虽旧邦，其命维新”的精神，开启“缔造中华文明的伟大实践”的感想。

3. 结合王奉宇同学的事迹，谈谈作为新时代大学生，我们如何才能做到“不辜负我们这个伟大时代”。

材料分析题 3

【材料 1】 “历史是一面镜子，从历史中，我们能够更好看清世界、参透生活、认识自己；历史也是一位智者，同历史对话，我们能够更好认识过去、把握当下、面向未来。”

——摘自《人民日报》(2016 年 12 月 1 日)

历史是人民创造的，文明也是人民创造的。对绵延 5000 多年的中华文明，我们应该多一份尊重，多一份思考。对古代的成功经验，我们要本着择其善者而从之、其不善者而去之的科学态度，牢记历史经验、牢记历史教训、牢记历史警示，为推进国家治理体系和治理能力现代化提供有益借鉴。

——摘自《人民日报》(2014 年 10 月 14 日)

不忘本来才能开辟未来，善于继承才能更好创新。对历史文化特别是先人传承下来的价值理念和道德规范，要坚持古为今用、推陈出新，有鉴别地加以对待，有扬弃地予以继承，努力用中华民族创造的一切精神财富来以文化人、以文育人。

——摘自《人民日报》(2014 年 2 月 26 日)

弘扬爱国主义精神，必须尊重和传承中华民族历史和文化。

——摘自《人民日报》(2015 年 12 月 31 日)

【材料 2】 人的一生充满了选择。去留之间，取舍之中，考验着智慧，更照鉴情怀。"为什么回国?"经常有人向海归战略科学家黄大年问起这个问题。对于一个在国外生活优裕、事业骄人的"海漂"来说，要抛舍这来之不易的一切并不容易。是一种什么样的召唤，让黄大年义无反顾回国效力？是一种什么样的牵挂，让他念念不忘父母之邦？"祖国高于一切"——这是黄大年用生命做出的回答。

不论树的影子有多长，根永远扎在土里。回顾黄大年 58 岁的生命历程，对祖国的爱始终是他最深沉的情结。大学毕业，他以"振兴中华，乃我辈之责"书写爱国报国之志；在海外的 18 年里，他密切关注祖国科技事业的发展，在情感上"从未和祖国分开过"；回国后的 7 年，他更是夜以继日、忘我工作，成为众人眼中的"拼命黄郎"，拼搏至生命最后一息。"只要祖国需要，我必全力以赴"，这是他人生的写照，更是他不变的初心。这是一颗为祖国跳动的赤子之心。习近平总书记指出，天下为公、担当道义，是广大知识分子应有的情怀。

在黄大年身上，人们可以深刻感知一个知识分子浓厚的家国情怀。作为一个享誉世界的科学家，黄大年深知自己的根之所在——"我是国家培养出来的，我的归宿在中国"。在他心里，祖国需要就是最高追求，"为国担当"就是人生信条。从响应国家"千人计划"的召唤毅然归来，到带领几百名科学家奋力创造多项国际领先的科研成果，再到潜心为祖国培养后继创新人才……黄大年以身许国、无怨无悔，用实际行动诠释了爱国之心、强国之志、报国之情，为广大知识分子树立了光辉的榜样。

——摘自新华网(2017 年 5 月 17 日)

结合材料回答问题：

1. 弘扬新时代的爱国主义为什么要尊重和传承中华民族历史和文化？

2. 在经济全球化的新时代，黄大年同志为什么还认为"祖国高于一切"？

3. 新时代的爱国主义基本要求是什么？我们该如何弘扬新时代的爱国主义？

推荐阅读文献

[1]习近平.在中共中央政治局第十八次集体学习时强调:牢记历史经验历史教训历史警示为国家治理能力现代化提供有益借鉴[N].人民日报，2014-10-14.

[2]习近平.在中共中央政治局第二十九次集体学习时强调:大力弘扬伟大爱国主义精神 为实现中国梦提供精神支柱[N].人民日报，2015-12-31.

[3]习近平.在中国文联十大、中国作协九大开幕式上的讲话[N].人民日报，2016-12-01.

[4]习近平.在中国科学院第十九次院士大会、中国工程院第十四次院士大会上的讲话[M].北京:人民出版社,2018.

[5]习近平.在纪念五四运动100周年大会上的讲话[M].北京:人民出版社,2019.

[6]季羡林.中流自在心.季羡林谈修身养性[M].重庆:重庆出版社,2013.

[7]李拯.强起来离不开中国创"芯"[N].人民日报，2018-04-19.

[8]王向东.王奉宇获评"全国向上向善好青年".中国地质大学(武汉)地大新闻网.2019-04-30. http://voice.cug.edu.cn/info/1032/14086.htm.

第四章　践行社会主义核心价值观

知识要点图示

(一)全体人民共同的价值追求
- 1.社会主义核心价值观的基本内容
- 2.当代中国发展进步的精神指引

(二)坚定价值观自信
- 1.社会主义核心价值观的历史底蕴
- 2.社会主义核心价值观的现实基础
- 3.社会主义核心价值观的道义力量
- 4.如何坚定社会主义核心价值观自信

(三)做社会主义核心价值观的积极践行者
- 1.扣好人生的扣子
- 2.勤学修德明辨笃实

重要概念

(1)核心价值观。核心价值观是一定社会形态社会性质的集中体现,在一个社会的思想观念体系中处于主导地位,体现着社会制度、社会运行的基本原则和社会发展的基本方向。

(2)社会主义核心价值观。党的十八大提出,要倡导富强、民主、文明、和谐,倡导自由、平等、公正、法治,倡导爱国、敬业、诚信、友善,积极培育和践行社会主义核心价值观。富强、民主、文明、和谐是国家层面的价值目标,自由、平等、公正、法治是社会层面的价值取向,爱国、敬业、诚信、友善是公民个人层面的价值准则,这 24 个字是社会主义核心价值观的基本内容。

(3)社会主义核心价值体系。2017 年 10 月 18 日,习近平总书记在十九大报告中指出,坚持社会主义核心价值体系。社会主义核心价值体系主要包括马克思主义指导思想、中国特色社会主义共同理想、以爱国主义为核心的民族精神和以改革创新为核心的时代精神、社会主义荣辱观。社会主义核心价值体系结构严谨,定位明确,层次清晰,是完整的、系统的,它坚持了社会主义又有中国特色,总结了成功经验又有新的提升概括,反映了现实的迫切需要又是能够通过努力实现的,可以最大限度地促进和形成全社会的共识。

重难点解析

(一)社会主义核心价值观的基本内容

社会主义核心价值观把涉及国家、社会、公民的价值要求融为一体,体现了社会主义本质要求,继承了中华优秀传统文化,吸收了世界文明有益成果,体现了时代精神,是对我们要建设什么样的国家、建设什么样的社会、培育什么样的公民等重大问题的深刻解答。

1. 富强、民主、文明、和谐

坚持和发展中国特色社会主义,实现中华民族伟大复兴的中国梦,凝结着中华民族和中国人民对富强、民主、文明、和谐的价值追求。这一价值追求回答了我们要建设什么样的国家的重大问题,揭示了当代中国在经济发展、政治文明、文化繁荣、社会进步等方面的价值目标,从国家层面标注了社会主义核心价值观的时代刻度。

2. 自由、平等、公正、法治

自由、平等、公正、法治,反映了人们对美好社会的期望和憧憬,是衡量现代社会是否充满活力又和谐有序的重要标志。这一价值追求回答了我们要建设什么样的社会的重大问题,与实现国家治理体系和治理能力现代化的要求相契合,揭示了社会主义社会发展的价值取向。

3. 爱国、敬业、诚信、友善

爱国才能承担时代赋予的使命,敬业才能创造更大的人生价值,诚信才能赢得良好的发展环境,友善才能形成和谐的人际关系。爱国、敬业、诚信、友善,这一价值追求回答了我们要培育什么样的公民的重大问题,涵盖了社会公德、职业道德、家庭美德、个人品德等各个方面,是每一个公民都应当遵守的道德规范。有了这样的价值追求,人们才能更好地处理个人与国家、社会、他人的关系,不断提升自己的人生境界。

(二)培育和践行社会主义核心价值观的重大意义

培育和践行社会主义核心价值观,是有效整合我国社会意识、凝聚社会价值共识、解决和化解社会矛盾、聚合磅礴之力的重大举措,是保证我国经济社会沿着正确的方向发展、实现中华民族伟大复兴的价值支撑,意义重大而深远。

1. 坚持和发展中国特色社会主义的价值遵循

在全社会大力弘扬社会主义核心价值观,明确中国特色社会主义事业到底追求什么、反对什么,要朝着什么方向走、不能朝什么方向走,坚守我们的价值观立场,坚定中国特色社会主义的道路自信、理论自信、制度自信和文化自信,为社会的有序运行、良性发展提供明确价值准则,保证中国特色社会主义事业始终沿着正确方向前进,是中国特色社会主义的铸魂工程。

2. 提高国家文化软实力的迫切要求

“核心价值观是文化软实力的灵魂、文化软实力建设的重点。这是决定文化性质和方向的最深层次要素。”培育和践行社会主义核心价值观,用最简洁的语言介绍和说明中国,有利于增进国际社会对中国的理解,扩大中华文化影响力,展示社会主义中国的良好形象;有利于增强社会主义意识形态的竞争力，掌握话语权，赢得主动权，逐步打破西方的话语垄断、舆论垄断，维护国家文化利益和意识形态安全，不断提高我们国家的文化软实力。

3. 增进社会团结和谐的最大公约数

历史和现实一再表明，只有建立共同的价值目标，一个国家和民族才会有赖以维系的精神纽带，才会有统一的意志和行动，才会有强大的凝聚力、向心力。培育和践行社会主义核心价值观，能够在具体利益矛盾、各种思想差异之上最广泛地形成价值共识，有效引领整合纷繁复杂的社会思想意识，有效避免利益格局调整可能带来的思想对立和混乱，形成团结奋斗的强大精神力量。

（三）社会主义核心价值观与社会主义核心价值体系的关系

社会主义核心价值观和社会主义核心价值体系，两者是紧密联系、互为依存、相辅相成的。

(1)社会主义核心价值体系主要包括马克思主义指导思想、中国特色社会主义共同理想、以爱国主义为核心的民族精神和以改革创新为核心的时代精神、社会主义荣辱观。社会主义核心价值观是社会主义核心价值体系的精神内核，它体现了社会主义核心价值体系的根本性质和基本特征，反映了社会主义核心价值体系的丰富内涵和实践要求，是社会主义核心价值体系的高度凝练和集中表达。

(2)社会主义核心价值观与社会主义核心价值体系具有内在的一致性，都体现了社会主义意识形态的本质要求，体现了社会主义制度在思想和精神层面的质的规定性，是建设中国特色社会主义现代化强国、实现中华民族伟大复兴中国梦的价值引领。

(3)推进社会主义核心价值观与社会主义核心价值体系建设，就是要弘扬共同理想、凝聚精神力量、引领道德风尚，形成全民族奋发向上、团结和睦的精神纽带，使我们的国家、民族、人民在思想上和精神上强起来，更好地坚持中国道路、弘扬中国精神、凝聚中国力量。

（四）社会主义核心价值观的历史底蕴

社会主义核心价值观不是无源之水、无本之木。深深地根植于中华优秀传统文化，是社会主义核心价值观历史底蕴的集中体现。

(1)中华优秀传统文化是涵养社会主义核心价值观的重要源泉，是中华民族的精神命脉。在世界几大古代文明中，中华文明之所以能够没有中断并延续发展至今，一个重要原因就是中华民族有一脉相承的精神追求、精神特质、精神脉络。

(2)中国人民的理想、价值观和精神世界是始终扎根于中华优秀传统文化的沃土之中的，同时又是随着历史和时代前进而不断与时俱进的。社会主义核心价值观是对中华优秀传统文化的继承和升华。它把涉及国家、社会、公民的价值要求融为一体，赋予中华优秀传统文化以新的时代内涵。

（五）社会主义核心价值观的现实基础

社会主义核心价值观，不仅与中华民族悠久灿烂的历史文化相契合，具有深厚的历史文化底蕴，而且同我们正在进行的奋斗相结合，同我们所要解决的时代问题相适应，具有坚实的现实基础。

1. 中国特色社会主义建设是社会主义核心价值观的实践根据

社会主义核心价值观生成于中国特色社会主义建设实践，同当今中国最鲜明的时代主题相适应，是当代中国精神的集中体现，是中国特色社会主义本质规定的价值表达。它从价值观的层面，清晰地展现了我们所推进的中国特色社会主义建设的基本特征和根本追求，引领着中国特色社会主义建设铿锵前行。

2. 中国特色社会主义建设也以无可辩驳的事实生动展示着社会主义核心价值观的生机活力

中国特色社会主义不是从天上掉下来的，也不是什么复制品、舶来品，而是有其自身的独特品质，中国特色的价值理念就是其中的内核。中国特色社会主义建设的成功经验，是对社会主义核心价值观正确性、可信性的检验。同时，中国特色社会主义建设的新推进，也不断为社会主义核心价值观注入丰富而鲜活的时代内涵，提出弘扬和践行社会主义核心价值观的新任务新要求，并为社会主义核心价值观的弘扬和践行创造提供了广阔空间及有力的物质基础、制度保障和相应条件。

(六)社会主义核心价值观的道义力量

社会主义核心价值观以其先进性、人民性和真实性而居于人类社会的价值制高点，具有强大的道义力量。

1. 社会主义核心价值观的先进性，体现在它是社会主义制度所坚持和追求的核心价值理念

社会主义制度建立在生产资料公有制的基础之上，消灭了剥削制度，劳动人民成为国家的真正主人，是人类社会迄今为止最先进的社会制度。作为人类社会最为先进社会制度的本质规定在价值层面的集中反映，社会主义核心价值观代表着当今时代人类社会的价值制高点。

2. 社会主义核心价值观的人民性体现在它所代表的最广大人民的根本利益，反映的最广大人民的价值诉求，引导着最广大人民为实现美好社会理想而奋斗

马克思主义最根本的政治立场，就是始终站在广大劳动人民的立场上，以广大劳动人民的解放为旨归，竭尽全力为人民求福利、谋利益。鲜明的人民性，使得社会主义核心价值观具有强大的道义感召力。

3. 社会主义核心价值观的道义力量还源于它的真实性

在人类社会发展进程中，许多统治阶级都曾提出了不少看上去非常美好的价值理念，其中有些在历史上也发挥了很大的积极作用，但由于其阶级和历史局限性，这些美好的价值理念并未能彻底地、真正地实现。人民当家作主的社会主义制度，则为社会主义核心价值观的真正实现奠定了根本的制度前提和制度保障，使得自由、民主、公正等价值观“不是装饰品，不是用来做摆设的，而是要用来解决人民要解决的问题的”，成为真切、具体、广泛的现实。

(七)坚定社会主义核心价值观自信的要求

坚定社会主义核心价值观自信，是中国特色社会主义道路自信、理论自信、制度自信和文化自信的价值内核。社会主义核心价值观丰厚的历史底蕴、坚实的现实基础、强大的道义力量为我们坚定核心价值观自信提供了充分的理由。

(1)坚定社会主义核心价值观自信,要求我们充分认识社会主义核心价值观的优越性及其在中华民族实现自己梦想的奋斗中所具有的重大意义,自觉以社会主义核心价值观来引领我们的接力前行。

(2)坚定社会主义核心价值观自信,要求我们自觉以社会主义核心价值观引领多样化的社会思潮,运用马克思主义客观辩证地分析各种错误价值观的实质,增强抵御错误价值观侵蚀的能力,不断增强社会凝聚力和价值共识。

(3)坚定社会主义核心价值观自信,要求我们在发展的进程中虚心学习借鉴人类社会创造的一切文明成果,但不能数典忘祖,不能照抄照搬别国的发展模式,也绝不会接受任何外国颐指气使的说教。

(八)大学生自觉践行社会主义核心价值观的基本遵循

青年的价值取向,既关系着自己的健康成长成才,又决定着未来整个社会的价值取向。青年是引风气之先的社会力量。在全社会培育和弘扬社会主义核心价值观,需要大学生始终走在时代前列,成为社会主义核心价值观的坚定信仰者、积极传播者、模范践行者。

1. 扣好人生的扣子

大学生正处在人生成长的关键时期,知识体系搭建尚未完成,价值观塑造尚未成型,情感心理尚未成熟,需要加以正确引导。大学生成长成才和全面发展,离不开正确价值观的引领。大学生要把人生价值追求融入国家和民族事业,始终站在人民大众立场,同人民一道拼搏、同祖国一道前进,服务人民、奉献社会,努力成为中国特色社会主义事业的合格建设者和可靠接班人。

2. 勤学修德明辨笃实

"一种价值观要真正发挥作用,必须融入社会生活,让人们在实践中感知它、领悟它。"对于大学生而言,就是要切实做到勤学、修德、明辨、笃实,使社会主义核心价值观成为一言一行的基本遵循。

勤学。知识是树立社会主义核心价值观的重要基础。大学生正处于学习科学知识的黄金时期,要下得苦功夫,求得真学问,把学习作为一种精神追求、一种生活方式,以韦编三绝、悬梁刺股的毅力,以凿壁借光、囊萤映雪的劲头,努力扩大知识半径,既读有字之书,也读无字之书,砥砺道德品质,掌握真才实学,练就过硬本领。要努力掌握马克思主义理论,形成正确的世界观和科学的方法论,深化对社会主义核心价值观的认知认同。大学生要注重把所学知识内化于心,形成自己的见解,专攻博览,努力掌握为祖国、为人民服务的真才实学,让勤于学习、敏于求知成为青春远航的动力。

修德。"德者,本也。"道德之于个人、之于社会,都具有基础性意义,做人做事第一位的是崇德修身。修德,既要立意高远,又要立足平实。要立志报效祖国、服务人民,这是大德,养大德者方可成大业。同时,还得从做好小事、管好小节开始起步,"见善则迁,有过则改",踏踏实实修好公德、私德,学会劳动、学会勤俭,学会感恩、学会助人、学会谦让、学会宽容,学会自省、学会自律。

明辨。要增强自己的价值判断力和道德责任感,辨别什么是真善美、什么是假恶丑,自觉做到常修善德、常怀善念、常做善举。要正视价值观选择和道德责任感,强化判断,善于明辨是非，善于决断选择，旗帜鲜明地弘扬真善美、贬斥假恶丑，树立正确导向，澄清模糊认识，匡正失范行为，形成激浊扬清、抑恶扬善的思想道德舆论，自觉做良好道德风尚的建设者、社会文明进步的推动者。

笃实。道不可坐论，德不能空谈。于实处用力，从知行合一上下功夫，核心价值观才能内化为人们的精神追求，外化为人们的自觉行动。青年有着大好机遇，关键是要迈稳步子、夯实根基、久久为功。“天下难事，必作于易；天下大事，必作于细。”成功的背后，永远是艰辛努力。青年要把艰苦环境作为磨炼自己的机遇，把小事当作大事干，一步一个脚印往前走。滴水可以穿石。只要坚韧不拔、百折不挠，成功就一定在前方等你。

培育和践行社会主义核心价值观，既要目标高远，保持定力、不懈奋进，又要脚踏实地，严于律己、精益求精，将社会主义核心价值观转化为人生的价值准则，勤学以增智、修德以立身、明辨以正心、笃实以为功。

练习题

(一)单项选择题

1.(　　)是一定社会形态社会性质的集中体现，在一个社会的思想观念体系中处于主导地位，体现着社会制度、社会运行的基本原则和社会发展的基本方向。

A. 马克思主义指导思想　　B. 核心价值观
C. 中国特色社会主义共同理想　　D. 社会主义荣辱观

2.党的(　　)提出，要倡导富强、民主、文明、和谐，倡导自由、平等、公正、法治，倡导爱国、敬业、诚信、友善，积极培育和践行社会主义核心价值观。

A. 十六大　　B. 十七大　　C. 十八大　　D. 十九大

3.坚持和发展中国特色社会主义，实现中华民族伟大复兴的中国梦，凝结着中华民族和中国人民对(　　)的价值追求。

A. 和平、发展、合作、共赢　　B. 富强、民主、文明、和谐
C. 创新、协作、开放、共享　　D. 自由、平等、公正、法治

4.(　　)反映了人们对美好社会的期望和憧憬，是衡量现代社会是否充满活力又和谐有序的重要标志。

A. 多元、包容、民主、自由　　B. 民主、自由、公平、正义
C. 自由、民主、平等、法治　　D. 自由、平等、公正、法治

5.党的十八大明确提出了培育和践行社会主义核心价值观的根本任务。个人层面的价值要求是(　　)。

A. 爱国、敬业、诚信、友善　　B. 自立、自强、自信、自律
C. 爱国、民主、自由、平等　　D. 自由、民主、公平、正义

6.2018年3月，(　　)通过宪法修正案，把国家倡导社会主义核心价值观正式写入宪法，进一步凸显了社会主义核心价值观的重大意义。

A. 十三届全国人大一次会议　　B. 十三届全国人大二次会议
C. 十三届全国人大三次会议　　D. 十三届全国人大四次会议

7.(   )是文化软实力的灵魂、文化软实力建设的重点。这是决定文化性质和方向的最深层次要素。

A.社会主义荣辱观   B.民族精神   C.核心价值观   D.时代精神

8.习近平总书记指出,确立反映全国各族人民共同认同的价值观(   ),使全体人民同心同德、团结奋进,关乎国家前途命运,关乎人民幸福安康。

A."最大凝集力"   B."最强向心力"   C."最强感召力"   D."最大公约数"

9.社会主义核心价值观生成于中国特色社会主义建设实践,同当今中国最鲜明的时代主题相适应,是当代(   )的集中体现,是中国特色社会主义本质规定的价值表达。

A.中国精神   B.中国力量   C.社会意识   D.价值共识

10.社会主义核心价值观不是无源之水、无本之木。(   )是涵养社会主义核心价值观的重要源泉,是中华民族的精神命脉。

A.佛家经典语录   B.道家哲学思想   C.儒家传统文化   D.中华优秀传统文化

11.社会主义核心价值观之所以彰显出强大的生命力、吸引力和感召力,正因其深深地扎根于(   )的生动实践之中。

A.中国特色社会主义经济建设   B.中国特色社会主义政治建设

C.中国特色社会主义文化建设   D.中国特色社会主义建设

12.社会主义核心价值观反映着我国社会主义基本制度的(   ),渗透于经济、政治、文化、社会、生态建设的各个方面,是我国社会主义制度的内在精神之魂。

A.精神追求   B.本质要求   C.价值标准   D.根本方向

13.社会主义核心价值观的(   ),体现在它是社会主义制度所坚持和追求的核心价值理念。

A.人民性   B.先进性   C.真实性   D.优越性

14.社会主义核心价值观的(   )体现在它所代表的最广大人民的根本利益,反映的最广大人民的价值诉求,引导着最广大人民为实现美好社会理想而奋斗。

A.人民性   B.先进性   C.阶级性   D.优越性

15.引领青年"扣好人生的第一粒扣子"的价值指针是(   )。

A.中国特色社会主义共同理想   B.社会主义荣辱观

C.社会主义核心价值观   D.共产主义远大理想

16.2014年5月4日,习近平总书记在北京大学师生座谈会上强调,广大青年树立和培育社会主义核心价值观,要在以下几点上下功夫。一是要勤学,下得苦功夫,求得真学问;二是要修德,加强道德修养,注重道德实践;三是要明辨,善于明辨是非,善于决断选择;四是要笃实,扎扎实实干事,踏踏实实做人。下列名言与"要明辨,善于明辨是非"意思一致的是(   )。

A.若无德,则虽体魄智力发达,适足助其为恶

B.圣人是肯做工夫的庸人,庸人是不肯做工夫的圣人

C.学而不思则罔,思而不学则殆

D.天下难事,必作于易;天下大事,必作于细

17.核心价值观,其实就是一种德,道德之于个人、之于社会,都具有基础性意义,做人做事第一位的是(   )。

A.自立自强   B.明辨是非   C.志存高远   D.崇德修身

18.2014 年 5 月 4 日，习近平总书记在北京大学师生座谈会上强调，广大青年树立和培育社会主义核心价值观，要在（　　）上下功夫，知识是树立核心价值观的重要基础，为学之要贵在勤奋、贵在钻研、贵在有恒，勤于学习、敏于求知。

A. 勤学　　B. 明辨　　C. 求真　　D. 笃实

19.2014 年 5 月 4 日，习近平总书记在北京大学师生座谈会上强调，广大青年树立和培育社会主义核心价值观，要在（　　）上下功夫，既要立意高远，又要立足平实。要立志报效祖国、服务人民，这是大德，养大德者方可成大业。同时，还得从做好小事、管好小节开始起步，踏踏实实修好公德、私德。

A. 励志　　B. 力行　　C. 明辨　　D. 修德

20.2014 年 5 月 4 日，习近平总书记在北京大学师生座谈会上强调，广大青年树立和培育社会主义核心价值观，要在（　　）上下功夫，学会思考、善于分析、正确抉择，做到稳重自持、从容自信、坚定自励。

A. 勤学　　B. 求真　　C. 明辨　　D. 力行

21.2014 年 5 月 4 日，习近平总书记在北京大学师生座谈会上强调，广大青年树立和培育社会主义核心价值观，要在（　　）上下功夫，道不可坐论，德不能空谈。于实处用力，从知行合一上下功夫，核心价值观才能内化为人们的精神追求，外化为人们的自觉行动。

A. 修德　　B. 笃实　　C. 力行　　D. 励志

22.2014 年 10 月 15 日，习近平总书记在文艺工作座谈会上指出，在社会主义核心价值观中，最深层、最根本、最永恒的是（　　）。

A. 民族主义　　B. 爱国主义　　C. 理想信念　　D. 共产主义

23.2015 年 10 月 13 日，习近平总书记在第五届全国道德模范座谈会上指出，要用（　　）凝魂聚力，更好构筑中国精神、中国价值、中国力量，为中国特色社会主义事业提供源源不断的精神动力和道德滋养。

A. 中华优秀传统文化　　B. 社会主义荣辱观

C. 马克思主义指导思想　　D. 社会主义核心价值观

24.2018 年 5 月 4 日，习近平总书记在纪念马克思诞辰 200 周年大会上指出，我们要立足中国，面向现代化、面向世界、面向未来，巩固马克思主义在意识形态领域的指导地位，发展社会主义先进文化，加强社会主义精神文明建设，把（　　）融入社会发展各方面，推动中华优秀传统文化创造性转化、创新性发展，不断提高人民思想觉悟、道德水平、文明素养，不断铸就中华文化新辉煌。

A. 以爱国主义为核心的民族精神　　B. 以改革创新为核心的时代精神

C. 社会主义核心价值观　　D. 中华优秀传统文化

（二）多项选择题

1. 社会主义核心价值体系主要包括（　　）。

A. 马克思主义指导思想

B. 中国特色社会主义共同理想

C. 以爱国主义为核心的民族精神和以改革创新为核心的时代精神

D. 社会主义荣辱观

2.社会主义核心价值观和社会主义核心价值体系,两者是(　　)的。

A.紧密联系　　B.互为依存　　C.相辅相成　　D.继承发展

3.社会主义核心价值观是社会主义核心价值体系的精神内核,它体现了社会主义核心价值体系的(　　)。

A.基本要求　　B.一般要求　　C.根本性质　　D.基本特征

4.社会主义核心价值观把涉及(　　)的价值要求融为一体,体现了社会主义本质要求,继承了中华优秀传统文化,吸收了世界文明有益成果,体现了时代精神。

A.国家　　B.社会　　C.公民　　D.政府

5.党的十八大以来,以习近平同志为核心的党中央高度重视培育和践行社会主义核心价值观。社会主义核心价值观是对我们要(　　)等重大问题的深刻解答。

A.建设什么样的国家　　B.建设什么样的社会

C.建设什么样的政府　　D.培育什么样的公民

6.爱国、敬业、诚信、友善,这一价值追求回答了我们要培育什么样的公民的重大问题,涵盖了(　　)等各个方面,是每一个公民都应当遵守的道德规范。

A.社会公德　　B.职业道德　　C.家庭美德　　D.个人品德

7.坚定的核心价值观自信,是中国特色社会主义(　　)的价值内核。

A.道路自信　　B.理论自信　　C.制度自信　　D.文化自信

8.培育和践行社会主义核心价值观的重要意义体现在(　　)。

A.坚持和发展中国特色社会主义的价值遵循

B.提高国家文化软实力的迫切要求

C.增进社会团结和谐的最大公约数

D.引导大学生成长成才的根本指针

9.2014年2月24日,习近平总书记在主持中共中央政治局第十三次集体学习时强调,一个国家的文化软实力,从根本上说,取决于其核心价值观的(　　)。历史和现实都表明,构建具有强大感召力的核心价值观,关系社会和谐稳定,关系国家长治久安。

A.向心力　　B.生命力　　C.凝聚力　　D.感召力

10.2014年5月30日,习近平总书记在北京市海淀区民族小学主持召开座谈会时指出,我们倡导的富强、民主、文明、和谐,自由、平等、公正、法治,爱国、敬业、诚信、友善的社会主义核心价值观,体现了(　　)。

A.古圣先贤的思想　　B.仁人志士的夙愿

C.革命先烈的理想　　D.各族人民对美好生活的向往

11.社会主义核心价值观(　　)为我们坚定核心价值观自信提供了充分的理由。

A.丰厚的历史底蕴　　B.深厚的文化积淀

C.坚实的现实基础　　D.强大的道义力量

12.社会主义核心价值观生成于中国特色社会主义建设实践,(　　)。

A.同当今中国最鲜明的时代主题相适应

B.是当代中国精神的集中体现

C.是中国特色社会主义本质规定的价值表达

D.是当代中国发展的自然结果

13. 中国特色社会主义建设的成功经验，是对社会主义核心价值观（　　）的检验。

A. 正确性　　B. 可信性　　C. 真实性　　D. 完整性

14. 社会主义核心价值观以其（　　）而居于人类社会的价值制高点，具有强大的道义力量。

A. 先进性　　B. 民主性　　C. 人民性　　D. 真实性

15. 社会主义制度（　　），是人类社会迄今为止最先进的社会制度。

A. 建立在生产资料公有制的基础之上　　B. 大力发展社会主义市场经济

C. 消灭了剥削制度　　D. 劳动人民成为国家的真正主人

16. 真理的力量加上道义的力量，才能行之久远。社会主义核心价值观的人民性体现在（　　）。

A. 代表的最广大人民的根本利益

B. 反映的最广大人民的价值诉求

C. 引导着最广大人民为实现美好社会理想而奋斗

D. 体现在坚持和追求的核心价值理念

17. 马克思主义最根本的政治立场，就是（　　）。

A. 始终站在广大劳动人民的立场上　　B. 以广大劳动人民的解放为旨归

C. 竭尽全力为人民求福利、谋利益　　D. 实现依法治国

18. 社会主义核心价值观的人民性是（　　）的社会主义核心价值观的根本特性。

A. 坚持以人民为中心　　B. 坚持人民当家作主

C. 以马克思主义为理论基础　　D. 以社会主义运动为实践根据

19. 在全社会培育和弘扬社会主义核心价值观，需要大学生始终走在时代前列，成为社会主义核心价值观的（　　）。

A. 坚定信仰者　　B. 积极传播者　　C. 模范践行者　　D. 普通参与者

20. “一种价值观要真正发挥作用，必须融入社会生活，让人们在实践中感知它、领悟它。”对于大学生而言，就是要切实做到（　　），使社会主义核心价值观成为一言一行的基本遵循。

A. 勤学　　B. 修德　　C. 明辨　　D. 笃实

21. 蔡元培曾经说过：“若无德，则虽体魄智力发达，适足助其为恶。”一个人只有（　　），其才方能用得其所。

A. 修小德　　B. 明大德　　C. 守公德　　D. 严私德

22. 培育和践行社会主义核心价值观，要增强自己的价值判断力和道德责任感，辨别什么是真善美、什么是假恶丑，自觉做到（　　）。

A. 常修善德　　B. 常怀善念　　C. 学会自省　　D. 常做善举

23. 培育和践行社会主义核心价值观是（　　）的铸魂工程。

A. 进行伟大斗争　　B. 建设伟大工程

C. 推进伟大事业　　D. 实现伟大梦想

24. 党的十九大报告提出，要强化（　　），发挥社会主义核心价值观对国民教育、精神文明创建、精神文化产品创作生产传播的引领作用，把社会主义核心价值观融入社会发展各方面，转化为人们的情感认同和行为习惯。

A. 教育引导　　B. 实践养成　　C. 舆论引导　　D. 制度保障

25. 习近平总书记指出，培育和践行社会主义核心价值观，要面向全社会做好这项工作，特别要抓好(　　)等重点人群。

A. 领导干部　　B. 公众人物　　C. 青少年　　D. 先进模范

26. 党的十八大以来，习近平总书记围绕培育和弘扬社会主义核心价值观，提出了一系列富有创见的(　　)，是党中央治国理政新理念新思想新战略的重要组成部分。

A. 新思想　　B. 新论断　　C. 新观点　　D. 新要求

(三)简答题

1. 简述社会主义核心价值观的基本内容。

2. 简述培育和践行社会主义核心价值观的重大意义。

3. 简述社会主义核心价值观与社会主义核心价值体系的关系。

4. 简述社会主义核心价值观的历史底蕴。

5. 简述社会主义核心价值观的现实基础。

6. 简述社会主义核心价值观的道义力量。

(四)论述题

1. 论述如何积极培育和弘扬社会主义核心价值观。

2. 联系实际，谈谈为什么要增强价值观自信？

3. 论述大学生应当如何自觉践行社会主义核心价值观。

(五)材料分析题

材料分析题 1

有人好动，有人好静。有人生性温和，有人脾气火爆。有人喜爱热闹，有人享受独处。有人烟酒不沾，有人无肉不欢……这个世界没有两片完全相同的树叶，人与人更是千差万别。是什么将这些个性不同的“原子”凝聚成有序的整体，拥而不挤？又是什么让你的思绪贯穿岁月，与不曾谋面的古人心意相通？

价值观的力量，比生存的需要更崇高，比血浓于水的亲情更博大，它为人生赋值、为社会定规、给国家赋形。有什么样的核心价值观，就有什么样的国家、社会和公民，就有什么样的取向、路径和行动。

也门纷飞的炮火中，中国外交官冒着危险奔波协调，中国海军舰艇编队穿梭在亚丁湾海域，将 613 名中国公民、279 名外国公民安全撤离。“我们牵挂着每一个人”，那一刻中国的宣示，诠释了一个国家的价值底色。

户籍制度改革试水、司法制度改革破冰、公共文化服务体系建设加快、乡村教师支持计划推进……两年多来，国家出台一系列改革举措，为的是增进人们的安全感、归属感和获得感。让每个人共享改革发展成果，折射着一个社会的价值取向。

“感动中国”人物刻画当代中国的价值年轮。“一句嘱托，许下了一生”的于敏，化名“炎黄”行善27年的张纪清，守望39年照顾困难邻居的郑州陇海大院爱心群体……人与人之间心心相印，让“共同体意识”渐渐回归。从对待自己到对待他人，体现了每个公民的价值选择。

这些新闻之所以让人有所感、有所思，正是因为它们直指我们心中的价值命题：什么样的中国，才是我们引以为豪的伟大国家？什么样的社会，才是令人向往的理想家园？什么样的人生，才有内心的安宁和恒久的幸福？

“倡导富强、民主、文明、和谐，倡导自由、平等、公正、法治，倡导爱国、敬业、诚信、友善，积极培育和践行社会主义核心价值观。”党的十八大勾绘出国家的价值内核、社会的共同理想、亿万人民的精神家园，成为当代中国精神世界的“价值公约数”。近日，中央宣传部、中央文明办印发《培育和践行社会主义核心价值观行动方案》，以15项重点活动举措，架起核心价值内化于心、外化于行、教化于众的桥梁。

——摘自《人民日报》(2015年4月20日)

结合材料回答问题：

1. 为什么说“价值观的力量，比生存的需要更崇高，比血浓于水的亲情更博大”？

2. 为什么说社会主义核心价值观是当代中国精神世界的“价值公约数”？

3. 如何实现社会主义核心价值内化于心、外化于行？

材料分析题 2

在今天，人们物质富有了，但一些人的精神却贫困了，物质生活水平提高了，但思想分化了，物欲横流但精神懈怠。这里所讲的精神，核心是价值观。

造成精神懈怠的深层原因，就国内来讲，是“物化生存”方式；就国外来讲，与西方对我国的“攻心战”有关。先看国内。所谓“物化生存”方式，就是有些人的需要、能力、关系、感情、价值等，都要通过“物”来体现、实现和确证，人对“物”有一种依赖，受“物”支配和主宰，“物”对人有一种统治。这种“物化生存”方式反映到一些人的精神世界中来，就会呈现精神懈怠现象。

再看国外。1978年以来，我国实行改革开放。在改革开放过程中，我国强调并注重学习西方发达国家一些先进文明的有益成果。但同时，一些西方国家试图“对我国打一场没有硝烟的战争”。这场没有硝烟的战争，在尼克松看来，就是要对中国打“攻心战”。尼克松在《1999不战而胜》一书中指出：必须动用我们的军事、经济和技术力量和手段，诱使社会主义国家“和平演变”，开展“意识形态斗争”，打“攻心战”。当有一天，中国的年轻人不再相信他们的历史传统和民族的时候，就是美国人不战而胜的时候！这种攻心战是通过四个步骤来实现的：第一个步骤，让中国人崇拜“西方标准”，向西方基准看齐；第二个步骤，用“西方标准”裁判中国，让中国人认为西方的月亮比中国圆；第三个步骤，让中国人对自己的历史、文化、传统，对自己的国家、民族、人民，对中国道路、中国理论、中国制度采取虚无主义，统统给以否定。同时，一些西方国家再进一步丑化中国、美化西方；第四个步骤就是“不战而胜”：动摇中国人的理想信念，摧毁中国人的自信，瓦解中国人的共识，离间中国人的凝聚力，消磨中国人的斗志。

精神懈怠的危险是所有危险之首。如果一个政党、一个国家、一个民族、一些人的精神懈怠了，这个党、国家、民族和人民是难以真正强大起来的，实现中国梦就是一种空想，终究要败下阵来。正是在这种情境下，中央大力强调积极培育和践行社会主义核心价值观，重建中国人的精神世界，解决人的精神懈怠问题。习近平总书记特别强调“中国精神”，意义也在于此。

——摘自《光明日报》(2015 年 2 月 5 日)

结合材料回答问题：

1. 谈谈“物化生存”方式的危害。

2. 培育和践行社会主义核心价值观的实质。

材料分析题 3

自古以来，中华民族的传统文化承载中华民族传统文化的家风，随着时代的发展，其内涵得到不断的丰富和完善，并具有时代性。正如习近平总书记指出的那样，“不论时代发生多大变化，不论生活格局发生多大变化，我们都要重视家庭建设，注重家庭、注重家教、注重家风”。这是对家风建设提出的新要求，要求我们要按照新时代的要求，不断探索新时代家风新特征，从而掌握家风形成和发展的规律并为社会主义核心价值观的培养提供坚实的基础。

家庭是何种模式，家人就以何种模式成长；家长是何种模样，孩子就长成何种模样。革命前辈习仲勋常用“节约好比燕衔泥，浪费好比河决堤”的这样的话语教育孩子，其勤俭持家、朴素生活的家风深深影响着家人。习近平同志就任中共中央总书记之后提出了以勤俭节约、改进作风为核心的“八项规定”，告诫各级干部：“要坚持勤俭办一切事业，坚决反对讲排场比阔气，坚决抵制享乐主义和奢靡之风。要大力弘扬中华民族勤俭节约的优秀传统，大力宣传节约光荣、浪费可耻的思想观念，努力使厉行节约、反对浪费在全社会蔚然成风。”这种对传统美德的传承是对广大干部的要求，更是对全国人民的号召，彰显了其家风的积极影响。可见，榜样就是航标，具有明确的方向和更高的要求。家庭是孩子的第一个课堂，父母是孩子的第一任老师，父辈的模板、父母的行为都将成为孩子模仿的对象。勤俭持家、尊长爱幼、守纪懂法、温良恭俭等家风中的优良品质都将成为孩子成长的养分。相反，不思进取、坑蒙拐骗、好逸恶劳、无视法律等家风中负面的思想意识和行为都必将为历史所摒弃。

习近平总书记强调家风的重要性，是希望上行下效、以家带国，把良好的家风传导到更大的范围、更广的空间，进而形成积极向上、欣欣向荣的社会风气，从而形成家和万事兴、家兴国昌盛的局面。家是最小国，国是千万家，良好的家风会成为自由、平等、公正、法治社会建设的基础，成为社会主义核心价值观的体现，进而形成全社会的道德和行为规范。

学为人师，行为世范。毛泽东同志言传身教其子女，让人民敬重与钦佩。如今，其后人也都在毛泽东同志的教导和影响下，秉承其良好的家教与家风。习近平总书记也因父亲的言传身教，受益良多。因工作忙而未能回家为父亲祝贺 88 岁大寿的他，在写给父亲的一封信中提到，希望从父亲身上继承和吸取五种高尚的品质：一是学父亲做人，二是学父亲做事，三是学父亲对信仰的执著追求，四是学父亲的赤子情怀，五是学父亲的俭朴生活。可见优良家风传承的重要性，道德先至，法令随行，先有家风，后有国风，家风是社会风气和国风的重要基础。

社会主义核心价值观要求每个公民做到爱国、敬业、诚信、友善，在家庭中，如每个家庭成员都能履行自己的道德责任和道德义务，都有奉献精神，就能形成相互关心、相互帮助的和睦大家庭。家风正，则个人正；个人正，则群体正；群体正，则国家正。

——摘自《思想理论教育导刊》(2018 年 11 月 20 日)

结合材料回答问题：

1. 谈谈你对“家庭是何种模式，家人就以何种模式成长；家长是何种模样，孩子就长成何种模样”这句话的理解。

2. 家风与社会主义核心价值观的关系。

材料分析题 4

【材料 1】 默默守岛卫国的王继才走了，他用 32 年的执着坚守，用 10 000 多个日日夜夜的无私奉献，践行了“家就是岛，岛就是国，我会一直守到守不动为止”的承诺。

平凡岗位自有不平凡的价值，平凡的人可以做出不平凡的事业。每一个岗位，孤立地看，似乎都只是“螺丝钉”，但放在实现中华民族伟大复兴的宏伟蓝图中，每一个岗位都有其不平凡的价值。人不可能生来伟大，但却可以用自己的坚守与奉献，使平凡人生散发出金子般的耀眼光辉。

对祖国的热爱，是支持王继才默默守岛的最深沉的精神力量……因为这赤诚的爱国之心，使他在面对恶劣的环境、金钱的诱惑、旁人的不解、亲人的牵挂时，选择坚守自己的使命；因为这赤诚的爱国之心，使他在面临家与国、利与义的两难取舍时，作出了无愧于心的抉择……王继才同志的一生奋斗和执着坚守，是社会主义核心价值观的生动诠释。

——摘自《光明日报》(2018 年 9 月 14 日)

【材料 2】 使命呼唤担当，榜样引领时代。党的十八大以来，榜样模范辈出，先进典型不断。廖俊波、邹碧华等领导干部，大写“全心全意为人民服务”；黄大年、李保国等科技人才，将爱国之情、报国之志融入国计民生主战场；“大功三连”、王锐等强军先锋，用汗水热血浇筑“对党忠诚”“人民至上”……时代大潮奔涌向前，先进典型井喷式出现，从一个立面真实标注着取得“历史性成就”、发生“历史性变革”的艰辛与荣耀。

细数 5 年多来习近平总书记批示过的先进典型，他们的崇高精神令人感动，他们的责任担当令人感佩。他们或是时代先锋，或是国之重士，或是普通一兵，但都有一颗金子般发光的心，成为共和国天空上最闪耀的星。

先进典型是有形的正能量，也是鲜活的价值观。他们的心跳，牵动着亿万中华儿女的心跳，他们的身上，既见信仰信念，又见人格风骨，更见家国情怀，彰显着为中国梦不懈奋斗的至诚大爱。他们如一面面旗帜、一盏盏明灯，挺立起推动“中国号”巨轮破浪前行的精神桅杆，汇聚起新时代砥砺前行的磅礴力量。

毛泽东同志曾说过："典型本身就是一种政治力量。"回望历史，抓典型教育是我们党思想政治教育的重要手段，是党凝聚人心的重要法宝。在党领导中国人民进行革命、建设、改革的各个时期，先进典型都承载着时代的主流精神诉求和价值取向。

一个个先进典型勇立时代潮头、争做时代先锋，他们是时代精神的传递者、主流价值的塑造者、社会潮流的引领者，任风吹雨打不褪色，经千锤百炼更坚强。正是这一批又一批的先进典型，在中国革命、建设、改革的进程中，滋养了一代又一代社会主义事业的开拓者，激励着一代又一代中华儿女不忘初心，继续前进。

——摘自《人民日报》(2018 年 7 月 2 日)

结合材料回答问题：

1. 王继才同志先进事迹的精神内涵。

2. 在培育和践行社会主义价值观的过程中，我们为什么要向先进模范学习？

推荐阅读文献

[1]习近平. 培育和弘扬社会主义核心价值观[M]//习近平谈治国理政(第 1 卷). 北京：外文出版社，2018.

[2]习近平. 青年要自觉践行社会主义核心价值观[M]//习近平谈治国理政(第 1 卷). 北京：外文出版社，2018.

[3]关于培育和践行社会主义核心价值观的意见[M]. 北京：人民出版社，2014.

[4]任仲平. 凝聚当代中国的价值公约数——论培育和践行社会主义核心价值观[N]. 人民日报，2015-04-20.

[5]韩庆祥. 核心价值观与中国人精神世界重建[N]. 光明日报，2015-02-05.

[6]方鸿志. 新时代家风与社会主义核心价值观的培养[J]. 思想理论教育导刊，2018：102-106.

[7]本报评论员. 用 32 年执着坚守书写忠诚爱国[N]. 光明日报，2018-09-14.

[8]温红彦，盛若蔚，吴储岐. 汇聚起新时代榜样的力量[N]. 人民日报，2018-07-02.

[9]郑晋鸣，崔兴毅. 王继才的感召效应[N]. 光明日报，2018-09-14.

[10]宋学春，刘裕国，何勇，等. 平凡榜样　精神脊梁[N]. 人民日报，2015-01-19.

[11]学习宣传王继才同志先进事迹座谈会发言摘编[N]. 人民日报，2018-09-13.

第五章　明大德守公德严私德

知识要点图示

(一)道德及其变化发展
- 1.道德的起源、本质、功能与作用
- 2.道德的变化发展

(二)吸收借鉴优秀道德成果
- 1.传承中华传统美德
- 2.发扬中国革命道德
- 3.借鉴人类文明优秀道德成果

(三)遵守公民道德准则
- 1.社会主义道德的核心和原则
- 2.社会公德
- 3.职业道德
- 4.家庭美德
- 5.个人品德

(四)向上向善、知行合一
- 1.向道德模范学习
- 2.参与志愿服务活动
- 3.引领社会风尚

重要概念

(1)道德。道德是以善恶为评价方式,主要依靠社会舆论、传统习俗和内心信念来发挥作用的行为规范的总和。从本质上讲,道德属于上层建筑的范畴,是反映社会经济关系的特殊意识形态,是社会利益关系的特殊调节方式,是一种实践精神。

(2)中华传统美德。传统道德是历史上不同时代人们的行为方式、风俗习惯、价值观念和文化心理的集中体现,是对道德实践经验的提炼总结。中华传统美德是中华优秀文化的重要组成部分,是人类文明发展的重要精神财富,是社会主义道德建设的源头活水。

(3)中国革命道德。中国革命道德是指中国共产党人、人民军队、一切先进分子和人民群众在中国革命、建设和改革中所形成的优秀道德，是马克思主义与中国革命、建设、改革的伟大实践相结合的产物。

(4)集体。集体是相对于个体而言的哲学概念。在一般意义上说，集体应该相当于社会或是整体。个人与集体的关系，应理解为个人与整体、个人与社会的关系或具体化为个人与集团、阶级、国家的关系。

(5)集体主义。集体主义是主张个人从属于社会，个人利益应当服从集团、民族和国家利益的一种思想理论，其最高标准是一切言论和行动符合人民群众的集体利益。

(6)公共秩序。秩序是由社会生活中的规范来制约和保障的，公共秩序是由一定规范维系的人们公共生活的一种有序化状态，如工作秩序、教学秩序、交通秩序、娱乐秩序、网络秩序等。有序的公共秩序是社会生产活动的重要基础，是提高社会成员生活质量的基本保障，更是社会文明的重要标志。

(7)社会公德。社会公德与个人私德相对，是公共生活中的道德规范，具体是指人们在社会交往和公共生活中应该遵循的行为准则，是维护公共利益、公共秩序、社会和谐稳定的起码的道德要求，涵盖了人与人、人与社会、人与自然之间的关系。其主要内容包括文明礼貌、助人为乐、爱护公物、保护环境、遵纪守法等。

(8)职业道德。职业道德即职业生活中的道德规范，是指从事一定职业的人在职业生活中应当遵循的具有职业特征的道德要求和行为准则，涵盖了从业人员与服务对象、职业与职工、职业与职业之间的关系。爱岗敬业，诚实守信，办事公道，服务群众和奉献社会是职业生活中的基本道德规范。

(9)家庭美德。家庭美德是调节家庭内部成员以及与家庭生活密切相关的人之间的人际关系的行为规范，是每个公民在家庭生活中应该遵循的行为准则。其主要内容有尊老爱幼、男女平等、夫妻和睦、勤俭持家、邻里团结等。

(10)家风。家风是指一个家庭或家族的传统风尚或作风。良好的家风，对家庭成员的个人修养产生着重要的作用，也对整个社会道德风尚的形成产生着重要的影响。社会主义家庭文明新风尚主要包含爱国爱家、相亲相爱、向上向善、共建共享等内容。

(11)个人品德。个人品德是通过社会道德教育和个人自觉的道德修养所形成的稳定的心理状态和行为习惯。它是个体对某种道德要求认同和践履的结果，集中体现了道德认知、道德情感、道德意志、道德信念和道德行为的内在统一。对大学生的个人品德要求主要有爱国奉献、明礼守法、厚德仁爱、正直善良、勤劳勇敢等。

(12)道德模范。道德模范主要指思想和行为能够激励人们不断向善且为人们所崇敬、模仿的先进人物。道德模范既包括在一定社会道德实践中涌现的符合特定道德理想类型的人物，又包括人们日常生活中能够近距离感受的具有积极道德影响的人物。

(13)志愿服务。志愿服务是指志愿贡献个人的时间和精力，在不求任何物质报酬的情况下，为改善社会、促进社会进步而提供的服务。志愿服务是培育和弘扬社会主义核心价值观的重要载体。志愿服务的精神是:奉献、友爱、互助、进步。

重难点解析

(一)道德的起源

道德是以善恶为评价方式,主要依靠社会舆论、传统风俗和内心信念来发挥作用的行为规范的总和。作为人类社会特有的一种社会现象,道德是人类社会发展到一定阶段的必然产物。马克思主义道德观认为,人类社会的实际情况是,“物质生活的生产方式制约着整个社会生活、政治生活和精神生活的过程”。道德的起源问题,必须从这一实际出发来认识和把握。

1. 劳动是道德起源的首要前提

道德是人类社会的特有现象,动物的本能行为中不存在真正的道德。劳动创造了人和人类社会,是道德起源的第一个历史前提。

2. 社会关系是道德赖以产生的客观条件

社会关系的形成和发展产生了调节各种关系特别是利益关系的需要,道德恰恰是适应社会关系调节的需要而产生的。

3. 人的自我意识是道德产生的主观条件

意识是道德产生的思想认识前提。人只有在社会实践中,充分认识到自我作为社会成员与其他动物的根本区别,意识到自我在社会中的角色与地位,意识到自我与他人或集体不同的利益关系,并由此产生调节利益矛盾的迫切要求时,道德才得以产生。

马克思主义道德理论在人类思想史上第一次科学而全面地论述了道德的起源问题,为正确认识和理解道德的本质奠定了基础。

(二)道德的本质

道德属于上层建筑的范畴,是一种特殊的社会意识形态。

1. 道德是反映社会经济关系的特殊意识形态

道德的性质和基本原则、规范反映了与之相应的社会经济关系的性质和内容。有什么样的社会经济关系,相应地便有什么样的道德。道德随着社会经济关系的变化而变化。在人类道德史上,一切道德上的兴衰起伏、进退消长,从根本上说是源于社会经济关系的变革。道德作为一种社会意识,既具有阶级性,也具有普遍性。作为社会意识的道德一经产生,便具有相对独立性。

2. 道德是社会利益关系的特殊调节方式

道德规范与法律规范、政治规范的不同之处在于它是用善恶标准去评价,依靠社会舆论、传统习俗、内心信念来维持的,因此是一种非制度化的、柔性的规范。

3. 道德是一种实践精神

作为实践精神,道德是一种旨在通过把握世界的善恶现象而规范人们的行为并通过人们的实践活动体现出来的社会意识。具体来说,道德是一种以指导人的行为为目的、以形成人的正确的行为方式为内容的精神,在本质上是知行合一的。

（三）道德的功能

道德的功能，一般是指道德作为社会意识的特殊形式对于社会发展所具有的功效与能力。道德的功能是多元的，同时也是多层次的。

1. 认识功能

（1）道德的认识功能是指道德反映社会现实特别是反映社会经济关系的功效与能力。

（2）道德往往借助于道德观念、道德准则、道德理想等形式，帮助人们正确认识社会道德生活的规律和原则，认识道德义务和责任，从而正确选择自己的道德行为，积极塑造自身的善良道德品质。

2. 规范功能

（1）道德的规范功能是指在正确善恶观的指引下，规范社会成员在社会公共领域、职业领域、家庭领域的行为，并规范个人品德的养成，引导并促进人们崇德向善。

（2）从道德的特征来说，道德和法律一样，都是通过规范人的行为发挥作用。

3. 调节功能

（1）道德的调节功能是指道德通过评价等方式，指导和纠正人们的行为和实践活动，协调人们之间关系的功效与能力。

（2）道德评价是道德调节的主要形式，社会舆论、传统习惯和人们的内心信念是道德调节所赖以发挥作用的力量。

在道德功能系统中，认识功能、规范功能和调节功能是最基本的功能，此外道德还有导向功能和激励功能等。

（四）道德的作用

道德的作用指道德的认识、规范、调节等功能的发挥和实现所产生的社会影响及实际效果。主要表现：①道德为经济基础的形成、巩固和发展服务，是一种重要的精神力量；②道德对其他社会意识形态的存在有着重大的影响；③道德通过调整人们之间的关系维护社会秩序和稳定；④道德是提高人的精神境界、促进人的自我完善、推动人的全面发展的内在动力；⑤在阶级社会中，道德是调节阶级矛盾和对立阶级之间阶级斗争的重要工具。

1. 在道德作用问题上，要反对"道德万能论"和"道德无用论"两种极端看法

（1）"道德万能论"片面夸大道德的作用，认为道德决定一切、高于一切、支配一切，只要道德水平高，一切社会问题都可以迎刃而解。这种观点的根本错误在于，颠倒了社会存在和社会意识、经济基础同上层建筑之间的决定与被决定的关系，否定了物质资料的生产方式在社会发展中的决定作用。

（2）"道德无用论"则根本否认道德的作用，或者通过强调非道德因素的作用来否定道德的积极作用，或者通过强调道德的消极因素来否定道德的积极作用。这种观点的根本错误在于，忽视了道德作为上层建筑的重要组成部分，一方面由经济基础所决定，另一方面对经济基础和生产力发展有一定的反作用。

2. 道德发挥作用的性质

（1）道德发挥作用的性质与社会发展的不同历史阶段相联系，由道德所反映的经济基础及代表的阶级利益所决定。

(2)只有反映先进生产力发展要求和进步阶级利益的道德,才会对社会的发展和人的素质的提高产生积极的推动作用,否则,就不利于甚至阻碍社会的发展和人的素质的提高。

(五)中华传统美德的基本精神

中华传统美德内容丰富、博大精深,是人类文明发展的重要精神财富,是社会主义道德建设的源头活水。

1. 重视整体利益,强调责任奉献

在中华传统道德的发展演化中,始终强调整体利益、国家利益和民族利益的重要性。“公义胜私欲”是中华传统美德的根本要求。中国古代思想家强调,在“义”和“利”发生矛盾时,应当“义以为上”“先义后利”“见利思义”,主张“义然后取”,反对“重利轻义”和“见利忘义”。

2. 推崇“仁爱”原则,注重以和为贵

推崇仁爱、崇尚和谐是中华民族的优良传统和高尚品德。从仁爱精神出发,古人强调社会和谐,讲求和睦友善,倡导团结互助,追求和平共处。在人际相处上,主张与人为善、推己及人,建立和谐友爱的人际关系;在民族关系上,主张各民族互相交融、和衷共济,建设团结和睦的大家庭;在对外关系上,倡导亲仁善邻、协和万邦,与世界其他民族在平等相待、互相尊重的基础上发展友好合作关系。

3. 提倡人伦价值,重视道德义务

中华传统美德非常重视每个人在人伦关系中的地位及其价值,强调每个人都必须根据规范的要求,来尽自己应尽的义务。从《尚书·舜典》中提出的“王教”思想,到孟子提出的“五伦”说,以及到汉代以后的思想家们提出的新的原则都不断强化了在人伦关系中每个人的责任和义务,强调人伦价值的重要意义。

4. 追求精神境界,向往理想人格

中国传统道德认为,人之所以不同于其他动物,是因为人有道德,因而,人除了有物质需要外,还有精神需要,而一切精神需要中最高尚的需要就是道德需要。中华传统美德主张在物质生活基本满足的情况下应追求崇高的精神境界,把道德理想的实现看作是人生诸种需要中最高层次的需要。道德需要是对理想人格的追求。要实现这种追求,就应当明智。智,也作知,即理智、智慧。孟子把智看成是判断是非善恶的一种能力,认为“是非之心,智也”。在古人看来,“明智”则必须好学,学习既包括学习一般的文化知识,也包括学习伦理道德知识,是道德修养的重要内容和途径。

5. 强调道德修养,注重道德践履

中国古代的思想家大都认为,在塑造理想人格的过程中,最重要的就是要奋发向上、切磋践履、修身养性。一个社会的道德规范和道德原则确立之后,最重要的就是要使这些道德原则和道德规范能够转化成人们的思想品德和行为实践,养成良好的道德习惯,形成完善的道德人格。中华传统美德提倡“修身”“克己”“慎独”“见贤思齐焉,见不贤而内自省”“善养吾浩然之气”,强调“自省”“存养”“克治”“知耻”“慎独”和躬行的重要。

此外,中华民族优良道德传统的重要内容还有道法自然、天人合一的思想,天下为公、大同世界的思想，自强不息、厚德载物的思想，经世致用、知行合一、躬行实践的思想，仁者爱人、以德立人的思想，以诚待人、讲信修睦的思想，清廉从政、勤勉奉公的思想，俭约自守、力戒奢华的思想等。

(六)实现中华传统美德创造性转化与创新性发展的路径

中国传统道德具有鲜明的两重性，是一个矛盾体，既有精华也有糟粕。中华传统美德作为中国传统道德的精华部分，为今天的道德建设提供了丰富的资源，要在去粗取精、去伪存真的基础上坚持古为今用、推陈出新，努力实现中华传统美德的创造性转化和创新性发展。

1. 加强对中华传统美德的挖掘和阐发

(1)任何道德都是具体历史时代的产物。中华传统美德是经过漫长的社会发展而形成的。弘扬中华传统美德，必须通过科学的分析和鉴别，把其中带有阶级和时代局限性的成分剔除出去，把其中具有当代价值的道德精神发掘出来。

(2)总结传统美德中丰富的思想道德资源，对中华传统美德的德目、观点进行新的诠释和激活，结合现代生活赋予其新的时代内涵，努力推动中华传统美德的创造性转化和创新性发展。

2. 用中华传统美德滋养社会主义道德建设

(1)要结合时代要求，按照是否有利于推动中国特色社会主义事业，是否有利于建设社会主义道德体系，是否有利于培育和践行社会主义核心价值观的标准，坚持古为今用、推陈出新的原则，为社会主义道德建设提供丰厚的道德资源，赋予社会主义道德和共产主义道德以鲜明的民族特色。

(2)要立足于面向大众、服务人民，发挥中华传统美德人伦日用的化育功能，使传统美德与日常生活水乳交融，不断丰富人们的精神世界，增强人们的精神力量。

3. 要反对“复古论”和“虚无论”两种错误思潮

(1)“复古论”，认为道德建设的最终目标就是要恢复中国“固有文化”，形成以中国传统文化为主体的道德体系。

(2)“虚无论”，认为中国传统道德从整体上来说在今天已经失去了价值和意义，必须从整体上予以全盘否定。

这两种观点都是错误的，割断了道德的历史与发展的关系，都不利于社会的发展和道德的进步。

(七)中国革命道德的基本内容

中国革命道德具有丰富而独特的内涵，既包括革命道德的原则、要求、态度、修养、风尚等方面，也包括革命理想、革命精神等方面，具有丰富的内容。主要包括：

(1)为实现社会主义和共产主义理想而奋斗。坚持社会主义、共产主义理想和信念的不屈不挠的精神，是革命道德的灵魂。

(2)全心全意为人民服务。中国革命道德从一开始就特别强调要为群众服务、为大众谋幸福、为人民利益献身，并认为这是对一切革命人士和先进分子的要求。

(3)始终把革命利益放在首位。共产党人和革命者从事革命活动的目的就是要为革命利益而奋斗，在个人利益与革命利益发生矛盾时，要“以革命利益为第一生命，以个人利益服从革命利益”，同时也要求革命的集体和领导始终不渝地从各个方面照顾每个革命成员的个人利益，关心他们的事业成就和个人的全面发展。

(4)树立社会新风，建立新型人际关系。人们对中国革命道德的传扬，破除了等级观念和特权思想，破除了鄙视劳动和劳动人民的旧道德观念，树立了平等意识，保护了妇女、儿童和老人的合法权益，引导建立新型家庭关系和培育良好家风，对于提升人民群众的文明水准和道德风貌，树立社会新风尚，发挥了重要的作用。

(5)修身自律，保持节操。践履中国革命道德的重要环节就是共产党人修身自律、保持节操。具体来说，就是要以中国革命事业为重，严于律己，谦虚谨慎；淡泊名利，清正廉洁；襟怀坦白，光明磊落；始终保持高风亮节，展现出高尚的人格力量。

(八)中国革命道德的当代价值

中国革命道德内容丰富、历久弥新。红船精神、井冈山精神、苏区精神、长征精神、延安精神、西柏坡精神等红色精神中蕴含的革命道德，都是中国共产党领导全体人民实现民族独立、人民解放的精神支撑和思想武器，在新时代的今天，仍然具有极其重要的现实意义。中国革命道德的当代价值主要有：①有利于加强和巩固社会主义和共产主义的理想信念；②有利于培育和践行社会主义核心价值观；③有利于引导人们树立正确的道德观；④有利于培育良好的社会道德风尚。

(九)社会主义道德的核心

为人民服务是社会主义道德的核心，是社会主义道德区别和优越于其他社会形态道德的显著标志。

(1)为人民服务是社会主义经济基础和人际关系的客观要求。在我国，以公有制为主体和以按劳分配为主体，是为人民服务的根本制度保证，在此基础上逐步形成的团结互助、平等友爱、共同进步的人际关系，是为人民服务的基础。

(2)为人民服务是社会主义市场经济健康发展的要求。社会主义市场经济条件不仅不排斥为社会和他人服务，而且需要通过服务甚至是优质服务，才能实现市场主体自己的利益。

(3)为人民服务是先进性要求和广泛性要求的统一。为人民服务并非高不可攀、远不可及，而是可以通过不同层次、不同形式表现出来。

毫不利己、专门利人、无私奉献是为人民服务；顾全大局、先公后私、爱岗敬业、办事公道是为人民服务；同志间、师生间、同学间互相关心、互相爱护、互相帮助是为人民服务；热心公益、助人为乐、见义勇为、扶贫帮困、扶残助残也是为人民服务；遵纪守法、诚实劳动并获取正当的个人利益同样也是为人民服务。因而，认为为人民服务只适于党员干部而不能推广到全体人民的看法是一种误解。

(十)社会主义道德的原则

1. 集体主义是社会主义道德的原则

在我国，国家利益、社会整体利益和个人利益根本上的一致性，使得集体主义应当而且能够在全社会范围内贯彻实施。长期以来，集体主义已经成为调节国家利益、社会整体利益和个人利益关系的基本原则。

2. 集体主义的内涵

(1)集体主义强调国家利益、社会整体利益和个人利益的辩证统一。在社会中,人既作为个体而存在,又作为集体中的一员而存在,集体和个人是不能分割的。在社会主义社会中,国家利益、社会整体利益和个人利益也是不能分割的。国家利益、社会整体利益体现着个人根本的、长远的利益,是所有社会成员共同利益的统一。同时,每个人的正当利益,又都是国家利益、社会整体利益不可分割的组成部分。国家社会的兴衰与个人利益得失息息相关。在现实生活中,国家利益、社会整体利益和个人利益是相辅相成的。

(2)集体主义强调国家利益、社会整体利益高于个人利益。在实际生活中,个人利益和国家利益、社会整体利益难免会发生矛盾。这种矛盾,有的是可以缓和、化解的,有的则会发生或大或小的冲突。但是,集体主义强调,在个人利益与国家利益、社会整体利益发生矛盾冲突,尤其是发生激烈冲突的时候,必须坚持国家利益、社会整体利益高于个人利益的原则,即个人应当以大局为重,使个人利益服从国家利益、社会整体利益,在必要时作出牺牲。集体主义要求个人为国家、社会作出牺牲并不是任意的,只有在不牺牲个人利益就不能保全国家利益、社会整体利益的情况下,才要求个人为国家利益、社会整体利益作出牺牲。社会主义集体主义之所以强调个人利益要服从国家利益、社会整体利益,归根到底,既是为了维护国家、社会的共同利益,也是为了维护个人的根本利益和长远利益。

(3)集体主义重视和保障个人的正当利益。集体主义促进和保障个人正当利益的实现,使个人的才能、价值得到充分的发挥。这不但与集体主义不矛盾,而且正是集体主义思想的应有之义。只有在国家、社会中,个人才能获得全面发展,才可能有个人自由。那种把集体主义看作是对个人的压制、是对个性的束缚的思想,是与集体主义的本意相违背的。事实上,正是集体主义为培养人的健全人格、鲜明个性和创新精神提供了道义保障。对于集体主义来说,只有个人的价值、尊严得到实现,个人的正当利益得到保证,集体才能有更强大的生命力和凝聚力。

3. 在社会主义市场经济条件下,仍然需要集体主义

发展社会主义市场经济,之所以需要集体主义,是因为其有助于克服市场自身的弱点和消极方面,有助于形成追求高尚、激励先进的良好社会风气,保证社会主义市场经济的有序健康发展。

4. 集体主义的道德要求

现阶段,集体主义的道德要求可分为三个层次:一是无私奉献、一心为公,这是集体主义的最高层次,是共产党员、先进分子应努力达到的道德目标;二是先公后私、先人后己,这是已经具有较高社会主义道德觉悟的人能够达到的要求;三是顾全大局、遵纪守法、热爱祖国、诚实劳动,这是对公民最基本的道德要求。

(十一)社会公德的基本规范及要求

1. 公共生活中的道德规范

(1)文明礼貌。文明礼貌是调整和规范人际关系的行为准则,反映着一个人的道德修养,体现着一个民族的整体素质。大学生应当自觉讲文明、懂礼貌、守礼仪,塑造真诚待人、礼让宽容的良好形象。

(2)助人为乐。把帮助他人视为自己应做之事,是每个社会成员应有的社会公德,是有爱心的表现。大学生应当尽自己的努力帮助他人,积极参与公益事业,以力所能及的方式关心和关爱他人,并在对他人的关心和帮助中收获实现人生价值的快乐。

(3)爱护公物。对社会共同劳动成果的珍惜和爱护,是每个公民应该承担的社会责任和义务,它既显示出个人的道德修养水平,也是社会文明水平的重要标志。大学生要增强社会主人翁责任感,珍惜国家、集体财产,爱护公物,坚决同损害公共财产、破坏公物的行为作斗争。

(4)保护环境。生态环境保护是功在当代、利在千秋的事业。人类发展活动必须尊重自然、顺应自然、保护自然,否则就会遭到大自然的报复。大学生要像对待生命一样对待生态环境,身体力行,倡导简约适度、绿色低碳的生活方式,为留下天蓝、地绿、水清的生产生活环境,为建设美丽中国作出自己应有的贡献。

(5)遵纪守法。遵纪守法是社会公德最基本的要求,是维护公共生活秩序的重要条件。在社会生活中,每个社会成员既要遵守国家颁布的有关法律法规,也要遵守特定公共场所的有关规定。

2. 网络生活中的道德要求

网络生活中的道德要求,是人们在网络生活中为了维护正常的网络公共秩序而需要共同遵守的基本道德准则,是社会公德规范在网络空间的运用和扩展。

(1)正确使用网络工具。大学生应当正确使用网络,提高信息的获取能力,加强信息的辨识能力,增进信息的应用能力,使网络成为开阔视野、提高能力的重要工具。

(2)健康进行网络交往。大学生应通过网络开展健康有益的人际交往,树立自我保护意识。网络虽然拉近了自己与陌生人的距离,却有可能使自己疏远家人、同学、朋友等身边的人,这也在一定程度上会弱化现实的人际交往能力,因此不能以网络交往代替现实交往。

(3)自觉避免沉迷网络。适度上网对学习和生活是有益的,但长时间沉迷于网络对人的身心健康有极大损害,大学生应当从自己的身心健康出发,合理安排上网时间。

(4)养成网络自律精神。个体的道德自律是维护网络道德规范的基本保障,大学生应当在网络生活中培养自律精神,做到自律"不逾矩",促进网络生活的健康与和谐。

(5)积极引导网络舆论。作为新时代的大学生,应当带头引导网络舆论,对怨气怨言要及时化解,对错误看法要及时引导和纠正,积极营造清朗的网络空间。

(十二)职业道德的基本规范及要求

1. 职业生活中的道德规范

(1)爱岗敬业。爱岗敬业反映的是从业人员对待自己职业的一种态度,也是一种内在的道德需要,它要求干一行爱一行,爱一行钻一行,精益求精,尽职尽责。

(2)诚实守信。诚实守信既是中华民族的传统美德,也是我国公民道德建设的重点,还是社会主义核心价值观的一条重要准则。诚实守信既是做人的准则,也是对从业者的道德要求,它要求从业者在职业活动中诚实劳动、合法经营、信守承诺、讲求信誉。

(3)办事公道。以公道之心办事,是职业活动所必须遵守的道德要求。办事公道,就是要求从业人员做到公平、公正,不损公肥私,不以权谋私,不假公济私。

(4)服务群众。为人民服务是社会主义道德建设的核心,各行各业的从业人员都要以服务群众为宗旨。

(5)奉献社会。奉献社会就是要求从业人员在自己的工作岗位上树立奉献社会的职业精神,兢兢业业地为社会和他人作贡献。这是社会主义职业道德中最高层次的要求,体现了社会主义职业道德的最高目标指向。

2. 自觉遵守职业道德

职业生活是否顺利,既取决于个人的专业知识和技能,更取决于个人的职业道德素质。人们在职业活动中的道德状况如何,直接关系着各行各业乃至整个社会的道德状况。大学生要深刻认识提高职业道德素质的重要性,注重这方面的修养和锻炼。

(1)学习职业道德规范。通过学习职业道德规范,明确职业活动的基本规范和目的,从而提高自己的职业认知能力、判断能力和正确的价值理念,对青年人来说尤为重要。

(2)提高职业道德意识。大学生要提高自己的职业道德素质,应当将对道德知识的认识内化为自身的素质,以职业道德模范为榜样,培养积极进取、甘于奉献、服务社会的良好职业道德意识,为未来的职业生活做准备。

(3)提高践行职业道德的能力。大学通过多种渠道与社会紧密联系。大学生可以通过多种途径体验职业生活,在服务他人、奉献社会中收获成长和进步,也为将来顺利走向工作岗位积累实践经验。

(十三)家庭美德的基本规范及要求

1. 恋爱、婚姻家庭中的道德规范

(1)恋爱中的道德规范。恋爱是指男女双方培养爱情的过程或在爱情基础上进行的相互交往活动。恋爱作为一种人际交往,也必然要受到道德的约束。恋爱是建立幸福婚姻家庭的前奏,恪守恋爱中的道德规范关系到未来婚姻家庭生活的幸福。恋爱中的道德规范包括:①尊重人格平等。恋爱的双方在人格上都是独立的,如果把对方当作自己的附庸或依附对方而失去自我,都是对爱情实质的曲解。恋爱双方在相互关系上是平等的,都有给予爱、接受爱和拒绝爱的自由。②自觉承担责任。自愿地为对方承担责任,是爱情本质的体现。爱一个人或接受一个人的爱,就要自觉地为对方承担责任。责任常常体现在生活的点点滴滴之中,责任的担当是需要见诸行动的自觉。③文明相亲相爱。文明的恋爱往往是恋爱双方既相互爱慕、亲近,又举止得体、相互尊重。恋人在公共场所出入,要遵守社会公德,不要对他人生活和公共生活造成不良影响。

(2)婚姻家庭生活中的道德规范。家庭美德以尊老爱幼、男女平等、夫妻和睦、勤俭持家、邻里团结为主要内容,在维系和谐美满的婚姻家庭关系中具有重要而独特的功能。①尊老爱幼。子女要孝敬、赡养父母及长辈,父母要抚育、爱护子女,这不仅是每个公民必须遵守的道德准则,也是应尽的社会责任和法律义务。②男女平等。家庭生活中的男女平等既表现为夫妻权利和义务上的平等、人格地位上的平等,又表现为平等地对待自己的子女。③夫妻和睦。夫妻关系是家庭关系的核心。夫妻和睦是在男女平等基础上的互敬互爱、互助互让。④勤俭持家。勤俭是家庭兴旺的保证,也是社会富足的保证。勤俭持家既要勤劳致富,也要量入为出。大学生要在日常生活中注意节俭,尽量减轻父母和家庭的生活负担,这就是对父母和家庭最实际的贡献。⑤邻里团结。邻里团结重要的是相互尊重,尊重对方的人格、民族习惯、生活方式、兴趣爱好等，做到互谅互让，互帮互助，宽以待人，团结友爱。

2. 树立正确的恋爱观

(1)不能误把友谊当爱情。异性之间完全可以建立和保持健康的友谊，但要理智地把握好友谊与爱情界限。

(2)不能错置爱情的地位。切忌把爱情放在人生最高的地位，奉行爱情至上主义，沉湎于感情缠绵之中，大学生应该将主要精力用于学习。

(3)不能片面或功利化地对待恋爱。片面追求外在形象，或者只看重经济条件，或者仅仅把恋爱看成是摆脱孤独寂寞的方式，都无法产生真挚的感情，也得不到真正的爱情。

(4)不能只重过程不顾后果。责任是爱情得以长久的重要保障，是坚贞爱情的试金石。自愿担当的责任，丰富了爱情的内涵，提升了爱情的境界。如果把爱情当成游戏，既会伤害对方，也会伤及自己。

(5)不能因失恋而迷失人生方向。恋爱过程是恋爱双方互相熟悉和情感协调的过程，恋爱成功与失败都是正常现象，大学生应该正确对待失恋现象，做到失恋不失志，失恋不失德，不影响学业和生活，不丧失对爱的憧憬和追求。

(6)树立正确的恋爱观，大学生还要处理好这样几种关系：①恋爱与学习的关系。学习是大学生的主要任务，大学生应把爱情作为奋发学习的动力，同时还应把是否有利于促进学习作为衡量爱情价值的一个重要而特殊的标准。②恋爱与关心集体的关系。恋爱中的双方不应把自己禁锢在两个人的世界中，脱离集体，疏远同学，会妨碍自身的全面发展与进步。③恋爱与关爱他人和社会的关系。爱的情感丰富博大，不仅有恋人之爱，还有对父母之爱、对兄弟姐妹之爱、对社会和国家之爱。只专注于对恋人的爱而忽视对他人和社会的爱，这样的爱情就会显得自私和庸俗；相反，对他人和社会具有爱心则会使爱情变得高尚和稳固。

(十四)个人品德的基本规范及要求

1. 个人品德的基本规范

学生要自觉践行爱国奉献、明礼守法、厚德仁爱、正直善良、勤劳勇敢等个人品德要求，不断提升个人的道德修养和境界。

2. 掌握道德修养的正确方法

个人品德需要不断通过道德修养加以提升。道德修养是指个体自觉地将一定社会的道德规范、准则及要求内化为内在的道德品质，以促进人格的自我陶冶、自我培育和自我完善的实践过程。

(1)学思并重。学思并重的方法，即通过虚心学习，积极思索，辨别善恶，学善戒恶，以涵养良好的德性。①要善于学习各种道德理论和知识，尤其是社会主义道德理论和知识。②要善于思考，并且把善于学习和善于思考有机地统一起来。

(2)省察克治。省察克治的方法，即通过反省检验以发现和找出自己思想与行为中的不良倾向，并及时对它们进行抑制和克服；在日常生活中，我们要经常在自己内心深处用道德标准检查、反省，找出那些坏毛病、坏思想、坏念头并加以纠正。

(3)慎独自律。慎独自律的方法，即在无人知晓、没有外在监督的情况下，坚守自己的道德信念，自觉按道德要求行事，不因无人监督而肆意妄为。

(4)知行合一。知行合一的方法，即把提高道德认识与躬行道德实践统一起来，以促进道德要求内化为个人的道德品质，外化为实际的道德行为。

(5)积善成德。积善成德的方法，即通过积累善行或美德，使之巩固强化，以逐渐凝结成优良的品德。

练习题

(一)单项选择题

1. 道德是一种调节关系的特殊行为规范，以(　　)为评价方式。

A. 美丑　　B. 真假　　C. 善恶　　D. 进步落后

2. 马克思主义科学地揭示了道德的起源，认为道德(　　)。

A. 起源于人性中的情感、欲望　　B. 起源于神的启示或上帝的意志

C. 起源于人先天具有的良知和善良意志　　D. 产生于人类的历史发展和社会实践中

3. 道德起源的第一个历史前提是(　　)。

A. 意识　　B. 劳动　　C. 情感欲望　　D. 动物本能

4. 马克思主义道德观认为，道德起源的首要前提是(　　)。

A. 实践　　B. 自我意识　　C. 劳动　　D. 社会关系

5. 自古以来，人们在探讨道德起源这一重大问题时提出了多种见解和理论，其中，马克思主义道德观认为，道德起源理论是(　　)。

A. 天意神启论　　B. 生产方式论　　C. 先天人神论　　D. 情感欲望论

6. 马克思主义道德观认为，道德是反映(　　)的特殊意识形态。

A. 社会经济关系　　B. 社会政治关系　　C. 社会文化关系　　D. 社会舆论关系

7. 马克思主义道德观认为，(　　)是道德赖以产生的客观条件。

A. 社会关系　　B. 自我意识　　C. 生产方式　　D. 生产力

8. 马克思主义道德观认为，(　　)是道德产生的主观条件。

A. 人的自我意识　　B. 人类的语言　　C. 人的思维能力　　D. 人的情感欲望

9. 道德的本质是(　　)的反映。

A. 统治阶级意志　　B. 全民意志　　C. 社会经济关系　　D. 社会政治关系

10. 马克思主义科学地揭示了道德的本质，认为道德属于上层建筑的范畴。下列关于道德的本质说法中，正确的有(　　)。

A. 道德属于经济基础的范畴　　B. 道德是被颁布、制定或规定出来的

C. 道德是对世界的简单再现　　D. 道德是反映社会经济关系的特殊意识形态

11. 马克思主义道德观认为，道德在本质上是(　　)的特殊调节方式。

A. 社会经济关系　　B. 社会政治形态　　C. 社会利益关系　　D. 社会意识形态

12. 在人类道德史上，一切道德上的兴衰起伏、进退消长，从根本上说是源于(　　)的变革。

A. 社会意识形态　　B. 社会阶级状况　　C. 社会经济关系　　D. 社会人际关系

13. 恩格斯说："人们自觉地或不自觉地，归根到底总是从他们阶级地位所依据的实际关系中——从他们进行生产和交换的经济关系中，获得自己的伦理观念。"这说明，道德的产生、发

展和变化，归根结底根源于(　　)。

A. 各种社会关系　B. 社会经济关系　C. 社会存在　D. 社会的阶级关系

14.(　　)是人类道德合乎规律发展的必然产物。

A. 无产阶级道德　B. 社会主义和共产主义道德

C. 统治阶级道德　D. 人民群众道德

15. 道德是属于上层建筑的范畴，是一种特殊的社会意识，它是(　　)。

A. 由社会经济基础决定的，是社会经济关系的反映

B. 由社会的政治决定的，是社会政治的集中反映

C. 由上层建筑决定的，是上层建筑的反映

D. 由统治阶级决定的，是统治阶级实现统治的工具

16. 在阶级社会中，占社会统治地位的道德是(　　)。

A. 先进阶级的道德　B. 统治阶级的道德

C. 人数占优势的阶级的道德　D. 全民共同的道德

17. 人类道德发展的基本规律是(　　)。

A. 人类道德发展的历史进程与社会生产方式的发展进程大体一致

B. 人类道德的发展是一个直线上升的历史过程

C. 人类道德的发展与法律的发展进程大体一致

D. 人类道德的发展是进步与落后、善良与邪恶简单斗争的历史

18. 恩格斯指出，道德"或者为统治阶级的统治和利益辩护，或者当被压迫阶级变得足够强大时，代表被压迫者对这个统治的反抗和他们的未来利益"，这主要说明(　　)。

A. 道德可以提高人的精神境界、促进人的自我完善

B. 道德通过调整人们之间的关系维护社会秩序和稳定

C. 在阶级社会中，道德是调节阶级矛盾和对立阶级之间开展阶级斗争的重要工具

D. 道德对其他意识形态的存在具有重大影响

19. 道德是一种以指导人的(　　)为目的、以形成人的正确的(　　)为内容的精神，在本质上是知行合一的。

A. 行为，行为方式　B. 认知，认知方式

C. 情感，情感表达方式　D. 意志，意志品质

20. 道德的调节功能发挥的主要形式是(　　)。

A. 社会舆论　B. 传统习俗　C. 道德评价　D. 内心信念

21. 道德具有多方面的功效和能力。通过评价等方式，指导和纠正人们的行为和实践活动，协调社会关系和人际关系的功效和能力，这是道德的(　　)。

A. 调节功能　B. 认识功能　C. 激励功能　D. 规范功能

22. 习近平总书记在北京会见第四届全国道德模范及提名奖获得者时强调，精神的力量是无穷的，道德的力量也是无穷的。要深入开展学习宣传道德模范活动，弘扬真善美，传播正能量，激励人民群众崇德向善、见贤思齐，鼓励全社会积善成德、明德惟馨，为实现中华民族伟大复兴的中国梦凝聚起强大的精神力量和有力的道德支撑。道德具有多方面的功能和效力。道德反映社会关系特别是反映社会经济关系的功效与能力，是道德的(　　)。

A. 规范功能　B. 激励功能　C. 调节功能　D. 认识功能

23. 在正确善恶观的指引下，规范社会成员在社会公共领域、职业领域、家庭领域的行为，并规范个人品德的养成，引导并促进人们崇德向善，这属于道德的（　　）。

A. 认识功能　　B. 规范功能　　C. 调节功能　　D. 教育功能

24. 只有反映（　　）的道德，才会对社会的发展和人的素质的提高产生积极的推动作用。

A. 统治阶级利益　　B. 先进生产力发展要求和进步阶级利益

C. 大多数人的利益　　D. 人民群众的利益

25. "公义胜私欲""夙夜在公""国而忘家，公而忘私""苟利国家生死以，岂因福祸避趋之"等体现了中华传统美德基本精神中的（　　）。

A. 重视整体利益，强调责任奉献　　B. 提倡人伦价值，重视道德义务

C. 追求精神境界，向往理想人格　　D. 推崇"仁爱"原则，注重以和为贵

26. 孔子强调"己欲立而立人，己欲达而达人"、孟子强调"亲亲而仁民，仁民而爱物"、荀子强调"仁者自爱"、墨子提出"兼相爱，交相利"等，体现了中华传统美德基本精神中的（　　）。

A. 重视整体利益，强调责任奉献　　B. 提倡人伦价值，重视道德义务

C. 追求精神境界，向往理想人格　　D. 推崇"仁爱"原则，注重以和为贵

27.《尚书·舜典》中提出"五教"，孟子提出"父子有亲、君臣有义、夫妇有别、长幼有序、朋友有信"，汉代董仲舒提出"仁、义、礼、智、信"、宋代思想家提出"忠、孝、节、义"等，体现了中华传统美德基本精神中的（　　）。

A. 重视整体利益，强调责任奉献　　B. 提倡人伦价值，重视道德义务

C. 追求精神境界，向往理想人格　　D. 推崇"仁爱"原则，注重以和为贵

28. 儒家经典《礼记·大学》中提出"修身"是齐家治国平天下的基础，孔子提倡"见贤思齐焉，见不贤而内自省"，墨家也提倡"察色修身"和"以身戴行"，这些思想体现了中华传统美德基本精神中的（　　）。

A. 重视整体利益，强调责任奉献　　B. 提倡人伦价值，重视道德义务

C. 追求精神境界，向往理想人格　　D. 强调道德修养，注重道德践履

29. "己所不欲，勿施于人""兼相爱、交相利"阐明了我国（　　）传统美德的基本精神。

A. 提倡人伦价值，重视道德义务　　B. 追求理想境界，向往理想人格

C. 强调道德修养，注重道德践履　　D. 推崇"仁爱"原则，注重以和为贵

30. "富贵不能淫，贫贱不能移，威武不能屈"体现了中华传统美德（　　）的精神。

A. 推崇"仁爱"原则，注重以和为贵　　B. 追求精神境界，向往理想人格

C. 提倡人伦价值，重视道德义务　　D. 强调道德修养，注重道德践履

31. 中华传统美德内容丰富、博大精深，在发展演化中，始终强调整体利益、国家利益和民族利益。传统道德中的义利之辨、理欲之辨，其核心和本质是（　　）。

A. 义利之辨　　B. 理欲之辨　　C. 公私之辨　　D. 生死之辨

32. 中华民族在五千多年的历史进程中不仅创造出光辉灿烂、享誉世界的中华文明，也塑造出中华民族独特的精神气质和精神品格，形成了崇尚精神的优秀传统。中国古人所说的"不义而富且贵，于我如浮云"和"一箪食，一瓢饮，在陋巷，人不堪其忧，回也不改其乐"这两句话，表现的是中华民族崇尚精神的优秀传统中的（　　）。

A. 对理想的不懈追求　　B. 对道德修养和道德教化的重视

C. 对物质生活与精神生活相互关系的独到理解　　D. 对理想人格的推崇

33. 中华传统美德内涵丰富、博大精深，是中华传统文化中不可分割的组成部分，是人类文明发展的精神财富，是我国社会主义道德建设的源头活水。中国传统道德的根本要求是（　）。

A. “己所不欲，勿施于人”　　B. “不学礼，无以立”

C. “养心莫善于诚”　　D. “公义胜私欲”

34. 传统道德中的义利之辨、理欲之辨、公私之辨，其核心和本质是公私之辨。“公义胜私欲”是中国传统道德的根本要求。两千多年前的《诗经》已经提出“夙夜在公”的道德要求。以下与“夙夜在公”反映的重视整体利益，强调责任奉献的道德传统不一致的是（　　）。

A. “己所不欲，勿施于人”　　B. “以公天私，民其允怀”

C. “国而忘家，公而忘私”　　D. “义以为上”“先义后利”“见利思义”

35. 中国传统美德一直尊重人的尊严和价值，崇尚“仁爱”原则，主张“仁者爱人”，强调要“推己及人”，以下与“推己及人”“仁者爱人”含义不一致的是（　　）。

A. “己欲立而立人，己欲达而达人”　　B. “吾日三省吾身”

C. “亲亲而仁民，仁民而爱物”　　D. “兼相爱，交相利”

36. 在对待我国传统道德问题上，正确的态度是（　　）。

A. 道德建设的最终目标是要形成以中国传统文化为主体的道德体系

B. 中国传统道德从整体上在今天已经失去了价值和意义

C. 必须从整体上对中国传统道德予以否定

D. 要从文化自觉和文化自信出发，加强对中华传统美德的挖掘和阐发

37. 中国革命道德萌芽于（　　），经过长期发展逐渐形成并不断发扬光大。

A. 土地革命战争前后　　B. 五四运动前后

C. 中国共产党成立以后　　D. 抗日战争后

38. 中国革命道德具有丰富而独特的内涵。既包括革命道德的原则、要求、态度、修养、风尚等方面，也包括革命理想、革命精神等方面。（　　）是革命道德的灵魂。

A. 坚持社会主义、共产主义理想和信念的不屈不挠的精神

B. 全心全意为人民服务

C. 始终把革命利益放在首位

D. 树立社会新风和修身自律、保持节操

39. （　　）作为贯穿中国革命道德始终的一根红线，是中国共产党在中国革命实践中的一个伟大创造，对中国的革命、建设、改革事业，产生了极其重大的推动作用。

A. 坚持社会主义、共产主义理想和信念的不屈不挠的精神

B. 全心全意为人民服务

C. 始终把革命利益放在首位

D. 三大纪律八项注意

40. （　　）是指中国共产党人、人民军队、一切先进分子和人民群众在中国革命、建设、改革中所形成的优秀道德。

A. 中华传统美德　　B. 社会主义道德　　C. 中国革命道德　　D. 共产主义道德

41. 被毛泽东同志评价为“是为人民利益而死，他的死是比泰山还要重”的英模是（　　）。

A. 雷锋　　B. 草原英雄小姐妹　　C. 王进喜　　D. 张思德

42. 加强社会主义道德建设，应以(　　)为道德原则。

A. 集体主义　　B. 社会主义　　C. 普世价值观　　D. 核心价值观

43.【2012 年考研真题】社会主义道德的核心是(　　)。

A. 爱国主义　　B. 集体主义　　C. 为人民服务　　D. 社会主义荣辱观

44. 道德的核心决定并体现着社会道德建设的根本性质和发展方向，道德的原则体现着社会主义道德的根本要求。下列关于我国社会主义道德建设的核心和原则的说法中，正确的是(　　)。

A. 以公平正义为核心，以团结互助为原则

B. 以诚实守信为核心，以知荣明耻为原则

C. 以为人民服务为核心，以集体主义为原则

D. 以爱国主义为核心，以改革创新为原则

45. 关于集体主义，下列说法正确的是(　　)。

A. 集体主义重视和保障个人利益

B. 集体主义强调国家利益、社会整体利益与个人利益同等重要

C. 集体主义强调国家利益、社会整体利益和个人利益的辩证统一

D. 集体主义就是团体主义或本位主义

46. 集体主义道德要求是有层次的，其中对公民最基本的道德要求是(　　)。

A. 无私奉献、一心为公

B. 先公后私、先人后己

C. 助人为乐、文明礼貌、爱岗敬业、奉献社会

D. 顾全大局、遵纪守法、热爱祖国、诚实劳动

47. 具有较高社会主义道德觉悟的人应达到的道德要求是(　　)。

A. 无私奉献、一心为公　　B. 先公后私、先人后己

C. 公私兼顾、遵纪守法　　D. 热爱祖国、顾全大局

48. 根据我国现阶段经济社会生活和人们思想道德实际，可将社会主义集体主义分为三个层次的道德要求，其中(　　)是集体主义的最高层次，是共产党员、先进分子应努力达到的道德目标。

A. 无私奉献、一心为公　　B. 先公后私、先人后己

C. 公私兼顾、遵纪守法　　D. 热爱祖国、顾全大局

49. 记者在采访 2015 年诺贝尔生理学或医学奖得主的中国女药学家屠呦呦时问她：“你在小鼠和猴子身上测试了青蒿素，证明它是有效的之后，你自己也服了药。你害怕吗?”屠呦呦答：“我们担心药物是否安全。我和两位同事服了药，表明药不会死人。我认为这是我作为药物化学家的责任和工作的一部分。”屠呦呦的回答展现了崇高的社会主义职业道德。社会主义职业道德的最高层次的要求是(　　)。

A. 诚实守信　　B. 办事公道　　C. 服务群众　　D. 奉献社会

50. 社会生活基本上可分为(　　)。

A. 职业生活、个人生活、公共生活　　B. 婚姻生活、公共生活、个人生活

C. 公共生活、职业生活、个人生活　　D. 婚姻家庭生活、职业生活、公共生活

51. 人们在公共的领域、公有的环境、公用的场所中，彼此开放透明且相互关联的共同活

动,称为(　　)。

A. 经济生活　　B. 私人生活　　C. 公共生活　　D. 文化生活

52. 在公共生活中,若有人在网络上发布自己的观点和言论,将会迅速传播,引发更多人的讨论。这反映了当代社会公共生活(　　)的特点。

A. 交往关系极为简单　　B. 活动内容非常封闭

C. 活动范围比较广泛　　D. 传播速度十分迅速

53. 一般而言,人们的生活可以简单地划分为私人生活与公共生活。(　　)是当代社会公共生活特征之一。

A. 活动内容的开放性　　B. 活动方式的单一性

C. 活动空间的隐秘性　　D. 活动传播的缓慢性

54. 私人生活以家庭内部活动和个人活动为主要领域,私人生活的主要特点是(　　)。

A. 直接性　　B. 隐秘性　　C. 包容性　　D. 开放性

55. 由一定规则维系的人们公共生活的一种有序化状态,指的是(　　)。

A. 公共生活　　B. 公共秩序　　C. 公共场所　　D. 公共领域

56.【2018 年考研真题】社会公德是指人们在公共生活和社会交往中应该遵守的行为准则,是维护公共利益、公共秩序、社会和谐稳定的起码道德要求。社会公德最基本的要求是(　　)。

A. 文明礼貌　　B. 助人为乐　　C. 爱护公物　　D. 遵纪守法

57. 助人为乐是社会主义人道主义的基本要求。我国自古就有"君子成人之美""为善最乐""博施济众"的优良传统,把帮助别人视为自己应做之事,看作自己的快乐。以下体现助人为乐这一社会公德内容的名言是(　　)。

A. "远亲不如近邻"　　B. "比翼鸟""连理枝"

C. "赠人玫瑰,手有余香"　　D. "相敬如宾""琴瑟和谐"

58. 我国自古就有"君子成人之美""为善最乐""博施济众"等广为流传的格言,把帮助别人视为自己应做之事,看作自己的快乐。这是社会公德中(　　)。

A. 保护环境的要求　　B. 遵纪守法的要求

C. 爱护公物的要求　　D. 助人为乐的要求

59. 马克思说"人的本质在其现实性上是一切社会关系的总和",成为一个有道德的人的最基本要求是(　　)。

A. 遵守职业道德　　B. 遵守家庭美德

C. 遵守社会公德　　D. 遵守恋爱中的道德规范

60. 在图书馆看书保持安静;乘车、登机、坐船时主动购票,自觉排队;在旅游景点不乱涂乱画;在足球场看球临走时带走随身垃圾。这是人们在生活中应当遵循的(　　)。

A. 社会公德　　B. 职业道德　　C. 环境道德　　D. 传统道德

61.【2010 年考研真题】2001 年中共中央印发的《公民道德建设实施纲要》明确提出了公民基本道德规范的主要内容。公民道德建设的重点是(　　)。

A. 爱国守法　　B. 诚实守信　　C. 勤奋自强　　D. 团结友善

62.【2013 年考研真题】全面提高公民道德素质,要坚持依法治国和以德治国相结合,加强社会公德、职业道德、家庭美德和个人品德教育,弘扬中华传统美德,弘扬时代新风。下列选项中，既是道德规范又是法律原则的是（　　）。

A. 爱岗敬业　　B. 诚实守信　　C. 助人为乐　　D. 勤俭持家

63. 从业人员在职业活动中做到公平、公正，不损公肥私，不以权谋私，不假公济私，这是职业道德中（　　）。

A. 爱岗敬业的要求　　B. 服务群众的要求

C. 办事公道的要求　　D. 奉献社会的要求

64. 从业人员对待职业服务对象的态度不能有远近亲疏之分，不管是领导还是群众、是熟人还是生人、是强者还是弱者，都应自觉遵守规章制度，一视同仁、周到服务。这是职业道德中（　　）。

A. 办事公道的要求　　B. 爱国守法的要求

C. 保护环境的要求　　D. 助人为乐的要求

65. 每个人无论从事什么工作，能力如何，都应该在本职岗位上通过不同形式为他人服务，这是职业道德中（　　）。

A. 办事公道的要求　　B. 服务群众的要求

C. 爱岗敬业的要求　　D. 奉献社会的要求

66. 从业人员在职业活动中应该树立为社会、为他人作奉献的职业精神。这是职业道德中（　　）。

A. 办事公道的要求　　B. 服务群众的要求

C. 爱岗敬业的要求　　D. 奉献社会的要求

67. 社会生活的不同领域具有不同的道德规范要求。其中，爱岗敬业、诚实守信、办事公道、服务群众、奉献社会是（　　）。

A. 人们在公共生活中应该遵守的社会公德

B. 人们在职业生活中应该遵守的职业道德

C. 人们在家庭生活中应该遵守的家庭美德

D. 人们在网络生活中应该遵守的网络道德

68. 从业人员要干一行爱一行，爱一行钻一行，精益求精，尽职尽责。这是职业道德建设中（　）。

A. 办事公道的要求　　B. 爱国守法的要求

C. 尊老爱幼的要求　　D. 爱岗敬业的要求

69. 社会主义职业道德的最高层次的要求是（　　）。

A. 爱岗敬业　　B. 诚实守信　　C. 办事公道　　D. 奉献社会

70. 2015 年 2 月 17 日，习近平总书记在春节团拜会上说："家庭是社会的基本细胞，是人生的第一所学校。不论时代发生多大变化，不论生活格局发生多大变化，我们都要重视家庭建设，注重家庭、注重家教、注重家风。"以下符合家庭美德选项的是（　　）。

A. "远亲不如近邻"　　B. "君子成人之美"　　C. "为善最乐"　　D. "博施济众"

71. 家庭美德是每个公民在家庭生活中应该遵循的行为准则，涵盖了夫妻、长幼、邻里之间的关系。以下家庭美德的基本规范中，属于我国基本国策的是（　　）。

A. 尊老爱幼　　B. 男女平等　　C. 夫妻和睦　　D. 勤俭持家

72. 小李在工作单位兢兢业业，是连续多年的劳动模范，在家里也不辞辛劳，积极操持家务，合理消费，不乱花钱。小李在家里的表现反映了家庭美德中（　　）。

A. 邻里团结的要求　　B. 尊老爱幼的要求

C. 夫妻和谐的要求　　D. 勤俭持家的要求

73. 古希腊哲学家柏拉图早就认识到："为着品德而去眷恋一个情人，总是一件很美的事。"近代法国启蒙思想家卢梭也曾强调："我们之所以爱一个人，是由于我们认为那个人具有我们所尊重的品质。"他们的意思是说，在爱情中起主导作用的应该是（　　）。

A. 个人的相貌和外表　　B. 人的纵欲目的和生理要求

C. 个人所拥有的金钱和权势　　D. 人的精神世界和道德面貌

74. 马克思指出："真正的爱情是表现在恋人对他的偶像采取含蓄、谦恭甚至羞涩的态度，而绝不是表现在随意流露热情和过早的亲昵。"他的意思是说，在恋爱过程中双方应（　　）。

A. 平等履行道德义务　　B. 把满足欲望作为爱情的目的

C. 有高尚的情趣和健康的交往方式　　D. 追求纯精神恋爱

75. 陶行知先生说："爱之酒，甜而苦。两人喝是甘露，三人喝是酸醋，随便喝，要中毒。"这体现了爱情的（　　）。

A. 生物本能性　　B. 专一排他性　　C. 平等互爱性　　D. 强烈持久性

76. 社会公德、职业道德和家庭美德建设，最终都要落实到个人品德的养成上。个人品德是（　　）。

A. 个人性格中先天固有的道德因素

B. 社会上实际存在着的道德关系、道德原则规范

C. 个人在一两次道德行为中偶尔表现出来的内心状态、心理特征

D. 个人依据一定的道德原则规范行动时表现出来的稳固的倾向和特征

77. 在社会道德建设中具有基础性作用的是（　　）。

A. 个人品德　　B. 职业道德　　C. 家庭美德　　D. 社会公德

78. "慎独"是我国传统的道德修养方法。下列叙述中体现了"慎独"要求的是（　　）。

A. 言者无罪，闻者足戒；有则改之，无则加勉

B. 不积跬步，无以至千里；不积小流，无以成江海

C. 三人行，必有我师焉；择其善者而从之，其不善者而改之

D. 舟在江海，不为莫乘而不浮；君子行义，不为莫知而止休

79. 把提高道德认知与躬行道德实践统一起来，以促进道德要求内化为个人的道德品质，外化为实际的道德行为。这种道德修养的方法叫作（　　）。

A. 慎独自律　　B. 学思并重　　C. 积善成德　　D. 知行合一

80. "吾日三省吾身，为人谋而不忠乎？与朋友交而不信乎？传不习乎？"这种完善个人道德品质的修养方法是（　　）。

A. 陶冶情操　　B. 学思明理　　C. 省察克治　　D. 慎独自律

81. 东汉时期，昌邑县令王密为感谢杨震的提挈之恩，夜里怀金十斤馈赠，被杨震拒绝。王密说："暮夜无知者。"杨震答道："天知，神知，我知，子知。何谓无知！"王密听后"愧而出"。个人加强道德修养，应借鉴历史上思想家们所提出的各种积极有效的道德修养方法，并结合当今社会发展的需要和当代人道德修养的实践经验，身体力行。这个故事告诉我们，个人加强道德

修养,要采取(　　)。

A. 学思并重的方法　　B. 省察克治的方法

C. 慎独自律的方法　　D. 积善成德的方法

82.【2012 年考研真题】道德修养是一个循序渐进的过程,古人云:"积土成山,风雨兴焉;积水成渊,蛟龙生焉;积善成德,而神明自得,圣心备焉。不积跬步,无以至千里;不积小流,无以成江海。"下列名言中与这段话在含义上近似的是(　　)。

A. 仁远乎哉? 我欲仁,斯仁至矣　　B. 勿以善小而不为,勿以恶小而为之

C. 君子求诸己,小人求诸人　　D. 有能一日用其力于仁矣乎? 我未见力不足者

83. 2018 年 9 月 28 日,习近平总书记在抚顺市考察时向雷锋墓敬献花篮并参观雷锋纪念馆。习近平总书记指出:"雷锋是时代的楷模,雷锋精神是永恒的。实现中华民族伟大复兴,需要更多时代楷模。我们既要学习雷锋的精神,也要学习雷锋的做法,把崇高理想信念和道德品质追求转化为具体行动,体现在平凡的工作生活中,作出自己应有的贡献,把雷锋精神代代传承下去。"参与志愿服务活动是向雷锋学习的内容之一。志愿服务精神的精髓是(　　)。

A. 友爱　　B. 互助　　C. 进步　　D. 奉献

84.【2010 年考研真题】爱因斯坦曾经说过:"大多数人都以为是才智成就了科学家,他们错了,是品格。"下列名言与这段话含义一致的是(　　)。

A. 道虽迩,不行不至;事虽小,不为不成　　B. 才者,德之资也;德者,才之帅也

C. 不学礼,无以立　　D. 是非之心,智也

(二)多项选择题

1. 道德是以善恶为评价方式,主要靠(　　)来发挥作用的行为规范的总和。

A. 内心信念　　B. 传统习俗　　C. 社会舆论　　D. 国家机器

2. 马克思主义认为,道德的本质是(　　)。

A. 社会利益关系的特殊调节方式　　B. 反映社会经济关系的特殊意识形态

C. 一种理想主义　　D. 一种实践精神

3. 下列选项中,对于道德的理解,正确的有(　　)。

A. 道德通过社会舆论、传统习俗和人们的内心信念来维系

B. 道德属于上层建筑的范畴,是一种特殊的社会意识形态

C. 道德是阶级社会特有的社会意识形态,在原始社会就没有道德

D. 道德是一种非制度化的、柔性的规范

4. 作为人类社会特有的一种社会现象,道德不是从来就有的,而是人类社会发展到一定阶段的必然产物。马克思主义道德观认为(　　)。

A. 劳动是道德起源的首要前提

B. 社会关系是道德赖以产生的客观条件

C. 人的自我意识是道德产生的主观条件

D. 先天存在的良心、理念或精神是道德赖以产生的重要条件

5. 道德是反映社会经济关系的特殊意识形态。道德的产生、发展和变化,归根结底根源于社会经济关系。以下选项正确的是(　　)。

A. 道德的性质和基本原则、规范反映了与之相应的社会经济关系的性质和内容

B. 道德随着社会经济关系的变化而变化

C. 在阶级社会里道德具有阶级性，不同阶级之间的道德没有共同之处

D. 道德一经产生便有相对独立性

6. 道德作为社会意识，一经产生便有相对独立性。这种相对独立性表现为（　　）。

A. 道德的历史继承性

B. 道德发挥作用的性质由道德所反映的经济基础、代表的阶级利益所决定

C. 道德是社会利益关系的特殊调节方式

D. 道德对社会发展具有能动的反作用

7. 道德是一种调整人与人、人与社会、人与自然以及人与自身之间关系的特殊的行为规范。这种行为规范与法律规范、政治规范的不同之处在于，它（　　）。

A. 用善恶标准去评价

B. 依靠社会舆论、传统习俗、内心信念来维持

C. 是一种制度化的、柔性的规范

D. 通过社会的道德风尚和个人的道德风范来调节利益关系

8. 道德的功能，一般是指道德作为社会意识的特殊形式对于社会发展所具有的功效与能力。在道德的功能系统中，最基本的功能是（　　）。

A. 认识功能　　B. 规范功能　　C. 调节功能　　D. 表达功能

9. 道德为经济基础的形成、巩固和发展服务，是一种重要的精神力量。道德的作用还表现在（　　）。

A. 对其他社会意识形态的存在有着重大的影响

B. 通过调整人们之间的关系维护社会秩序和稳定

C. 是提高人的精神境界、促进人的自我完善、推动人的全面发展的内在动力

D. 在阶级社会中，道德是调节阶级矛盾和对立阶级之间开展阶级斗争的重要工具

10. 人类道德的发展是一个曲折上升的历史过程。道德发展的规律是（　　）。

A. 道德发展的历史过程与社会生产方式的发展进程大体一致

B. 在一定时期可能有某种停滞或倒退现象

C. 道德发展的总趋势是向上的、前进的

D. 道德发展的历史过程与社会生产方式的发展进程完全同步

11. 道德的发展和进步是衡量社会文明程度的重要尺度。人类道德进步的主要表现是（　　）。

A. 道德在社会生活中所起的作用越来越重要

B. 道德调控的范围不断扩大

C. 道德调控的手段或方式不断丰富、更加科学合理

D. 道德的发展和进步成为衡量社会文明程度的重要尺度

12. 重视整体利益，强调责任奉献，是中华传统美德的重要内容。此外，中华传统美德的基本精神还有（　　）。

A. 推崇"仁爱"原则，注重以和为贵　　B. 提倡人伦价值，重视道德义务

C. 强调道德修养，注重道德践履　　D. 追求精神境界，向往理想人格

13. 以下属于中华传统美德中重视整体利益，强调责任奉献的有（　　）。

A. "苟利国家生死以，岂因祸福避趋之"　　B. "以公灭私，民其允怀"

C."公义胜私欲" D."己所不欲,勿施于人"

14. 以下属于中华传统美德中推崇"仁爱"原则,注重以和为贵的有(　　)。

A."亲亲而仁民,仁民而爱物" B."己所不欲,勿施于人"

C."忠、孝、节、义" D."亲仁善邻"

15. 以下属于中华传统美德中提倡人伦价值,重视道德义务的有(　　)。

A."以身戴行" B."仁、义、礼、智、信"

C."父义""母慈""兄友""弟恭""子孝" D."忠、孝、节、义"

16. 以下属于中华传统美德中追求精神境界,向往理想人格的有(　　)。

A."明于庶物,察于人伦" B."慎独"

C."先天下之忧而忧,后天下之乐而乐" D."富贵不能淫,贫贱不能移,威武不能屈"

17. 以下属于中华传统美德中强调道德修养,注重道德践履的有(　　)。

A."见贤思齐焉,见不贤而内自省也" B."修己""克己""慎独"

C."善养吾浩然之气" D."义然后取"

18.《中华人民共和国民法总则》第一百八十五条规定:"侵害英雄烈士等的姓名、肖像、名誉、荣誉,损害社会公共利益的,应当承担民事责任。"这一规定,有利于弘扬烈士精神,缅怀烈士功绩,发扬光大中国革命道德,培养公民的爱国主义、集体主义精神和社会主义道德风尚,培育和践行社会主义核心价值观,增强中华民族的凝聚力,激发实现中华民族伟大复兴中国梦的强大精神力量。中国革命道德的内容主要包括(　　)。

A. 为实现社会主义和共产主义理想而奋斗 B. 全心全意为人民服务

C. 始终把革命利益放在首位 D. 树立社会新风和修身自律、保持节操

19. 习近平总书记强调,我们永远不能忘记自己是从哪里走来的,永远都要从革命的历史中汲取智慧和力量,把理想信念的火种、红色传统的基因一代代传下去,让革命事业薪火相传、血脉永续。中国革命道德是一种继往开来的强大精神力量。发扬光大中国革命道德有利于(　　)。

A. 加强和巩固社会主义和共产主义的理想与信念

B. 培育和践行社会主义核心价值观

C. 引导人们树立正确的道德观

D. 培育良好的社会道德风尚

20. 道德的作用是指道德功能的发挥和实现所产生的社会影响及其实际效果,其主要表现在(　　)。

A. 道德能够影响经济基础的形成、巩固和发展

B. 道德对其他社会意识形态的存在有着重大的影响

C. 道德是决定社会生产力的发展的重要的物质力量

D. 道德通过调整人们之间的关系维护社会秩序和稳定

21. 人类道德发展总的趋势是(　　)。

A. 曲折上升的 B. 螺旋式上升的

C. 向上的、前进的 D. 波浪式前进的

22. 关于中国传统道德和中华传统美德,以下认识正确的是(　　)。

A. 中国传统道德是一个矛盾体,有鲜明的两重性

B. 中华传统美德是中国传统道德的精华部分

C. 中华传统道德是中华传统美德的一部分

D. 中国传统道德既有积极革新的一面，也有消极保守的一面

23. 以下属于中华传统美德中“重视整体利益，强调责任奉献”的有（　　）。

A.“己所不欲，勿施于人”　　B.“以公灭私，民其允怀”

C.“公义胜私欲”　　D.“苟利国家生死以，岂因祸福避趋之”

24. 近年来，优秀传统文化融入现代生活的案例不胜枚举。《我在故宫修文物》《中国诗词大会》等荧屏热播，获年轻观众点赞。近600岁的故宫，坚持让文物“活起来”的目标，近年推出众多文化创意产品，从“胶带”到“冰箱贴”，一年卖10亿，不少产品成“网红”。传统文化融入现代生活，给我们提供了很多启示。以下选项内容正确的是（　　）。

A. 中华优秀传统文化是中华民族的“根"和“魂”，是最深厚的文化软实力

B. 中华优秀传统文化是中国特色社会主义植根的沃土

C. 中华优秀传统文化是我们在世界文化激荡中站稳脚跟的根基

D. 要推动中华优秀传统文化创造性转化和创新性发展

25. 中华传统美德博大精深，用中华传统美德滋养社会主义道德建设，要结合时代要求，按照（　　），坚持古为今用、推陈出新的原则。

A. 是否有利于推动中国特色社会主义事业

B. 是否有利于增强社会主义国家的综合国力

C. 是否有利于建设社会主义道德体系

D. 是否有利于培育和践行社会主义核心价值观

26. 中国革命道德，是指（　　）在中国革命、建设、改革中所形成的优秀道德，是马克思主义与中国革命、建设、改革的伟大实践相结合的产物，是中华民族极其宝贵的道德财富。

A. 中国共产党人　　B. 人民军队　　C. 一切先进分子　　D. 人民群众

27. 中国革命道德与中华传统美德联系十分密切，它们之间的关系是（　　）。

A. 中华传统美德是中国革命道德的渊源之一

B. 中国革命道德是对中国优良道德传统的继承和发展

C. 中国革命道德是中华传统美德的一部分

D. 中国革命道德继承了中国传统道德的精华，摒弃了传统道德的糟粕

28. 下述名句反映我国“强调道德修养，注重道德践履”传统美德基本精神的是（　　）。

A.“察色修身”　　B.“善养吾浩然之气”

C.“克己”“修己”“慎独”　　D.“见贤思齐焉，见不贤而内自省”

29. 社会主义道德以为人民服务为核心，其原因在于（　　）。

A. 为人民服务体现了普世价值的要求

B. 为人民服务是社会主义经济基础和人际关系的客观要求

C. 为人民服务是社会主义市场经济健康发展的要求

D. 为人民服务是先进性要求和广泛性要求的统一

30. 社会主义道德要以集体主义为原则。集体主义强调（　　）。

A. 国家利益、社会整体利益和个人利益的辩证统一

B. 国家利益、社会整体利益高于个人利益

C. 无条件牺牲个人利益保全国家利益、社会整体利益

D. 重视和保障个人正当利益

31. 根据我国现阶段经济社会生活和人们思想道德的实际，对公民最基本的集体主义的道德要求是（　　）。

A. 无私奉献、一心为公　　B. 先公后私、先人后己

C. 顾全大局、遵纪守法　　D. 热爱祖国、诚实劳动

32. 在社会主义社会中，国家利益、社会利益体现着个人（　　）利益。

A. 长远的　　B. 短期的　　C. 根本的　　D. 外在的

33. 以下属于集体主义道德要求的是（　　）。

A. 先公后私，先人后己　　B. 热爱祖国，诚实劳动

C. 顾全大局，遵纪守法　　D. 无私奉献，一心为公

34. 集体利益和个人利益的关系是（　　）。

A. 个人利益服从集体利益　　B. 局部利益服从整体利益

C. 当前利益服从长远利益　　D. 反对小团体主义、本位主义和极端个人主义

35. 为人民服务是中国共产党人把马克思主义基本原理与中国革命、建设、改革的具体实践相结合的伟大创造，是（　　）。

A. 中国共产党践行的根本宗旨　　B. 儒家思想的继承和发扬

C. 社会主义道德观的集中体现　　D. 全体中国人民共同遵循的道德要求

36. 公共生活需要公共秩序。公共生活领域越扩大，对公共秩序的要求就越高。在当代社会，维护公共秩序的重要意义更加突出。有序的公共生活是（　　）。

A. 社会生产活动的重要基础　　B. 区分社会制度性质的首要条件

C. 提高社会成员生活质量的基本保障　　D. 社会文明的重要标志

37. 公共生活，是人们在公共空间里发生相互联系、相互影响的共同生活。与家庭生活和学校生活比较，公共生活的领域更加广阔、内容更加丰富、表现更加精彩纷呈。当代社会公共生活的特征主要体现在（　　）。

A. 活动内容的公开性　　B. 活动范围的广泛性

C. 交往对象的复杂性　　D. 活动方式的单一性

38. 私人生活往往是以家庭内部活动和个人活动为主要领域，私人生活的主要特点是（　　）。

A. 封闭性　　B. 隐秘性　　C. 内部性　　D. 间接性

39. 遵守公共秩序是我国每个公民应尽的义务，下列属于公共秩序的是（　　）。

A. 教学秩序　　B. 营业秩序　　C. 家庭秩序　　D. 工作秩序

40. 有序的公共生活是（　　）。

A. 构建和谐社会的重要条件　　B. 经济社会健康发展的必要前提

C. 提高社会成员生活质量的基本保证　　D. 国家现代化和文明程度的重要标志

41. 社会公德的主要内容是（　　）。

A. 文明礼貌　　B. 遵纪守法　　C. 爱护公物　　D. 保护环境

42. 下列（　　）行为有利于培养社会公德。

A. 参加志愿者服务　　B. 参与防艾宣传活动　　C. 孝敬父母　　D. 做义工

43. 自觉遵守社会公德的意义有(　　)。

A. 遵守社会公德是为了建立美满幸福的家庭

B. 遵守社会公德是成为一个有道德的人的最基本要求

C. 遵守社会公德是维护社会公共生活正常秩序的必要条件

D. 社会公德建设是精神文明建设的基础性工程,也是精神文明程度的“窗口”

44. 以下对社会公德理解正确的是(　　)。

A. 社会公德是指人们在社会交往和公共生活中应该遵守的行为准则

B. 遵纪守法是全体公民都必须遵循的基本行为准则

C. 社会公德是维护公共利益、公共秩序、社会和谐稳定的起码的道德要求

D. 社会公德最高层次的要求是培养良好的个人道德

45. 网络生活中的道德要求,是人们在网络生活中为了维护正常的网络公共秩序而需要共同遵守的基本道德准则,是社会公德规范在网络空间的运用和扩展。其基本要求是(　　)。

A. 正确使用网络工具　　B. 健康进行网络交往

C. 自觉避免沉迷网络　　D. 加强网络道德自律、积极引导网络舆论

46. 诚实守信在我国思想道德建设中具有特殊重要的作用,诚实和守信是统一的。诚实守信(　　)。

A. 就个人而言,是高尚的人格力量　　B. 就社会而言,是正常秩序的基本保证

C. 就国家而言,是良好的国际形象　　D. 既是职业道德规范,又是民法基本原则

47. 职业道德中的诚实守信,要求从业者在职业活动中(　　)。

A. 诚实劳动　　B. 合法经营　　C. 信守承诺　　D. 讲求信誉

48. 2018 年 5 月 2 日,习近平总书记在北京大学师生座谈会上的讲话中指出“不论学习还是工作,都要面向实际、深入实践,实践出真知;都要严谨务实,一分耕耘一分收获,苦干实干。广大青年要努力成为有理想、有学问、有才干的实干家,在新时代干出一番事业。”大学生要适应从择业到创业、从“找饭碗”到“造饭碗”的转变,也就是要(　　)。

A. 坚持“学历本位”与“能力本位”并重的观念　　B. 有积极创业的思想准备

C. 有敢干创业的勇气　　D. 努力提高自主创业的能力

49. 职业道德涵盖了从业人员与服务对象、职业与职工、职业与职业之间的关系,以下属于基本职业道德的是(　　)。

A. 办事公道　　B. 服务群众　　C. 爱岗敬业　　D. 奉献社会

50. 职业道德,是人们在一定的职业活动中所应遵循的,具有自身职业特征的道德准则和规范。从业者在下列职业活动中,体现了职业道德要求的有(　　)。

A. 诚实劳动,有一份力出一份力

B. 安心本职工作,热爱自己的工作岗位

C. 自觉遵守规章制度,平等待人,秉公办事

D. 处处为服务对象的实际需要着想,尊重他人的需要

51. 爱岗敬业是职业道德的核心和基础。从业人员的下列表现中,体现了爱岗敬业要求的有(　　)。

A. 在工作中不求有功但求无过　　B. 喜欢自己的工作,心情愉快,尽职尽责

C. 用恭敬的态度对待工作,不偷懒,不怠工　　D. 对本职工作敷衍了事,消极应付

52. 家庭是社会的基本细胞，是人生的第一所学校。不论时代发生多大变化，都要重视家庭建设，注重家庭、家教、家风。以下选项内容正确的有（ ）。

A. 家庭的前途命运同国家和民族的前途命运紧密相连

B. 家庭教育最重要的是品德教育，是如何做人的教育

C. 家庭是国家发展、民族进步、社会和谐的重要基点

D. 良好家风对家庭成员的个人修养和整个社会道德风尚的形成有重要的影响

53. 千千万万个家庭是国家发展、民族进步、社会和谐的重要基点，是人们梦想起航的地方。应该积极参与家庭文明建设，推动形成社会主义家庭文明新风尚。社会主义家庭文明新风尚的内容是（ ）。

A. 爱国爱家　　B. 相亲相爱　　C. 向上向善　　D. 共建共享

54. 恋爱中的道德规范主要有（ ）。

A. 尊重人格平等　　B. 自觉承担责任　　C. 无条件为对方付出　　D. 文明相亲相爱

55. 以下关于恋爱、婚姻、家庭表述正确的是（ ）。

A. 恋爱是建立幸福婚姻家庭的前奏　　B. 婚姻的成功体现为家庭的幸福

C. 婚姻是家庭产生的重要前提　　D. 家庭是缔结婚姻的必然结果

56. 2012 年 10 月 19 日，中央电视台《新闻联播》破天荒地用 3 分钟的时间报道了文氏四兄弟 2 个多月来在桂林满城开车寻找走失母亲的画面，新闻播出后，引发国人关注。家庭美德是每个公民在家庭生活中应该遵循的行为准则，涵盖了夫妻、长幼、邻里之间的关系。家庭美德的基本规范是（ ）。

A. 尊老爱幼　　B. 男女平等、夫妻和睦

C. 勤俭持家、邻里团结　　D. 生死相依

57. 爱情是一对男女基于一定的社会基础和共同的生活理想，在各自内心形成的相互倾慕并渴望对方成为自己终身伴侣的强烈、纯真、专一的感情。下列选项中，真正属于爱情的有（ ）。

A. 为了爱情可以抛弃年迈父母　　B. 相濡以沫，尽力做到终身对爱侣承担责任

C. 恋爱双方彼此尊重对方的情感和人格　　D. 不在乎天长地久，只在乎曾经拥有

58.【2015 年考研真题】个人品德是通过社会道德教育和个人自觉的道德修养所形成的稳定的心理状态和行为习惯。它是个体对某种道德要求认同和践履的结果，集中体现了道德认知、道德情感、道德意志和道德行为的内在统一。这表明个人品德是（ ）。

A. 个人行为的统一整体及知、情、意、行的综合体现

B. 在实践活动中表现出来的行为的稳定倾向

C. 在实践活动中锻炼而成的一种特殊品性

D. 偶然的、短暂的道德行为现象

59.【2013 年考研真题】一位社会学家发现大楼的一块玻璃坏了，起初他没太当回事，没过多久，他发现许多处窗户都破损了，经过调研后，他得出结论：一样东西如果有点破损，人们就会有意无意地加快它的破损速度，一样东西如果完好无损，或是及时维护，人们就会精心的护理。这就是著名的“破窗定律”。下列关于道德修养的名言与“破窗定律”内涵相近的是（ ）。

A. 善不可谓小而无益，不善不可谓小而无伤

B. 非知之难，行之惟难；非行之难，终之斯难

C. 小善虽无大益，而不可不为；细恶虽无近祸，而不可不去

D. 见贤思齐焉，见不贤而内自省也

60. 个人加强道德修养，应借鉴历史上思想家们所提出的各种积极有效的道德修养方法，主要有（　　）。

A. 学思并重的方法　　B. 省察克治的方法

C. 慎独自律的方法　　D. 知行合一的方法

61. 个人品德建设的目标是培养社会成员良好的个人品德。提升个人品德的意义在于（　　）。

A. 是社会和谐的重要保障

B. 是个体人格完善的重要标志

C. 是经济社会发展进程中重要的主体精神力量

D. 对道德和法律作用的发挥具有重要的推动作用

62. 良好的个人品德对自己对社会都有积极意义。个人通过道德修养可以使自己品德高尚、人格完善。现代社会进行道德修养、锤炼个人品德的途径和方法主要有（　　）。

A. 严格要求，完善道德品质　　B. 认真学习，提高道德认识

C. 自我修炼，不需与他人交往　　D. 勤于实践，加强道德行为训练

63. 任何人的个人品德都不是天生的，不是什么人的自然本性。个人道德品质的形成（　　）。

A. 依赖于个体的社会实践　　B. 需要国家强制力量的保障

C. 包含多种心理成分的相应发展　　D. 受历史和现实的社会关系的制约

64. 良好的社会风尚是人们在社会道德实践中逐渐形成起来的。投身崇德向善的道德实践，要弘扬真善美、贬斥假恶丑，做社会主义道德的示范者和引领者，促进良好社会风尚的形成。为此，要（　　）。

A. 知荣辱　　B. 讲正气　　C. 作奉献　　D. 促和谐

（三）简答题

1. 简述道德的起源。

2. 简述道德的本质。

3. 简述道德的功能与作用。

4. 简述中华传统美德的基本精神。

5. 简述中国革命道德的基本内容。

6. 简述中国革命道德的当代价值。

7. 社会主义道德为什么要以为人民服务为核心？

8. 社会主义市场经济条件下为什么要继续坚持集体主义，反对个人主义？

9. 简述社会公德的基本规范及要求。

10. 简述职业道德的基本规范及要求。

11. 大学生应树立怎样的择业观和创业观？

12. 如何认识恋爱与婚姻家庭中的道德要求？

13. 简述个人品德的基本规范及要求。

（四）论述题

1. 如何实现中华传统美德的创造性转化和创新性发展？

2. 结合“不忘本来、吸收外来、面向未来”，谈谈目前如何吸收借鉴古今中外的一切优秀道德成果？

3. 论述个人品德和公共生活、职业生活、婚姻家庭生活之间的关系。

4. 联系实际，谈谈大学生如何通过参与道德实践引领社会风尚？

（五）材料分析题

材料分析题 1

【材料 1】 党的十九大报告指出：“文化自信是一个国家、一个民族发展中更基本、更深沉、更持久的力量。必须坚持马克思主义，牢固树立共产主义远大理想和中国特色社会主义共同理想，培育和践行社会主义核心价值观，不断增强意识形态领域主导权和话语权，推动中华优秀传统文化创造性转化、创新性发展，继承革命文化，发展社会主义先进文化，不忘本来、吸收外来、面向未来，更好构筑中国精神、中国价值、中国力量，为人民提供精神指引。”

【材料 2】 “中国人民的梦想同各国人民的梦想息息相通，实现中国梦离不开和平的国际环境和稳定的国际秩序。必须统筹国内国际两个大局，始终不渝走和平发展道路、奉行互利共赢的开放战略，坚持正确义利观，树立共同、综合、合作、可持续的新安全观，谋求开放创新、包容互惠的发展前景，促进和而不同、兼收并蓄的文明交流，构筑尊崇自然、绿色发展的生态体系，始终做世界和平的建设者、全球发展的贡献者、国际秩序的维护者。”

——摘自《人民日报》（2017 年 10 月 28 日）

【材料 3】 “文明因交流而多彩，文明因互鉴而丰富。文明交流互鉴，是推动人类文明进步和世界和平发展的重要动力。推动文明交流互鉴，需要秉持正确的态度和原则。我认为，最重要的是坚持以下几点。第一，文明是多彩的，人类文明因多样才有交流互鉴的价值。阳光有七种颜色，世界也是多彩的。一个国家和民族的文明是一个国家和民族的集体记忆。人类在漫长的历史长河中，创造和发展了多姿多彩的文明。从茹毛饮血到田园农耕，从工业革命到信息社会，构成了波澜壮阔的文明图谱，书写了激荡人心的文明华章。'一花独放不是春，百花齐放春满园。'如果世界上只有一种花朵，就算这种花朵再美，那也是单调的。不论是中华文明，还是世界上存在的其他文明，都是人类文明创造的成果。""第二，文明是平等的，人类文明因平等才有交流互鉴的前提。各种人类文明在价值上是平等的，都各有千秋，也各有不足。世界上不存在十全十美的文明，也不存在一无是处的文明，文明没有高低、优劣之分。""第三，文明是包容的，人类文明因包容才有交流互鉴的动力。海纳百川，有容乃大。人类创造的各种文明都是劳动和智慧的结晶。每一种文明都是独特的。在文明问题上，生搬硬套、削足适履不仅是不可能的，而且是十分有害的。一切文明成果都值得尊重，一切文明成果都要珍惜。"

——摘自《人民日报》(2014 年 3 月 28 日)

结合材料回答问题：

1. 如何理解"文化自信是一个国家、一个民族发展中更基本、更深沉、更持久的力量"这句话的含义？

2. 为何要对中华传统美德进行创造性发展和创新性转化？

3. 结合材料，谈谈如何借鉴人类文明优秀道德成果？

材料题分析题 2【2017 年考研真题】

2015 年五一劳动节前夕，央视新闻频道播出了《大国工匠》系列节目，讲述了 8 个工匠"八双劳动的手"所缔造的"神话"。节目播出之后，很快引起社会热议，在不到十天的时间里，相关话题的微博阅读量就超过了 3560 万次。人们发现，走入镜头的工匠们，他们文化不同，年龄有别，但拥有一个共同的闪光点——立足于本职工作，敬业奉献，数十年如一日地追求着职业技能的极致化，靠着传承和钻研，凭着专注和坚守，创造了一个又一个"中国制造"的奇迹。在 2016 年"两会"上，国务院总理李克强在《政府工作报告》中提出要积极培育"工匠精神"。"工匠精神"第一次正式写入政府工作报告。

"工匠精神"是一种职业精神。工匠们对所从事的事业的爱心和忠心，令人高山仰止。中国航天科技集团一院火箭总装厂高级技师高凤林，36 年来一直从事火箭的"心脏"——发动机焊接工作，以国为重、扎根一线，是发动机焊接第一人，面对很多企业试图高薪聘请不为所动，他说："每每看到自己生产的发动机把卫星送到天空，就有一种成功后的自豪感，这种自豪感用金钱买不到。"这也代表了大国工匠们的心声。

"工匠精神"是一种工作态度。在工匠们的心目中，制作出来的产品没有最好，只有更好，高凤林在 36 年的工作中，攻克了 200 多项技术难关，经他的手焊接了 140 多发火箭的发动机。焊接的焊缝总长度达到 12 万多米，没有出现过一次质量问题。他先后获得过部院科技进步一等奖、国家科技进步二等奖、2014 年度纽伦堡国际发明展览会金奖等 30 多种奖励，而这没有一丝不苟的工作态度显然是无法做到的。

随着时代的发展，工匠的工作或许会逐渐被机器所取代，但"工匠精神"却不可能被代替。我国作为一个拥有"四大发明"的文明古国，具有历史悠久而技艺高超的手工业，薪火相传的能工巧匠们留下了数不胜数的传世佳作。我们今天弘扬"工匠精神",不仅是对传统工匠技艺的留恋,而且是对一切职业道德的呼唤。"工匠精神",不仅仅是制造业的需要,也不仅仅是企业家的需要,它代表一个时代的气质,是我们每一个人对事业的追求与人生态度。

——摘自《中国青年报》(2015 年 5 月 11 日);央视网(2016 年 4 月 22 日、10 月 9 日)

结合材料回答问题:

1."工匠精神"的实质是什么?

2. 为什么说弘扬"工匠精神"是"对一切职业的道德呼唤"?

材料分析题 3【2016 年考研真题】

【材料 1】 中华民族历来有重家风、重家教、守家规的传统,好家风的事例可谓不胜枚举。

宋代的司马光,在给儿子司马康的家训——《训俭示康》中说道:"平生衣取蔽寒,食取充腹;亦不敢服垢弊以矫俗干名,但顺吾性而已。众人皆以奢靡为荣,吾心独以俭表为美。"司马光教育儿子,要以俭素为美,不要以奢靡为荣,说的是个人志向,批评的是奢靡风气,令人信服。在他的言传身教下,家族后人也都以贤德立身。

清代的郑板桥,自幼家贫,为官以后生活条件虽然得以改善,但从未将所得俸银留作自家使用,而是分给亲友、乡邻。他在一封家信中写道:"每一念及,真含泪欲落也,汝持俸钱南归,可挨家比户,逐一散给。"他还开列了族人及亲友、同窗的具体名单,将俸银全部分完。郑板桥这种乐善好施的行为直到晚年都没有改变,在他的周围产生了广泛的影响,更得到后世的赞赏。

周恩来一向视侄辈如己出,对他们要求非常严格,并约定了十条家规,如不能丢下工作专程来京看望他,只能在出差路过时才可以来;进京来看望他一律住招待所,住宿费由他支付;一律到机关食堂排队就餐;不许动用公车;在任何场合都不能说出与自己的关系;不谋私利,不搞特殊化等。周恩来定的家规,他自己做到了,他的侄辈也做到了。

【材料 2】 家风是一个人精神成长的重要源头。有什么样的家风,往往就有什么样的做人做事的态度、为人处世的风格。从一个人的举手投足到行为处事,能折射出好家风对他的影响,会让人看到父母长辈在他成长中精心抚育的印记。可以说,好家风的传承过程,同样也是延续优良文明基因的过程。

随着社会的发展,家风也要与时俱进,将不利于文明进步不利于社会和谐的因素剔除,不断被赋予新的内容。鉴于此,国家通过倡导家风建设,培育和践行社会主义核心价值观,给社会注入暖暖的正能量。

正如习近平总书记所说:"家庭是社会的基本细胞,是人生的第一所学校,无论时代发生多大变化,无论生活格局发生多大变化,我们都要重视家庭建设,注重家庭、注重家教、注重家风"。家风这个源头清澈了,更有利于好的党风、政风、民风和社风的形成。

——摘自《光明日报》(2014 年 3 月 27 日、12 月 25 日,2015 年 2 月 18 日)

结合材料回答问题:

1. 为什么好家风的传承过程,同样也是延续优良文明基因的过程?

2. 如何通过好家风的传承弘扬社会主义核心价值观?

材料分析题 4

【材料 1】 失信案例之所以备受社会关注，就是因为其蚕食的是整个社会的“诚信红利”。编造虚假信息、精心设置骗局，电信诈骗不仅给受害人带来财产损失，也加剧了人与人之间的不信任；写明“限本人使用”的免费卡，被转借多人，吃垮的不光是火锅店，还有买卖间的信任；一年间换 11 家公司，11 次仲裁索要加班费，“职场碰瓷”危害的不光是企业，还有劳资关系……大河奔流，信任就如同河床，一旦崩塌，正常的社会协作和社会公正都会因此失去依托。

一旦假货招摇过市，人们只能劳心费力地去学习如何识别真品；一次出尔反尔，“人格担保”黯然失色，定金、抵押不断加码。失信行为，大大降低了人们的幸福感，也大大推升了社会正常运行的成本。特别是如果“守信者吃亏、失信者得益”的现象得不到纠正，失信成本保持低位，更会出现以狡诈为美德、以虚伪为能力的“诚信滑坡”“信用破产”，给法治、道德带来整体冲击。

——摘自《人民日报》(2018 年 7 月 3 日)

【材料 2】 从 2014 年开始，“信用体系建设”已连续五年出现在《政府工作报告》中；日前，“诚信建设万里行”主题宣传活动启动，将褒扬守信、聚焦问题。诚信建设，中央有坚定决心，百姓有热切期盼。目前，全国法院累计公布失信被执行人逾 1000 万人次，约 250 万失信者已主动履行了法律义务。有人说，“信用＋”是下一个 10 年最大的商业红利。其实，信用的黏合剂也理应成为社会发展的巨大红利。褒奖每一次守信，惩戒每一次失信，效果是实实在在的，传递出的导向也至关重要：失信者的过错，不能让守信者承担。让失信者付出高价，让守信者享受红利，诚信才能成为最重要的社会资本。

——摘自《人民日报》(2018 年 7 月 3 日)

结合材料回答问题：

1. 结合材料 1，说明诚实守信的重要性。

2. 如何让信用的黏合剂成为社会发展的巨大红利？

材料分析题 5【2010 年考研真题】

交通环境是由人、车、路构成的公共生活领域之一。目前，我国机动车拥有量已经超过 1.78 亿辆，拥有驾照的公民已超过 1.3 亿人。由此带来的一系列交通安全问题，引发社会公众强烈反响。下列是有关交通问题的一些调查数据：

《人民日报》关于不文明开车行为及其原因的调查

个人反感的不文明开车行为		不文明开车的原因
斑马线不减速让行 2156 票	乱停车挡道 1687 票	司机素质普遍有待提高 2269 票
夜间会车不关远光灯 2045 票	胡乱鸣笛 1412 票	跟风，随大流 1469 票
“加塞儿”，并线不打灯 1928 票	司机出口成“脏”1076 票	行人不文明导致司机不文明 757 票
雨天不减速水溅路人 1902 票	抢黄灯 944 票	因车多路堵无法文明驾驶 464 票

某市交管局一年中查处交通违章的数据统计

全年查处交通违章总数	207 万起	比例(%)
机动车违章	112.2 万起	54.2
非机动车违章	80.5 万起	38.9
行人违章	14.3 万起	6.9

有专家指出,道路交通上普遍存在的交通不文明现象看似个人的私事,但却折射出某些公民在公共生活领域社会公德和法律意识的缺失。要构建文明出行风尚,既是道德呼唤,也是法律要求。

结合材料回答问题:

1. 为什么文明出行"既是道德呼唤,也是法律要求"?

2. 我们应如何从自身做起,构建文明的公共生活秩序?

材料分析题 6

【材料 1】 在波澜壮阔的中国人民抗日战争中,千千万万的抗战英雄抛头颅、洒热血,为战争胜利作出了重大贡献,为铸就伟大的抗战精神作出了重大贡献。伟大的抗战精神,永远是激励中国人民克服一切艰难险阻、为实现中华民族伟大复兴而奋斗的强大精神动力。

"天地英雄气,千秋尚凛然。"一个有希望的民族不能没有英雄,一个有前途的国家不能没有先锋。包括抗战英雄在内的一切民族英雄,都是中华民族的脊梁,他们的事迹和精神都是激励我们前行的强大力量。

——摘自《人民日报》(2015 年 9 月 2 日)

【材料 2】 照金北梁红军小学的同学们:

你们在信中说,村里的老人常给你们讲照金的革命历史,这片红色的土地让你们骄傲和自豪。希望你们多了解中国革命、建设、改革的历史知识,多向英雄模范人物学习,热爱党、热爱祖国、热爱人民,用实际行动把红色基因一代代传下去。希望你们怀着一颗感恩的心,珍惜时光,努力学习,将来做对国家、对人民、对社会有用的人。

——摘自《中国青年网》(2018 年 5 月 31 日)

结合材料回答问题:

1. 简述"伟大的抗战精神"的内容和作用。

2. 说明红色基因的道德内容,谈谈为什么要"把红色基因一代代传下去"?

材料分析题 7

【材料 1】 因坐过站,重庆万州一乘客与司机争执互殴,车辆坠江;同样的原因,北京一乘客抄起整箱牛奶砸向司机,造成事故;高铁和公交上公然"霸座",无理取闹;面对警察的正常执法,撒泼打滚、胡搅蛮缠……此类不文明行为的个案,引发网友留言:你的公民素质已"欠费",

文明"余额"已不足。对不文明行为的态度,体现着一个社会的道德水准。某种程度上,公众的"义愤"构成了健康社会的免疫力,形成了社会向善的道德土壤。

——摘自《人民日报》(2018 年 11 月 12 日)

【材料 2】 有人认为:只要不违反公德,在私德领域可以任性而为。事实上,人处在各种社会关系之中,与世隔绝的"世外桃源"无从寻觅。尤其身处人人都有"麦克风"、处处都是"直播间"的时代,个人学术失信,对其他人不公平;明星绯闻频出,形成负面示范……私德若是"光着脚",公德注定"无法跑"。

在私利与公益的张力面前,是否维护公德,是我们面临的第一个考验。如果挺身而出,怎样做好则是第二个考验。我们常说:见义勇为还需见义智为、见义善为。光凭一腔热忱,难免"好心办坏事";如果酿成意外,反而会挫伤向善的积极性。

免除见义勇为者的后顾之忧,需要法律为道德护航,为合理的善行兜底。一方面,对不文明行为划定红线,通过法律的力量倒逼人们敬畏规则;另一方面,法律为公德撑腰,保证行善机制不贬值褪色。让良法推动善治,发挥制度法律与公序良俗的合力,文明大厦的基座才会越筑越牢。

——摘自《人民日报》(2018 年 11 月 19 日)

结合材料回答问题:

1. 材料 1 所提到的不文明行为违背了哪些社会公德?

2. 结合"私德若是'光着脚',公德注定'无法跑'"的说法,谈谈我们应如何为社会公德保驾护航。

材料分析题 8

【材料 1】 互联网是一个社会信息大平台,亿万网民在上面获得信息、交流信息,这既会影响人们的求知途径、思维方式、价值观念,也会影响人们对国家、社会、人生的看法。从本质上说,网络交往仍然是人与人的现实交往,网络生活也是人的真实生活。网络生活中的道德要求,是人们在网络生活中为了维护正常的网络公共秩序需要共同遵守的基本道德准则,是社会公德在网络空间的运用和扩展。"网络空间天朗气清、生态良好,符合人民利益。网络空间乌烟瘴气、生态恶化,不符合人民利益。"大学生应当遵守网络生活中的道德要求,成为营造清朗网络空间的正能量。

——摘自《思想道德修养与法律基础》,高等教育出版社,2018

【材料 2】 据共青团中央维护青少年权益部、中国社会科学院社会学研究所及腾讯公司联合发布的《中国青少年互联网使用及网络安全情况调研报告》称,20%的青少年"几乎总是"在看短视频,"每天看几次"的青少年接近 10%。随着科技发展,短视频风靡一时,尤其在青少年中,受众非常广泛,但背后存在的问题也比较多。去年 7 月,国家网信办会同工信部、公安部、文化和旅游部、广电总局、全国"扫黄打非"办公室五部门,开展网络短视频行业集中整治,依法处置一批违法违规网络短视频平台。问题包括,"放任传播低俗、恶搞、荒诞甚至色情、暴力等违法和不良信息,盗用篡改他人版权影视作品,炮制推荐'标题党'内容,背离社会主义核心价值观,给广大网民特别是青少年网民造成严重不良影响,违规情节严重,社会反映强烈"。

——摘自人民网(2019 年 4 月 27 日)

结合材料回答问题：

1. 为什么说“网络交往仍然是人与人的现实交往，网络生活也是人的真实生活”？

2. 作为大学生，我们应该如何维护正常的网络公共秩序？

材料分析题 9

【材料 1】 我国一线城市吸引人才的能力仍然很强，但也有越来越多高校毕业生离开一线城市、去往二线城市就业。据统计，在应届毕业生期望就业地中，二线城市占比上升，民营企业成为吸纳大学生就业主力。在越来越多年轻人眼中，一份好工作的标准不再是“钱多事少离家近”，而是实现自我价值和做自己感兴趣的事。

近年来，越来越多的高校毕业生开始选择去西部和基层就业。人力资源和社会保障部副部长邱小平日前指出，将以实施高校毕业生就业促进计划为抓手，引导毕业生到城乡基层、中西部地区、艰苦边远地区和中小企业就业；扶持高校毕业生自主创业；加强就业服务，持续开展公共就业人才服务进校园、大中城市联合招聘、集中就业指导等活动；开展困难帮扶，对离校未就业的高校毕业生实施实名制的就业服务，落实岗位信息推送、职业培训、创业扶持等措施。

——摘自《人民日报》(海外版)(2019 年 2 月 14 日)

【材料 2】 林娜，女，47 岁，是成都市武侯区人民法院民事审判第四庭庭长、审判员。从事民事审判工作 20 年来，她始终保持兢兢业业、踏实勤奋的工作作风，数十载如一日埋头苦干，为人民法院的民事审判事业奉献自己的光和热。至今，她已承办案件 4000 余件，尤其是近 10 年，年均收结案都在 300 件左右，最多时达到 500 件以上。所有案件无一超审限，无一被定性为错案。在她的带领下，该审判庭在 2015 年共收案 1761 件，结案 1324 件，结案率达 75%以上，人均结案 440 件以上。2008 年，她荣立个人三等功，2015 年荣获“成都人民满意法官”、2017 年获“成都好人”称号。

——摘自光明网(2018 年 10 月 19 日)

结合材料回答问题：

1.“在越来越多年轻人眼中，一份好工作的标准不再是‘钱多事少离家近’，而是实现自我价值和做自己感兴趣的事”。你如何看待这种观点？

2. 在林娜的身上，有哪些值得我们学习的优秀品格？

材料分析题 10

【材料 1】 社会公德、职业道德、家庭美德建设最终都要落实到个人品德的提升上，个人品德具有主体性、稳定性、实践性等突出特征，它涉及个人的道德信念、道德心理、道德行为、道德认知、道德情感、道德意志、道德修养等复杂内容。在全面建成小康社会和实现中华民族伟大复兴的新时代，个人品德建设的重心是牢固树立奋斗幸福观，坚信奋斗是幸福的源泉，幸福是奋斗的结果，一个人在其或长或短的人生经历中，只有敢于和善于应对各种挑战和风险，克服各种阻力和困难，坚持脚踏实地、勇于拼搏，才能获得最终的人生幸福。

——摘自《光明日报》(2019 年 1 月 14 日)

【材料2】 习近平强调:“道德建设,重要的是激发人们形成善良的道德意愿、道德情感,培育正确的道德判断和道德责任,提高道德实践能力尤其是自觉践行能力。”大学生锤炼高尚道德品格,就要在知情意行等方面加强道德修养,提高道德实践能力,自觉讲道德尊道德守道德,自觉明大德守公德严私德。

——摘自《思想道德修养与法律基础》,高等教育出版社,2018

结合材料回答问题:

1. 为什么说“社会公德、职业道德、家庭美德建设最终都要落实到个人品德的提升上”?

2. 联系实际,谈谈当代大学生应如何锤炼高尚的道德品格?

材料分析题11

【材料1】 2017年8月8日21时19分,九寨沟发生7.0级地震,道路塌方、山体滑坡、人员伤亡……人间天堂霎时陷入恐慌,距离震中20千米的中建三局(成都)九寨沟项目党支部书记、项目经理曹洪(男,54岁,汉族),第一时间组织项目人员自救。九寨沟生死一夜,曹洪带头5次穿越飞石区,搜寻失联同事,救出受困游客400多名。在这场突如其来的灾难中,曹洪是志愿者、是护工、是厨师,是滞留现场的人们的精神支柱。震后24小时里,在曹洪的带领下,项目人员、游客等1000余人安全撤离地震灾区、平安回家,曹洪以“一个都不会落下”的勇气,为那个冰冷恐惧的寒夜增添了一抹温暖的亮色。2018年,曹洪荣获“中国好人”称号。

——摘自光明网(2018年10月18日)

【材料2】 如今,志愿者组织遍布我国各地,据不完全统计,2017年,我国实名注册志愿者总人数已超过6700万,覆盖各类志愿者超过1.3亿人,志愿服务组织41万多个,志愿者组织在改善社会、促进社会进步、传播正能量等方面发挥了重要作用。

——摘自《光明日报》(2018年5月8日)

结合材料回答问题:

1. 谈谈志愿服务的内涵和精神。

2. 作为大学生,你如何看待志愿服务活动?

推荐阅读文献

[1]马克思.青年在选择职业时的考虑[M]//马克思,恩格斯.马克思恩格斯全集(第1卷).北京:人民出版社,1995.

[2]习近平.在纪念孔子诞辰2565周年国际学术研讨会暨国际儒学联合会第五届会员大会开幕会上的讲话[N].人民日报海外版,2014-09-24.

[3]习近平.注重家庭,注重家教,注重家风[M]//习近平谈治国理政(第2卷).北京:外文出版社,2017.

[4]习近平.为实现民族伟大复兴　推进祖国和平统一而共同奋斗[N].人民日报,2019-01-03.

[5]中共中央文献研究室.习近平关于社会主义文化建设论述摘编[M].中央文献出版社,2017.

[6]肖群忠.传统道德与中华人文精神[M].北京:人民出版社,2019.

[7]王炳林.初心——重读革命精神[M].北京:人民出版社,2019.

[8]罗国杰.社会主义道德体系研究[M].北京:中国人民大学出版社,2018.

[9]戴兆国.走向文化强国的道德基石:培育和践行社会主义新道德[M].北京:人民出版社,2018.

第六章　尊法学法守法用法

知识要点图示

- (一)社会主义法律的特征和运行
  - 1.法律及其历史发展
  - 2.我国社会主义法律的本质特征
  - 3.我国社会主义法律的运行
- (二)以宪法为核心的中国特色社会主义法律体系
  - 1.国家的根本法:宪法
    - 我国宪法的形成和发展
    - 我国宪法的地位
    - 我国宪法的基本原则
    - 我国宪法确立的制度
  - 2.我国的实体法律部门
    - 宪法相关法
    - 民法商法
    - 行政法
    - 经济法
    - 社会法
    - 刑法
  - 3.我国的程序法律部门
    - 诉讼法
    - 非诉讼程序法
- (三)建设中国特色社会主义法治体系
  - 1.建设中国特色社会主义法治体系的重大意义
  - 2.建设中国特色社会主义法治体系的主要内容
  - 3.全面依法治国的基本格局
- (四)坚持走中国特色社会主义法治道路
  - 1.坚持中国共产党的领导
  - 2.坚持人民主体地位
  - 3.坚持法律面前人人平等
  - 4.坚持依法治国和以德治国相结合
  - 5.坚持从中国实际出发

- (五)培养法律思维
  - 1.法治思维及其内涵
    - 法治思维的含义与特征
    - 法治思维的基本内容
  - 2.尊重和维护法律权威
    - 法律权威的含义
    - 尊重和维护法律权威的重要意义
    - 尊重和维护法律权威的基本要求
  - 3.怎样培养法律思维
    - 学习法律知识
    - 掌握法律方法
    - 参与法律实践
    - 养成守法习惯
    - 守住法律底线

- (六)依法行使权利与履行义务
  - 1.法律权利与法律义务
    - 法律权利的含义与特征
    - 法律义务的含义与特征
    - 法律权利与法律义务的关系
  - 2.依法行使法律权利
    - 我国宪法法律规定的基本权利
    - 行使法律权利的界限
  - 3.依法履行法律义务
    - 公民应履行的基本法律义务
    - 违反法定义务应当承担的法律责任

重要概念

(1)法律。法律是由国家制定或认可并以国家强制力保证实施的,反映由特定社会物质生活条件所决定的统治阶级意志的规范体系。

(2)法律部门。法律部门又称为部门法,是根据一定的标准和原则,按照法律规范自身的不同性质,调整社会关系的不同领域和不同方法等所划分的同类法律规范的总和。在现行法律规范中,由于调整的社会关系及其调整方法不同,可分为不同的法律部门,凡调整同一类社会关系的法律规范的总和,就构成一个独立的法律部门。

(3)法律体系。法律体系是指一国全部现行法律规范分类组合为不同的法律部门而形成的有机联系的统一整体。法律体系着重说明的是呈静态的法律本身的体系构成。中国特色社会主义法律体系由法律、行政法规、地方性法规三个层次,宪法及宪法相关法、民法商法、行政法、经济法、社会法、刑法、诉讼与非诉讼程序法七个法律部门组成。

(4)法治体系。法治体系是指法制运转机制和运转环节的全系统,法治体系包括立法体系、执法体系、司法体系、守法体系、法律监督体系等,由这些体系组合而成的一个呈纵向的法制运转系统。法律体系着重说明的是呈静态的法律本身的体系构成,而法治体系则既包括静态的法律规范，更着重说明的是呈动态状的法制运转机制系统。

(5)中国特色社会主义法治体系。中国特色社会主义法治体系是指在中国共产党领导下，坚持中国特色社会主义制度，贯彻中国特色社会主义法治理论，形成完备的法律规范体系、高效的法治实施体系、严密的法治监督体系、有力的法治保障体系，形成完善的党内法规体系，坚持依法治国、依法执政、依法行政共同推进，坚持法治国家、法治政府、法治社会一体建设，实现科学立法、严格执法、公正司法、全民守法，促进国家治理体系和治理能力现代化。

(6)法律制定。法律制定是指有立法权的国家机关，依照法定职权和程序、制定规范性法律文件的活动，是法律运行的起始性和关键性环节。

(7)法律执行。在广义上，法律执行是指国家机关及其公职人员，在国家和公共事务管理中依照法定职权和程序，贯彻和实施法律的活动。在狭义上，法律执行则是指国家行政机关执行法律的活动，也被称为行政执法。

(8)法律适用。法律适用是指国家司法机关及其公职人员依照法定职权和程序适用法律处理案件的专门活动。

(9)法律遵守。法律遵守是指国家机关、社会组织和公民个人依照法律规定行使权力和权利以及履行职责和义务的活动。

(10)根本法。这是针对成文法国家而言。根本法是指在一国的法律体系中具有最高法律效力和居核心地位的、规定国家根本制度和公民基本权利与义务的、制定与修改程序极为严格的宪法。

(11)普通法。普通法是根本法之外的其他法律。普通法不得和根本法相抵触。在中国，通常指次于宪法(根本法)的一般法律；或者指对全国一致适用的法律，如民法、刑法等，与特别法(即仅对特定身份的人、特定事项、特定时间或特定地区适用的法律)相对应。

(12)基本法。基本法是指在一个国家或地区拥有最高法律效力的法律。它的含义与宪法实际上相同，在港澳地区也有人称基本法为该地区的小宪法。此外，德国宪法的正规称呼就是“基本法”。

(13)国体。国体即国家性质，是国家的阶级本质，是指社会各阶级在国家生活中的地位和作用。人民民主专政是我国的国体。

(14)政体。政体即政权组织形式，是指掌握国家权力的阶级实现国家权力的政权体制，是形成和表现国家意志的方式，或者说是表现国家权力的政治体制。人民代表大会制度是我国的政权组织形式。

(15)根本政治制度。根本政治制度是指我国的人民代表大会制度，我国政治制度的特定用语。它不仅包括我国人民代表大会的性质、地位和职权的有关制度，而且包括人民代表大会与行政机关、司法机关之间关系的一系列基本制度。

(16)基本政治制度。基本政治制度一般是中国基本政治制度的特定用语，包括中国共产党领导的多党合作和政治协商制度、民族区域自治制度以及基层群众自治制度。

(17)基本经济制度。基本经济制度是指一国通过宪法和法律调整以生产资料所有制为核心的各种基本经济关系的规则、原则和政策的总和。

(18)实体法。实体法是指规定具体权利义务内容或者法律保护的具体情况的法律。

(19)程序法。程序法是规定以保证权利和职权得以实现或行使，义务和责任得以履行的有关程序为主要内容的法律。

(20)诉讼法律制度。诉讼法律制度是规范国家司法活动解决社会纠纷的法律规范。

(21)非诉讼程序法律制度。非诉讼程序法律制度是规范仲裁机构或者人民调解组织解决社会纠纷的法律规范。

(22)法治。法治指根据法律治理国家。与人治相对。人治强调个人权力在法律之上，而法治理念正好与其相反。法治包含两个部分，即形式意义的法治和实质意义的法治，是两者的统一体。形式意义的法治，强调“以法治国”“依法办事”的治国方式、制度及其运行机制。实质意义的法治，强调“法律至上”“法律主治”“制约权力”“保障权利”的价值、原则和精神。

(23)法治思维。法治思维是指以法治价值和法治精神为导向，运用法律原则、法律规则、法律方法思考和处理问题的思维模式。

(24)法律权威。法律权威是指法律在社会生活中的作用力、影响力和公信力，是法律应有的尊严和生命。

(25)法律权利。法律权利是指反映一定的社会物质生活条件所制约的行为自由，是法律允许权利人为满足自己的利益而采取的、由义务人所保证实现的法律手段。亦可概括为权利主体依法要求义务主体作出某种行为或者不作出某种行为的资格。

(26)法律义务。法律义务是指反映一定的社会物质生活条件所制约的社会责任，是保障法律所规定的义务人按照权利人要求从事一定行为或不行为以满足权利人利益的法律手段。亦可概括为法律规定的、以作为或者不作为的方式履行的对他人的责任。

(27)法律责任。法律责任，有广、狭两义。广义指任何组织和个人均所负有的遵守法律，自觉地维护法律的尊严的义务。狭义指违法者对违法行为所应承担的具有强制性的法律上的责任。法律责任同违法行为紧密相连，只有实施某种违法行为的人(包括法人)，才承担相应的法律责任。具体的法律责任主要包括民事责任、行政责任和刑事责任。

重难点解析

(一)法律的含义

1. 法律是由国家创制和实施的行为规范

国家创制法律规范的方式主要有两种：①国家机关在法定的职权范围内依照法律程序，制定、修改、废止规范性法律文件的活动；②国家机关赋予某些既存社会规范以法律效力，或者赋予先前的判例以法律效力的活动。法律不但由国家制定和认可，而且由国家强制力保证实施。也就是说，法律具有国家强制性，既表现为国家对合法行为的肯定和保护，也表现为国家对违法行为的否定和制裁。国家强制力并不是保证法律实施的唯一力量，法律意识、道德观念、价值观念、纪律观念等在保证法律实施中也发挥着重要作用。

2. 法律由一定的社会物质生活条件所决定

法律作为上层建筑的重要组成部分，不是凭空出现的，而是产生于特定社会物质生活条件基础之上。社会物质生活条件是指与人类生存相关的物质资料生产方式、地理环境和人口因素等。其中，物质资料的生产方式既是决定社会面貌、性质和发展的根本因素，也是决定法律本质、内容和发展方向的根本因素。物质资料的生产方式对法律产生决定性影响。在阶级社会中，有什么样的生产关系，就有什么性质和内容的法律。同时，生产力的发展水平也制约着法律的发展程度。例如，在生产力水平较低的奴隶社会，不可能有专门保护科技发明创造的知识产权法，也不可能有完备的现代企业法律制度。

3. 法律是统治阶级意志的体现

法律所体现的统治阶级意志具有整体性，不是统治阶级内部个别人的意志，也不是统治者个人意志的简单相加。统治阶级不仅迫使被统治阶级服从和遵守法律，而且要求统治阶级的成员也遵守法律。法律所体现的统治阶级意志，并不是统治阶级意志的全部，仅仅是上升为国家意志的那部分意志。除了法律，统治阶级的意志还体现在国家政策、统治阶级的道德、最高统治者的言论等形式中。

综上所述，可以将法律定义为：法律是由国家制定或认可并以国家强制力保证实施的，反映由特定社会物质生活条件所决定的统治阶级意志的规范体系。

（二）我国社会主义法律的本质特征

从本质上说，我国社会主义法律是中国特色社会主义制度的重要组成部分，是党领导人民当家作主的制度保障。

1. 我国社会主义法律体现了党的主张和人民意志的统一

我国是中国共产党领导下的社会主义国家，人民是国家的主人，制定法律的权力属于人民。党领导人民制定宪法法律，党领导人民实施宪法法律，党自身必须在宪法法律范围内活动，这就是党的领导力量的体现，也是我国社会主义法律最本质特征的具体表现。

2. 我国社会主义法律具有科学性和先进性

我国社会主义法律反映的不是少数人的特殊利益，而是全体人民的共同利益，尽管其具体内容会随着经济社会的发展而调整变化，但它与历史发展的基本方向和规律是一致的。因此，从本质上说，我国社会主义法律更能尊重和反映社会发展规律，具有科学性和先进性。

3. 我国社会主义法律是中国特色社会主义建设的重要保障

我国法律的社会作用体现了社会主义的本质要求，经济发展、政治清明、文化昌盛、社会公正、生态良好，都离不开社会主义法律的引领、规范和保障。

（三）我国宪法的地位

我国宪法是党和国家的指导思想、中心工作、基本原则、重大方针、重要政策在国家法制上的最高体现。宪法至上地位主要体现在其特有的作用、效力和内容等方面。

1. 我国宪法是国家的根本法，是治国安邦的总章程，是党和人民意志的集中体现

我国现行宪法颁布以来，在坚持中国共产党领导，保障人民当家作主，促进改革开放和社会主义现代化建设，推动社会主义法治国家建设进程，维护国家统一、民族团结、社会稳定等方面发挥了有力的推动作用。

2. 我国宪法是国家各项制度和法律法规的总依据

宪法在中国特色社会主义法律体系中居于统帅地位。我国宪法具有最高的法律地位、法律权威、法律效力，具有根本性、全局性、稳定性、长期性。

3. 我国宪法规定了国家的根本制度

我国宪法确立了中国共产党的领导地位，确立了国家的国体、政体，也确立了我国的各项基本制度。宪法的生命在于实施，宪法的权威也在于实施。

(四)我国宪法的基本原则

我国宪法的基本原则是贯穿于宪法规范始终，对宪法的制定、修改、实施、遵守等环节起指导作用的基本准则。我国宪法的基本原则集中反映了规范权力运行、保障公民权利的基本精神，体现了社会主义法治的根本性质。

1. 党的领导原则

中国共产党是中国特色社会主义事业的领导核心。党的领导是人民当家作主的根本保证，是中国特色社会主义最本质的特征，是中国特色社会主义制度最大优势。宪法规定了中国共产党领导地位和执政地位。

2. 人民主权原则

(1)主权是指国家的最高权力。

(2)在我国，人民当家作主是社会主义民主政治的本质和核心。

(3)我国宪法体现了人民主权原则，强调国家的一切权力属于人民。表现在：①宪法通过确认我国人民民主专政的国体，保障了广大人民群众在国家中的主人翁地位。②通过确认以公有制为主体、多种所有制经济共同发展的基本经济制度，为人民当家作主奠定了经济基础。③通过确认人民代表大会制度的政体，为人民当家作主提供了组织保障。④通过确认广大人民依照法律规定，通过各种途径和形式，管理国家事务，管理经济和文化事业，管理社会事务的权利，把人民当家作主贯彻于国家和社会生活各个领域。

3. 尊重和保障人权原则

(1)人权是指人作为人享有和应当享有的基本权利。

(2)我国宪法规定公民享有人身权、财产权、社会保障权、受教育权等权利和宗教信仰、言论出版、集会结社、游行示威等自由。由于国家机关和国家工作人员侵犯公民权利而受到损失的人，有依照法律规定取得赔偿的权利。

4. 社会主义法治原则

(1)我国宪法明确规定实行依法治国，建设社会主义法治国家。

(2)社会主义法治原则要求坚持宪法法律至上、法律面前人人平等，推进国家各项工作法治化，维护社会公平正义，维护社会主义法制的统一、尊严、权威。任何组织和个人都要在宪法和法律范围内活动，一切违法行为都应受到法律的追究。

5. 民主集中制原则

民主集中制是集中全党全国人民集体智慧，实现科学决策、民主决策的基本原则和主要途径。宪法规定我国的国家机构实行民主集中制原则。

(五)我国的国体和根本政治制度

1. 国体

人民民主专政是我国的国体。我国宪法规定:“中华人民共和国是工人阶级领导的、以工农联盟为基础的人民民主专政的社会主义国家。”

2. 根本政治制度

人民代表大会制度是中国社会主义民主政治最鲜明的特点,是人民当家作主的重要途径和最高实现形式,是社会主义政治文明的重要制度载体,是我国的根本政治制度。人民代表大会制度是我国的政权组织形式。政权组织形式,又称政体,是指掌握国家权力的阶级实现国家权力的政权体制,是形成和表现国家意志的方式,或者说是表现国家权力的政治体制。

人民代表大会制度的优越性:①能够有效保证人民享有更加广泛、更加充实的权利和自由,保证人民广泛参加国家治理和社会治理。②能够有效调节国家政治关系,发展充满活力的政党关系、民族关系、宗教关系、阶层关系、海内外同胞关系,增强民族凝聚力,形成安定团结的政治局面。③能够集中力量办大事,有效促进社会生产力解放和发展,促进现代化建设各项事业,促进人民生活质量和水平不断提高。④能够有效维护国家独立自主,有力维护国家主权、安全、发展利益,维护中国人民和中华民族的福祉。

(六)建设中国特色社会主义法治体系的主要内容

建设中国特色社会主义法治体系,就是在中国共产党领导下,坚持中国特色社会主义制度,贯彻中国特色社会主义法治理论,形成完备的法律规范体系、高效的法治实施体系、严密的法治监督体系、有力的法治保障体系,形成完善的党内法规体系。

1. 建立完备的法律规范体系

(1)意义。完备的法律规范体系,是中国特色社会主义法治体系的前提,是法治国家、法治政府、法治社会的制度基础。

(2)内容。完备的法律规范体系,是以宪法为核心,由部门齐全、结构严谨、内部协调、体例科学、调整有效的法律及其配套法规所构成的法律规范系统。

(3)基本要求。①坚持立法先行,发挥立法在改革开放和经济社会发展中的引领和推动作用,加快完善法律、行政法规、地方性法规体系,为全面依法治国提供基本遵循;②科学立法、民主立法、依法立法,坚持上下有序、内外协调、科学规范、运行有效的原则,立改废释并举,实现从粗放立法向精细立法转变,提高立法质量和效率;③实现立法和改革决策相衔接,做到重大改革于法有据、立法主动适应改革和经济社会发展需要。

2. 高效的法治实施体系

(1)意义。建设高效的法治实施体系,是建设中国特色社会主义法治体系的重点。

(2)含义。高效的法治实施体系,是指执法、司法、守法等各个环节有效衔接、协调高效运转、持续共同发力,实现效果最大化的法治实施系统。

(3)重点内容。①健全宪法实施制度,把树立宪法权威作为全面推进依法治国的重大事项抓紧抓好;②加快建设职能科学、权责法定、执法严明、公开公正、廉洁高效、守法诚信的法治政府,依法全面履行政府职能,完善行政组织和行政程序法律制度,健全依法决策机制,深化行政执法体制改革，坚持严格规范公正文明执法；③深化司法体制综合配套改革，规范司法行为，提高司法公信力，努力让人民群众在每一个司法案件中感受到公平正义；④着力培育公民和社会组织自觉守法的意识和责任感，充分调动全社会自觉守法的积极性主动性，营造全社会共同守法的良好氛围。

3. 严密的法治监督体系

(1)意义。严密的法治监督体系，是宪法法律有效实施的重要保障，是加强对权力运行制约和监督的迫切要求。

(2)含义。严密的法治监督体系，是指以规范和约束公权力为重点建立的有效的法治化权力监督网络。它以有权必有责、用权受监督、违法必追究，坚决纠正有法不依、执法不严、违法不究行为等为主要任务。

(3)重点内容。①健全宪法实施和监督制度，强化对行政权力的制约和监督；②加强对司法活动的监督；③发挥党内监督、人大监督、民主监督、行政监督、司法监督、审计监督、社会监督、舆论监督的合力，推进法治监督工作规范化、程序化、制度化，形成对法治运行全过程全方位的监督；④深化国家监察体制改革，依法建立党统一领导的反腐败工作机构，构建集中统一、权威高效的国家监察体系，实现对所有行使公权力的公职人员监察全覆盖。

4. 有力的法治保障体系

(1)意义。有力的法治保障体系，是全面依法治国的重要依托。

(2)含义。有力的法治保障体系，是指在法律制定、实施和监督过程中形成的结构完整、机制健全、资源充分、富有成效的保障系统，包括政治和组织保障、人才和物质条件保障、法治意识和法治精神保障等。

(3)重点内容。①切实加强和改进党对全面依法治国的领导，提高依法执政能力和水平，为全面依法治国提供有力的政治和组织保障；②加强高素质法治专门队伍和法律服务队伍建设，提高法治工作队伍和法律服务队伍思想政治素质，为全面依法治国提供坚实的人才和物质保障；③努力推动形成办事依法、遇事找法、解决问题用法、化解矛盾靠法的良好的守法社会氛围，为全面依法治国提供丰厚法治文化保障。

5. 完善的党内法规体系

(1)意义。建设完善的党内法规体系，是中国特色社会主义法治体系的本质要求和重要内容。

(2)含义。完善的党内法规体系，是指科学、程序严密、配套完备、运行有效的党内制度及其运行、保障体系。

(3)总目标。完善党内法规体系的总目标是到建党100周年时形成比较完善的党内法规制度体系、高效的党内法规制度实施体系、有力的党内法规制度建设保障体系，党依据党内法规管党治党的能力和水平显著提高。

(4)重点内容。完善党内法规体系的重点内容包括在党章之下分为党的组织法规制度、党的领导法规制度、党的自身建设法规制度、党的监督保障法规制度。

（七）全面依法治国的基本格局

“科学立法、严格执法、公正司法、全民守法”十六字方针，展现了全面依法治国的基本格局。推进全面依法治国，必须从立法、执法、司法、守法四个方面统筹推进。

（1）科学立法。要完善以宪法为核心的中国特色社会主义法律体系，加强宪法实施。

（2）严格执法。严格执法以深入推进依法行政，加快建设法治政府为目标。

（3）公正司法。要保证公正司法，提高司法公信力，努力让人民群众在每一个司法案件中都能感受到公平正义。

（4）全民守法。全民守法以增强全民法治观念，推进法治社会建设为目标。

（八）坚持走中国特色社会主义法治道路的基本要求

中国特色社会主义法治道路，明确了建设社会主义法治国家的性质和方向，是社会主义法治建设成就和经验的集中体现，是中国特色社会主义道路在法治领域的具体体现，是建设社会主义法治国家的正确道路。走中国特色社会主义法治道路，必须坚持中国共产党的领导，坚持人民主体地位，坚持法律面前人人平等，坚持依法治国和以德治国相结合，坚持从中国实际出发。

1. 坚持中国共产党的领导

坚持党的领导，必须具体体现在党领导立法、保证执法、支持司法、带头守法上。

（1）党领导立法，就是抓住提高立法质量这个关键，完善以宪法为核心的中国特色社会主义法律体系，坚持立法先行，发挥立法的引领和推动作用。

（2）党保证执法，就是深入推进依法行政，建设职能科学、权责法定、执法严明、公开公正、廉洁高效、守法诚信的法治政府。

（3）党支持司法，就是要保证公正司法，提高司法公信力。

（4）党带头守法，就是要带头弘扬社会主义法治精神，建设社会主义法治文化，形成守法光荣、违法可耻的社会氛围，使全体人民都成为社会主义法治的忠实崇尚者、自觉遵守者、坚定捍卫者。

2. 坚持人民主体地位

坚持人民主体地位，必须把人民当家作主贯彻到依法治国的全过程之中，保证人民的广泛参与。

（1）坚持人民主体地位，必须坚持法治建设为了人民、依靠人民、造福人民、保护人民，以保障人民根本权益为出发点和落脚点，保证人民依法享有广泛的权利和自由、承担应尽的义务。

（2）在立法上，要保证人民的意志和利益得到体现，也保证人民能有充分的机会表达自己的意见，使每项立法都体现人民意志，都得到人民的拥护。

（3）在法律实施上，要确保立法上体现的人民意志得到实现，要保障人民依法享有各种程序性权利，通过法律的实施切实维护自己的合法权利。

3. 坚持法律面前人人平等

（1）坚持法律面前人人平等，要求公民不分民族、种族、性别、职业、家庭出身、宗教信仰、教育程度、财产状况、居住期限等，都应当平等享受公民权利、平等履行公民义务。

(2)坚持法律面前人人平等,一方面要求违法必究,一切违反宪法法律的行为都必须予以追究。法治意味着不管什么人,不管涉及谁,只要违反法律就要依法追究责任。另一方面要求非歧视,即无差别地对待。

(3)坚持法律面前人人平等,要坚决反对特权思想和特权现象。"把权力关进制度的笼子",要求不管职务多高、资历多深、贡献多大,都要严格按法律办事,坚持法律面前人人平等、遵守法律制度没有特权、执行法律制度没有例外,让权力不再任性。

4. 坚持依法治国和以德治国相结合

(1)强化道德对法治的支撑作用。坚持依法治国和以德治国相结合,应重视发挥道德的教化作用,提高全社会文明程度,为全面依法治国创造良好人文环境。

(2)把道德要求贯彻到法治建设中。以法治承载道德理念,道德才有可靠制度支撑。法律法规要树立鲜明道德导向,弘扬美德义行,立法、执法、司法都要体现社会主义道德要求,使社会主义法治成为良法善治。

(3)运用法治手段解决道德领域突出问题。法律是底线的道德,也是道德的保障。要加强相关立法工作,依法加强对群众反映强烈的失德行为的整治。

5. 坚持从中国实际出发

(1)要突出法治道路的中国特色、实践特色、时代特色,要汲取中华传统法律文化精华,总结和运用党领导人民探索社会主义法治道路的成功经验,围绕社会主义法治建设重大理论和实践问题,推进法治理论创新,构建符合中国实际、具有中国特色、体现社会发展规律的社会主义法治理论和话语体系,为依法治国提供理论指导和学理支撑。

(2)必须学习借鉴世界上优秀的法治文明成果。必须坚持以马克思主义法学理论为指导,坚持以我为主、为我所用,合理吸收国外法治理论、法学概念、法律话语、法律方法,不能搞"全盘西化",不能搞"全面移植"。

(九)坚持党的领导、人民当家作主与依法治国的关系

坚持党的领导、人民当家作主、依法治国相统一,是我国社会主义法治建设的一条基本经验。党的领导、人民当家作主和依法治国三者是一个统一整体,不可分割,它们之间相互依存、相互作用,共同体现社会主义法治国家的中国特色、中国风格和中国气派。①离开了党的领导,人民当家作主和依法治国就没有领导核心;②离开了人民当家作主,党的领导和依法治国就失去了目标和内在依据;③离开了依法治国,党的领导和人民当家作主就不能有序进行。

1. 党的领导是人民当家作主和依法治国的根本保证

中国共产党是中国工人阶级的先锋队,同时是中国人民和中华民族的先锋队。中国共产党的性质、纲领、宗旨、指导思想,中国共产党的先进性和纯洁性,决定了坚持党的领导,是人民当家作主的根本保证,也是依法治国的根本保证。

2. 人民当家作主是党的领导和依法治国的本质要求

依法治国的根本目的是实现人民幸福,尊重和保障人权。坚持人民主体地位是依法治国的基本原则,必须把人民当家作主贯彻到依法治国的全过程之中。

3. 依法治国是党领导人民当家作主的治国方略

只有把依法治国作为基本方略,把法治作为基本方式,才能用法律凝聚人民和全社会的共

识，全面、持久地调动人民参与法治建设的积极性和创造力，及时、准确地反映各个群体和各个阶层的意愿和诉求，保证依法治国始终得到人民的拥护、支持和参与。

（十）坚持依法治国与以德治国相结合

1. 坚持依法治国与以德治国相结合的必要性

法治和德治，是治国理政不可或缺的两种方式。两者在地位、作用和实现途径上存在不同。

第一，两者的地位不同。法治是治国理政的基本方式，法治具有根本性、决定性和统一性，它强调对任何人都一律平等，任何人都必须遵守法律；德治是治国理政的重要方式，对不同人群提出有针对性的道德要求。

第二，法治和德治对社会成员都具有约束作用，但约束作用的内在要求和表现形式不同，行为人违反两种规范以后承担的后果也不相同。法治发挥作用要以国家强制力为后盾，对违反法律的行为追究法律责任。德治发挥作用主要通过人们的内心信念、传统习俗、社会舆论等进行道德教化，并对违反道德的行为进行道德谴责。

第三，法治和德治的实现方式和实施载体不同。法治主要依靠制定和实施法律规范的形式来推进和实施，德治主要依靠培育和弘扬道德等途径来推进和实施。

只有让法治和德治共同发挥作用，才能使法律与道德相辅相成，法治与德治相得益彰，做到法安天下，德润人心。忽视其中任何一个，都将难以实现国家的长治久安。

2. 推动法治和德治的相互促进的途径

（1）强化道德对法治的支撑作用。①坚持依法治国和以德治国相结合，应重视发挥道德的教化作用，提高全社会文明程度，为全面依法治国创造良好人文环境。②在道德体系中体现法治要求，发挥道德对法治的滋养作用，努力使道德体系同社会主义法律规范相衔接、相协调、相促进。③在道德教育中突出法治内涵，注重培育人们的法律信仰、法治观念、规则意识，引导人们自觉履行法定义务、社会责任、家庭责任，营造全社会都讲法治、守法治的文化环境。

（2）把道德要求贯彻到法治建设中。①以法治承载道德理念，道德才有可靠制度支撑。法律法规要树立鲜明道德导向，弘扬美德义行，立法、执法、司法都要体现社会主义道德要求，使社会主义法治成为良法善治。②要把实践中广泛认同、较为成熟、操作性强的道德要求及时上升为法律规范，引导全社会崇德向善。③要坚持严格执法，弘扬真善美，打击假恶丑。④要坚持公正司法，发挥司法断案惩恶扬善功能。

（3）运用法治手段解决道德领域突出问题。法律是底线的道德，也是道德的保障。要加强相关立法工作，依法加强对群众反映强烈的失德行为的整治。

（十一）法治思维的含义与特征

1. 法治思维的含义

法治思维是指以法治价值和法治精神为导向，运用法律原则、法律规则、法律方法思考和处理问题的思维模式。法治思维包含以下几层含义：①法治思维以法治价值和法治精神为指导，蕴含着公正、平等、民主、人权等法治理念，是一种正当性思维；②法治思维以法律原则和法律规则为依据来指导人们的社会行为，是一种规范性思维；③法治思维以法律手段与法律方法为依托分析问题、处理问题、解决纠纷，是一种可靠的逻辑思维；④法治思维是一种符合规律、尊重事实的科学思维。

2. 法治思维与人治思维的区别

(1)依据不同。①法治思维认为国家的法律是治国理政的基本依据，处理法律问题要以事实为根据、以法律为准绳；②人治思维的本质是主张人高于法或权大于法，它片面强调依赖个人的魅力、德性和才智来治国平天下。

(2)方式不同。①法治思维以一般性、普遍性的平等对待方式调节社会关系，解决矛盾纠纷，坚持法律面前人人平等原则，具有稳定性和一贯性；②人治思维漠视规则的普遍适用性，按照个人意志和感情进行治理，治人者以言代法、言出法随、朝令夕改，具有极大的任意性和非理性。

(3)价值不同。①法治思维强调集中社会大众的意志来进行决策和判断，是一种“多数人之治”的思维，避免陷入无政府主义或以民主之名搞乱社会；②人治思维是个人说了算的专断思维。

(4)标准不同。①法治思维与人治思维的分水岭不在于有没有法律或者法律的多寡与好坏，而在于最高的权威究竟是法律还是个人；②法治思维以法律为最高权威，强调“必须使民主制度化、法律化，使这种制度和法律不因领导人的改变而改变，不因领导人的看法和注意力的改变而改变”；③人治思维则奉个人的意志为最高权威，当法律的权威与个人的权威发生矛盾时，强调服从个人而非服从法律的权威。

(十二)法治思维的基本内容

1. 法治思维的内涵

法治思维的内涵丰富、外延宽广，主要表现为价值取向和规则意识两个方面：

(1)价值取向是指个人如何看待和对待法律。

(2)规则意识是指个人如何用法律看待和对待自身。

2. 法治思维的基本内容

(1)法律至上。①含义：法律至上是指在国家或社会的所有规范中，法律是地位最高、效力最广、强制力最大的规范。②要求：法律至上要求所有其他社会规范都不得超越法律规范，不得与法律规范相抵触。法律至上尤其指宪法至上，因为宪法具有最高的法律效力，是其他一切法律的依据。③具体表现：第一，法律的普遍适用性，是指法律在本国主权范围内对所有人具有普遍的约束力。所有国家机关、社会组织和公民个人都必须遵守法律，依法享有和行使法定职权与权利，承担和履行法定职责与义务。第二，法律的优先适用性，是指当同一项社会关系同时受到多种社会规范的调整而多种社会规范又相互矛盾时，要优先考虑法律规范的适用。第三，法律的不可违抗性，是指法律必须遵守，违反法律要受到惩罚。任何人不论权力大小、职位高低，只要有违法犯罪行为，就要依法追究其法律责任。

(2)权力制约。①含义：权力制约是指国家机关的权力必须受到法律的规制和约束。②原因：在我国，国家权力是人民的，即一切权力为民所有；国家权力是为人民服务的，即一切权力为民所用。因此，只有依法对权力的配置和运行进行有效制约和监督，才能防止权力私用、权力滥用和权力腐败。③要求：第一，权力由法定，即法无授权不可为，是指国家机关的职权必须来自法律明确的授予。国家机关必须严格依照法律规定的权限范围行使职权，而不得行使法律未授予的权力。第二，有权必有责，是指国家机关在获得权力的同时必须承担相应的职责和责任。第三，用权受监督，是指国家权力的运行和行使必须接受各种形式的监督，让人民监督权力，让权力在阳光下运行。第四，违法受追究，是指国家工作人员违法行使权力必须受到法律的追究和制裁。

(3)公平正义。①含义：公平正义是指社会的政治利益、经济利益和其他利益在全体社会成员之间合理、公平分配和占有。②内容：第一，权利公平。权利公平包括三重含义：一是权利主体平等，国家对每个权利主体"不偏袒""非歧视"；二是享有的权利特别是基本权利平等；三是权利保护和权利救济平等。第二，机会公平。机会公平包括国家和社会要积极为社会成员的发展创造条件，并努力创造平等的起点；社会成员的发展进步权要受到同等尊重，不断拓展社会成员的发展领域；不仅要关注当代人的平等机会，还要考虑后代人的机会平等。第三，规则公平。规则公平是指对所有人适用同一的规则和标准，不得因人而异。包括法律规则面前人人平等、法律内容面前人人平等和法律保护面前人人平等，任何人不得享有法律之外的特权，任何人也不会被法律排除在保护之外。第四，救济公平。救济公平是指为权利受到侵害或处于弱势地位的公民提供平等有效的救济。包括司法救济公平、行政救济公平和社会救济公平。

(4)权利保障。①含义：权利保障主要是指对公民权利的法律保障。②内容：第一，宪法保障。宪法保障是权利保障的前提和基础。宪法表明尊重和保障人权的鲜明态度，确立保障权利的有效机制，明确列出宪法保障的公民基本权利，能够推动整个国家和法律体系加强权利保障。第二，立法保障。立法保障是权利保障的重要条件。宪法有关基本权利的规定一般较为原则，各项具体权利的保障由立法机关通过立法作出明确规定。第三，行政保护。行政保护是权利保障的关键环节，行政机关在行使行政管理权的过程中必然要涉及处置社会成员的利益问题，很容易发生损害或侵犯公民权利的现象。行政机关是否能够有效地保护公民权利，直接反映出一个国家的权利保障状况。第四，司法保障。司法保障是公民权利保障的最后防线，既是解决个人之间权利纠纷的有效渠道，也是纠正和遏制行政机关侵犯公民权利的有力机制。

(5)正当程序。①含义：正当程序主要是指严格按照法律程序办事办案，保证处理结果的公正性、公信力和权威性。②表现：第一，合法性。即程序运行合乎法律的规定，有关机关或个人不得违反或变相违反。第二，中立性。即程序设计和运行应平等地对待双方当事人，不得偏向任何一方。第三，参与性。即案件或纠纷的利害关系人都有机会进入办案程序，充分表达自己的利益诉求和意见主张，为解决纠纷发挥作用。第四，公开性。即程序运行的过程和结果应当向当事人和社会公开，以接受各方监督，防止办案不公和暗箱操作，让正义以人们看得见的方式实现。第五，时限性。即程序的运行必须有合理的期限，符合时间成本和效率原则的要求，不得无故拖延或没有终结。

(十三)尊重和维护法律权威的基本要求

1. 信仰法律

对法律常怀敬畏之心，常思敬重之情。法律必须被信仰，否则形同虚设。法律要发生作用，全社会都要信仰法律。如果对法律不信任，那就不可能建成法治社会。

2. 遵守法律

参与社会活动，实施个人行为，都要以法律为依据，不得违反法律规范。处理问题、作出决定时，要先问问在法律上“是什么”和“为什么”，是否合法可行。

3. 服从法律

应当拥护法律的规定，接受法律的约束，履行法定的义务，服从依法进行的管理，承担相应的法律责任。对一切依据法律和事实作出的决定，真心接受与认可，自觉执行。

4. 维护法律

争当法律权威的守望者、公平正义的守护者、具有良知的护法者。对违法犯罪行为，要敢于揭露、敢于抵制，消除袖手旁观、畏缩不前的恐惧心理，抵制遇事回避、私下了之的惧法现象。

（十四）培养法治思维的途径

1. 学习法律知识

学习和掌握基本的法律知识，是培养法治思维的前提。法律知识通常包括法律、法规条文方面的知识和法律法治原理方面的知识。只有既了解法律法规在某个问题上的具体规定，又了解法律的原理、原则，才能更好地领会法律精神，养成法律思维。

2. 掌握法律方法

法律思维的过程，就是运用法律方法思考、分析和解决法律问题的过程。主要包括两个方面：①正确理解法律的方法，包括理解法律条文的含义、内容和精神等；②正确运用法律的方法。

3. 参与法律实践

法治思维是在丰富的法治实践中训练、培养和应用的思维方式。只有通过参与各种法律活动，在法律实践中运用法律知识和方法思考、分析、解决法律问题，才能养成自觉的法治思维习惯。①参与立法讨论；②依法行使监督权；③旁听司法审判；④参与模拟法庭、法律诊所、法律辩论等活动。

4. 养成守法习惯

法治思维是一种习惯性思维，与长期自觉养成的生活习惯很有关系。公民只有自觉遵守宪法和法律，坚持从我做起，从身边做起，从具体事情做起，才能养成守法的习惯和法治思维。

5. 守住法律底线

法律红线不可逾越、法律底线不可触碰。法律不能成为“橡皮泥”“稻草人”，触犯法律底线就要受到追究。坚持从我做起，从身边做起，形成底线思维，严守法律底线，带头遵守法律。

（十五）法律权利的含义与特征

法律权利是指反映一定的社会物质生活条件所制约的行为自由，是法律允许权利人为满足自己的利益而采取的、由义务人所保证实现的法律手段。亦可概括为权利主体依法要求义务主体作出某种行为或者不作出某种行为的资格。

法律权利是各种权利中十分重要的权利，具有以下四个方面的特征：一是法律权利的内容、种类和实现程度受社会物质生活条件的制约。经济社会发展了，社会财富增加了，法律规定的权利才会越来越多，权利实现的程度才会越来越高。不能脱离一个国家或地区的经济社会发展阶段和水平空谈权利及其实现。二是法律权利的内容、分配和实现方式因社会制度和国家法律的不同而存在差异。同样一种权利，在不同的社会制度下和不同的国家法律中表现形式有所不同。三是法律权利不仅由法律规定或认可，而且受法律维护或保障，具有不可侵犯性。法律权利一旦受到侵害后，权利人有权通过法律手段寻求救济，有权要求国家机关惩罚侵权人，有权要求侵权人承担法律责任。四是法律权利必须依法行使，不能不择手段地行使法律权利。国家机关行使权力不得任性，公民个人行使法律权利也不得任性。个人违反法律规定的条件或超越正当权限而行使权利的，属于滥用权利。滥用权利是一种违法行为，不仅不受法律保护，而且要承担法律责任。

（十六）法律义务的含义与特征

法律义务是指反映一定的社会物质生活条件所制约的社会责任，是保障法律所规定的义务人按照权利人要求从事一定行为或不行为以满足权利人利益的法律手段。亦可概括为法律规定的、以作为或者不作为的方式履行的对他人的责任。

法律义务具有以下四个特点：第一，法律义务是历史的。法律义务的内容和履行方式随着经济社会的发展和人权保障的进步而不断调整和变化。第二，法律义务源于现实需要。一个国家或地区的制度性质、历史传统、文化背景、宗教信仰和安全形势等因素，会对法律义务的设定发生重要影响。第三，法律义务必须依法设定。法律义务必须由具有法律职权的国家机关依照法律程序设定，其他国家机关不得对公民违法设定法律义务。第四，法律义务可能发生变化。公民和社会组织承担的法律义务，在履行的过程中可能会因法定情形变更、消灭，或产生新的法律义务。

（十七）法律权利与法律义务的关系

法律权利与法律义务的关系，就像一枚硬币的两面，密不可分，相互依存，互利共赢。没有权利，义务的设定就失去了目的和根据；没有义务，权利的实现也就成为空话。

(1)法律权利和法律义务是相互依存的关系，法律权利的实现必须以相应法律义务的履行为条件，如只有开发商履行交房义务，购房人才能行使房主的权利。同样，法律义务的设定和履行也必须以法律权利的行使为根据，法治社会中不存在没有权利根据的法律义务。

(2)法律权利与法律义务是目的与手段的关系。离开了法律权利，法律义务就失去了履行的价值和动力。同样，离开了法律义务，法律权利也形同虚设。

(3)法律权利和法律义务还具有二重性的关系，即一个行为可以同时是权利行为和义务行为。如教师为学生上课，既是行使教学权利，也是履行教学义务，同一个行为，既具有权利性质，又具有义务性质。

（十八）行使法律权利的界限

在现代法治社会，人们行使任何权利、做任何事情都不能超越法律界限。超出这个边界就可能侵犯到他人的权利或者损害到国家、社会的利益。行使权利要符合权利行使的目的、限度、方式和程序。

1. 行使法律权利要符合权利行使的目的

(1)公民在行使法律权利时，不仅要在形式上符合相关法律的规定，也要符合立法意图和精神，不得违反宪法法律确定的基本原则，保障权利行使的正当性。

(2)行使权利不得破坏公序良俗，妨碍法律的社会功能和法律价值的实现。如赋予公民言论自由权的目的在于保障思想自由，不能将该权利作为打击不同意见、钳制思想自由的手段；赋予公民宗教信仰自由的目的在于保障精神自由，不能借此宣传邪教和迷信思想。

2. 行使法律权利要符合权利行使的限度

(1)任何权利的行使都不是绝对的，都有其相应的限度，必须依照法律规定的限度来行使权利。

(2)如果因行使自己权利而损害了国家、集体或他人的利益，超出了国家法律所许可和保障的范围与界限，则不再是行使权利，而是侵权，会受到法律追究。

3. 行使法律权利要符合权利行使的方式

(1)权利行使的方式分为口头方式、书面方式和行为方式，有时口头方式和书面方式可以兼用。

(2)权利行使还可分为直接行使和间接行使，前者指权利主体直接行使权利，后者则指由其法定代理人或者委托代理人代为行使权利。

4. 行使法律权利要符合权利行使的程序

由于一个人行使权利的过程可能就是另一个人履行义务的过程，所以程序正当原则同样适用于权利行使过程。通常情况下，行使权利的程序是法律规定的。

(十九)法律责任的承担

公民未能依法履行义务，根据情节轻重，应当承担相应的法律责任。具体的法律责任主要包括民事责任、行政责任和刑事责任。

(1)民事责任。民事责任是指由于违反民事法律规定、违约或者由于民法规定所应承担的一种法律责任。①民事责任主要是财产责任，也可以是以人身、行为、人格等为责任承担内容的非财产责任；②民事责任主要是一方当事人对另一方的责任；③民事责任主要是补偿性的；④在法律允许的条件下，民事责任可由当事人协商解决。

(2)行政责任。行政责任是指因违反行政法或因行政法规定而应承担的责任。对行政违法者的制裁包括行政处罚和行政处分。①行政处罚是由国家行政机关对违反行政法律规定的行政相对人所实施的法律制裁；②行政处分是指国家行政机关对违反法律规定的行政人员所实施的法律制裁。

(3)刑事责任。刑事责任是指行为人因其犯罪行为所必须承担的由国家司法机关代表国家依法所确定的否定性法律后果。①刑事责任即行为人实施刑事法律禁止的行为所必须承担的法律后果，负刑事责任意味着应受刑罚处罚；②根据我国刑法的规定，刑事处罚包括主刑和附加刑两部分。

练习题

(一)单项选择题

1. 我国社会主义法律所体现的意志是(　　)。

A. 工人阶级的意志　　B. 农民阶级的意志

C. 共产党的意志　　D. 广大人民的意志

2. 马克思主义强调透过现象看本质。就本质而言,法所体现的是(　　)。

A. 统治阶级的意志　　B. 当权者个人的意志

C. 被统治阶级的意志　　D. 全体社会成员的意志

3. 对“法是统治阶级意志的体现”的理解,正确的是(　　)。

A. 法是最高统治者的意志　　B. 统治阶级的意志都是法律

C. 法是统治阶级意志的简单相加　　D. 法是被奉为国家意志的统治阶级意志

4. 在我国,法律一词有广义和狭义之分。广义的法律是指法律的整体,包括宪法、法律、行政法规、地方性法规、自治条例和单行条例等;狭义的法律仅指(　　)。

A. 宪法　　B. 法律　　C. 行政法规　　D. 地方性法规

5. 调整人们行为的社会规范有道德规范、宗教规范、纪律规范和法律规范等。法律规范与其他社会规范的不同之处在于(　　)。

A. 阶级意志性　　B. 国家强制性　　C. 意识形态性　　D. 物质决定性

6.【2011 年考研真题】法律的指引作用主要是通过授权性规范、禁止性规范和义务性规范三种规范形式来实现的,其中,义务性规范是告诉人们(　　)。

A. 不得或者不准做什么　　B. 可以或者有权做什么

C. 应当或者必须做什么　　D. 能够或者不能做什么

7. 有立法权的机关,依照法定职权和程序,创制、认可、修改和废止规范性法律文件的活动,称为(　　)。

A. 法律适用　　B. 法律制定　　C. 法律遵守　　D. 法律执行

8 法律运行的关键性(起始性)环节是(　　)。

A. 法律制定　　B. 法律执行　　C. 法律适用　　D. 法律遵守

9. 国家机关及其公职人员,在国家和公共事务管理中依照法定职权和程序,贯彻和实施法律的活动,称为(　　)。

A. 法律制定　　B. 法律执行　　C. 法律适用　　D. 法律遵守

10. 在下列法律运行的环节中,属于法律实施和实现的重要环节的是(　　)。

A. 法律制定　　B. 法律执行　　C. 法律适用　　D. 法律遵守

11. 在法律运行过程中,法律实施和实现的基本途径是(　　)。

A. 立法　　B. 执法　　C. 司法　　D. 守法

12. 国家司法机关及其公职人员依照法定职权和程序适用法律处理案件的专门活动,称为(　　)。

A. 法律执行　　B. 法律运行　　C. 法律遵守　　D. 法律适用

13. 下列行为中,属于“法律适用”的是(　　)。

A. 某法官在家休息时主动为邻居调解纠纷

B. 检察机关以涉嫌贪污为由批准对某犯罪嫌疑人实施逮捕

C. 税务机关以涉嫌偷税为由对某企业的纳税情况进行检查

D. 婚姻登记机关以男女双方未达到法定结婚年龄为由拒绝颁发结婚证书

14. 国家机关、社会组织和公民个人依照法律规定行使权力和权利以及履行职责和义务的活动称为(　　)。

A. 法的实施　　B. 法律执行　　C. 法律适用　　D. 法律遵守

15. 我国最高行政机关即国务院依照宪法规定的权限和法定程序制定和修改的规范性法律文件是(　　)。

A. 法律　　B. 地方性法规　　C. 行政法规　　D. 自治法规

16. 下列国家机关中，行使我国国家立法权的是(　　)。

A. 国务院及其各部委　　B. 最高人民法院

C. 全国人民代表大会及其常务委员会　　D. 最高人民检察院

17. 下列规范性文件中，国务院有权制定的是(　　)。

A. 宪法　　B. 行政法规　　C. 地方性法规　　D. 特别行政区基本法

18. 根据《中华人民共和国宪法》的规定，有权制定自治条例的自治机关是(　　)。

A. 民族自治地方人民政府　　B. 民族自治地方人民检察院

C. 民族自治地方人民法院　　D. 民族自治地方人民代表大会

19.【2016 年考研真题】我国宪法将“国家尊重和保障人权”规定为一项基本原则。法律的重要使命就是充分尊重和保障人权，人权的法律保障包括宪法保障、立法保障、行政保护和司法保障。其中，宪法保障是(　　)。

A. 人权保障的前提和基础　　B. 人权保障的重要条件

C. 人权保障的关键环节　　D. 人权保障的最后防线

20. 我国的政体是(　　)。

A. 社会主义公有制　　B. 人民民主专政制度

C. 人民代表大会制度　　D. 中国共产党领导的多党合作和政治协商制度

21. 反映一国国家性质，体现社会各阶级在国家生活中的地位和作用的是(　　)。

A. 国体　　B. 政体　　C. 政党制度　　D. 基本经济制度

22. 中国的国体是(　　)。

A. 中国共产党领导的多党合作和政治协商制度　　B. 人民民主专政

C. 人民代表大会制度　　D. 民族区域自治制度

23. 下列选项，作为我国社会主义政治文明的重要制度载体和我国的根本政治制度的是(　　)。

A. 社会主义制度　　B. 人民民主专政制度

C. 人民代表大会制度　　D. 社会主义公有制

24. 中国特色社会主义法律体系是由多个法律部门组成的有机统一整体，其中居于统帅地位的法律部门是(　　)。

A. 宪法　　B. 民法商法　　C. 刑法　　D. 行政法

25. 我国国家政权的阶级基础是(　　)。

A. 工农联盟　　B. 工人阶级

C. 农民阶级　　D. 知识分子阶层

26. 我国经济制度的基础是生产资料的(　　)。

A. 社会主义公有制　　B. 社会主义非公有制

C. 社会主义混合所有制　　D. 社会主义国家所有制

27.【2018 年考研真题】实行人民民主，保证人民当家作主，实现形式是丰富多样的。经过长期探索，我国在通过依法选举让人民的代表来参与国家生活和社会生活管理的同时，找到了一种保证人民在日常政治生活中有广泛持续深入参与权利的特有民主形式，这一特有民主形式是(　　)。

A. 协商民主　　B. 谈判民主　　C. 票决民主　　D. 竞争性民主

28.【2016 年考研真题】西藏自治区成立五十年来，通过实行民族区域自治制度，从落后走向进步，从贫穷走向富裕，从封闭走向开放，社会制度实现了历史性的跨越。今天的西藏，社会稳定、经济发展、民生改善、生态向好，各方面成绩卓著。实践证明，民族区域自治制度是适合民族地区特点、具有中国特色的一项基本政治制度。民族区域自治的核心是(　　)。

A. 凝聚力量，增进共识

B. 实现各民族平等、团结、合作和共同繁荣

C. 汉族离不开少数民族，少数民族离不开汉族

D. 保障少数民族当家作主、管理本民族本地方事务的权利

29. 民事主体从事民事活动时要兼顾各方的利益。这是我国民法基本原则中(　　)。

A. 平等原则的体现　　B. 自愿原则的体现

C. 公平原则的体现　　D. 诚实信用原则的体现

30.《中华人民共和国香港特别行政区基本法》(以下简称《基本法》)于 1990 年 4 月 4 日由第七届全国人民代表大会第三次会议通过，并自 1997 年 7 月 1 日起施行。依据我国法律部分划分标准和原则，《基本法》属于(　　)。

A. 行政法　　B. 宪法相关法　　C. 社会保障法　　D. 民法

31. 中国特色社会主义法律体系是由多个法律部门、多个层次的法律规范构成的有机统一的整体，其中作为中国特色社会主义法律体系主干的是(　　)。

A. 宪法　　B. 法律　　C. 行政法规　　D. 地方性法规

32.【2012 年考研真题】中国特色社会主义法律体系是以我国全部现行法律规范按照一定的标准和原则划分为不同的法律部门，并由这些法律部门所构成的具有内在联系的统一整体。每一法律部门均由一系列调整相同类型社会关系的众多法律、法规所构成。下列选项中属于独立法律部门的是(　　)。

A. 知识产权法　　B. 商法　　C. 公司法　　D. 民法商法

33. (　　)是调整平等主体的自然人、法人和非法人组织之间的人身关系和财产关系的法律规范的总称。

A. 民法　　B. 商法　　C. 经济法　　D. 公司法

34.《劳动法》隶属的法律部门为(　　)。

A. 民商法　　B. 社会法　　C. 行政法　　D. 经济法

35. 在下列法律部门中，规定的处罚措施最严厉的是(　　)。

A. 宪法　　B. 刑法　　C. 民商法　　D. 行政法

36. 2017 年 11 月 4 日，中华人民共和国第十二届全国人民代表大会常务委员会第三十次会议通过的《中华人民共和国刑法修正案(十)》明确规定："在公共场合，故意以焚烧、损毁、涂划、玷污、践踏等方式侮辱中华人民共和国国旗、国徽的，处三年以下有期徒刑、拘役、管治或者剥夺政治权利。"这一规定既与国歌法的规定相衔接，也与刑法关于侮辱国旗、国徽罪的规定相协调，体现了(　　)。

A. 罪刑法定原则　　B. 法律面前人人平等原则

C. 罪刑相适应原则　　D. 疑罪从无原则

37. 我国法律体系具有内在联系的法律部门组成，其中《中华人民共和国担保法》所属的法律部门是(　　)。

A. 行政法　　B. 经济法　　C. 民商法　　D. 程序法

38. 我国的法律体系由若干法律部门所组成。下列法律文件中，属于经济法法律部门的是(　　)。

A.《中华人民共和国婚姻法》　　B.《中华人民共和国公务员法》

C.《中华人民共和国反垄断法》　　D.《中华人民共和国民族区域自治法》

39. 我国全部现行法律规范依照一定的标准和原则划分为不同的法律部门。下列规范性法律文件中属于宪法相关法的是(　　)。

A.《中华人民共和国公务员法》　　B.《中华人民共和国民法通则》

C.《中华人民共和国民族区域自治法》　　D.《中华人民共和国消费者权益保护法》

40. 下列属于我国制定的社会法的是(　　)。

A. 劳动法　　B. 价格法　　C. 引渡法　　D. 公务员法

41.【2013 年考研真题】"和为贵"是中华民族的传统美德，采用调解的方法解决纠纷，有利于社会和谐。调解可以在诉讼程序外进行，也可以在诉讼程序中进行。诉讼中调解是指(　　)。

A. 人民调解　　B. 行政调解　　C. 司法调解　　D. 仲裁调解

42. 下列程序法中，体现了"民告官"的法律救济制度的是(　　)。

A. 民事诉讼　　B. 仲裁调解　　C. 行政诉讼　　D. 刑事诉讼

43. 下列属于程序法的是(　　)。

A.《中华人民共和国立法法》　　B.《中华人民共和国婚姻法》

C.《中华人民共和国仲裁法》　　D.《中华人民共和国保险法》

44. 党的十八大提出了"科学立法、严格执法、公正司法、全民守法"的十六字方针。党的十八届四中全会决定将其作为全面依法治国的基本格局，并作出了更加明确具体的部署。法治的龙头环节是(　　)。

A. 立法　　B. 司法　　C. 执法　　D. 守法

45.【2018 年考研真题】中国共产党第十八届中央委员会第四次全体会议于 2014 年 10 月 20 日至 23 日在北京举行，习近平总书记在会上作了《关于〈中共中央关于全面推进依法治国若干重大问题的决定〉的说明》，其中引用英国哲学家培根的一段话："一次不公正的审判，其恶果甚至超过十次犯罪。因为犯罪虽是无视法律——好比污染了水流，而不公正的审判则毁坏法律——好比污染了水源。"这说明公正司法的重要性。公正司法是(　　)。

A. 社会公正的唯一标准　　B. 社会公正的最终目标

C. 维护社会公平正义的最后一道防线　　D. 维护社会公平正义的决定因素

46.【2010年考研真题】我国宪法明确规定，实行依法治国建设社会主义法治国家。依法治国的根本要求是(　　)。

A. 有法可依、有法必依、执法必严、违法必究

B. 保障公民的知情权、参与权、表达权、监督权

C. 立法公开、执法公开、司法公开

D. 社会生活的法制化、规范化、民主化

47."科学立法、严格执法、公正司法、全民守法"是全面依法治国的基本格局。其中，完善以宪法为核心的中国特色社会主义法律体系，加强宪法实施属于(　　)。

A. 科学立法的目标　　B. 严格执法的目标

C. 公正司法的目标　　D. 全民守法的目标

48."科学立法、严格执法、公正司法、全民守法"是全面依法治国的基本格局。其中，深入推进依法行政，加快建设法治政府属于(　　)。

A. 科学立法的目标　　B. 严格执法的目标

C. 公正司法的目标　　D. 全民守法的目标

49."科学立法、严格执法、公正司法、全民守法"是全面依法治国的基本格局。其中，提高司法公信力，努力让人民群众在每一个司法案件中都能感受到公平正义属于(　　)。

A. 科学立法的目标　　B. 严格执法的目标

C. 公正司法的目标　　D. 全民守法的目标

50."科学立法、严格执法、公正司法、全民守法"是全面依法治国的基本格局。其中，推进法治社会建设属于(　　)。

A. 科学立法的目标　　B. 严格执法的目标

C. 公正司法的目标　　D. 全民守法的目标

51. 党的十八届四中全会提出全面依法治国必须坚持走中国特色社会主义法治道路，进一步明确了建设社会主义法治国家的性质和方向。社会主义法治最根本的保证是(　　)。

A. 坚持法律面前人人平等　　B. 坚持人民主体地位

C. 坚持中国共产党的领导　　D. 坚持依法治国和以德治国相结合

52. 党的十八届四中全会提出全面依法治国。全面依法治国的根本目的是(　　)。

A. 保证人民充分行使当家做主的权利，维护人民当家做主的地位

B. 加强党的领导　　C. 推动经济和社会发展　　D. 建设法治国家

53.(　　)是社会主义法律的基本属性，是社会主义法治的基本要求。

A. 自由　　B. 平等　　C. 公正　　D. 尊重和保障人权

54. 建设中国特色社会主义法治国家，必须一手抓法治、一手抓德治，坚持依法治国和以德治国相结合。这是(　　)。

A. 由法治和德治实施载体的一致性决定的

B. 由法治和德治实现方式的一致性决定的

C. 由社会主义法律和社会主义道德在性质、作用和目标上的一致性决定的

D. 由法律规范和道德规范约束作用的内在要求和表现形式的一致性决定的

55.法律是成文的道德,道德是内心的法律。这句话是要强调(　　)。

A.法律和道德两种规范调节的领域相同

B.法律和道德两种规范的实施载体相同

C.法律和道德两种规范的实现方式相同

D.法律和道德两种规范都有规范社会行为、维护社会秩序的作用

56.【2014年考研真题】近年来,从“彭宇案”掀起的轩然大波,到“扶老被诬伤老,好人败诉赔钱”等事件的一再发生,使历来推崇“助人为乐”的国人遭遇严重的道德考验。2013年8月1日,《深圳经济特区救助人权益保护规定》的正式实施,填补了国内公民救助行为立法的空白。为此,有媒体撰文《“好人法”释放道德正能量》,认为该规定无疑会释放出挺好人、做好人的正能量,对社会风气的净化不无益处。法律之所以能释放道德正能量,是因为(　　)。

A.法律是道德的归宿　　B.法律是道德的基础

C.法律是道德的前提　　D.法律是道德的支撑

57.2018年3月10日,习近平总书记在参加十三届全国人大一次会议重庆代表团的审议时指出:“要坚持法治、反对人治,对宪法法律始终保持敬畏之心,带头在宪法法律范围内活动,严格依照法定权限、规则、程序行使权力、履行职责,做到心中高悬法纪明镜、手中紧握法纪戒尺,知晓为官做事尺度。”法治思维与人治思维的分水岭在于(　　)。

A.有没有法律　　B.法律的多寡

C.法律的好坏　　D.最高的权威是法律还是个人

58.任何人不论权力大小、职位高低,只要有违法犯罪行为,都要依法追究和承担法律责任。这体现的是法律的(　　)。

A.普遍适用性　　B.优先适用性　　C.不可违抗性　　D.鲜明阶级性

59.所有国家机关、社会组织和公民个人都必须遵守法律,依法享有和行使法定职权与权利,承担和履行法定职责和义务,这是法律的(　　)。

A.普遍适用性　　B.优先适用性　　C.不可违抗性　　D.鲜明阶级性

60.公平正义是法治思维的基本内容之一。以下不属于公平正义内容的是(　　)。

A.机会公平　　B.结果公平　　C.权利公平　　D.规则公平

61.权利保障是法治思维的基本内容之一。权利的法律保障包括四方面的内容,其中,权利保障的前提和基础是(　　)。

A.宪法保障　　B.立法保障　　C.行政保护　　D.司法保障

62.权利保障是法治思维的基本内容之一。权利的法律保障包括四方面的内容,其中,权利保障的关键环节是(　　)。

A.宪法保障　　B.立法保障　　C.行政保护　　D.司法保障

63.权利保障是法治思维的基本内容之一。权利的法律保障包括四方面的内容,其中,权利保障的最后防线是(　　)。

A.宪法保障　　B.立法保障　　C.行政保护　　D.司法保障

64.正当程序是法治思维的基本内容之一。正当程序的正当,表现为程序的合法性、中立性、参与性、公开性、时限性等方面。程序运行合乎法律的规定,有关机关或个人不得违反或变相违反,指的是程序必须具有(　　)。

A.公开性　　B.合法性　　C.中立性　　D.参与性

65. 正当程序是法治思维的基本内容之一。正当程序的正当，表现为程序的合法性、中立性、参与性、公开性、时限性等方面。俗话说，正义不应缺席，也不应迟到，迟到的正义是有瑕疵的正义。这句话实际上说的是程序必须具有（　　）。

A. 参与性　　B. 公开性　　C. 中立性　　D. 时限性

66. 既是社会主义法治观念和法治思维的核心要求，也是建设社会主义法治国家的前提条件的是（　　）。

A. 信仰法律　　B. 遵守法律　　C. 服从法律　　D. 尊重法律权威

67. “法律既不是铭刻在大理石上，也不是铭刻在铜表上，而是铭刻在公民们的内心里。”卢梭这句话强调的是（　　）。

A. 要用实际行动保障法律实施　　B. 应当自觉维护法律的规定，接受法律的约束

C. 法律必须被信仰，否则形同虚设　　D. 对违法犯罪行为要敢于揭露、敢于反抗

68. 处理问题、作出决定时，要先问问在法律上“是什么”和“为什么”，是否合法可行。这体现了维护法律权威基本要求的（　　）。

A. 信仰法律　　B. 遵守法律　　C. 服从法律　　D. 维护法律

69. 在下列维护法律权威的基本要求中，帮扶弱者、见义勇为的行为属于（　　）。

A. 信仰法律　　B. 遵守法律　　C. 服从法律　　D. 维护法律

70. 在中国古典小说中常有“杀富济贫”“大义灭亲”“替天行道”等充满传统道义的故事，但在现代法治社会中，以上行为是不可取的。因为我们不仅要弘扬道德规范，更要遵守法律规范。这体现的法治思维是（　　）。

A. 权力制约　　B. 公平公正　　C. 人权保障　　D. 法律至上

71.【2011 年考研真题】社会主义法律在国家和社会生活中的权威和尊严是建设社会主义法治国家的重要条件。法律权威是就国家和社会管理过程中法律的地位和作用而言的，是指（　　）。

A. 法的强制性　　B. 法的不可抗性　　C. 法的合理性　　D. 法的规范性

72. 下列不属于人们应用法律知识、参与法律实践的方式和途径的是（　　）。

A. 参与立法讨论　　B. 依法行使监督权

C. 旁听司法审判　　D. 参与法庭讨论

73. 我国宪法规定了公民的基本权利和义务。下列选项中，既属于公民权利，又属于公民义务的是（　　）。

A. 劳动　　B. 政治自由　　C. 人身自由　　D. 依法纳税

74. 法律权利区别于其他权利的根本所在是（　　）。

A. 受社会物质生活条件的制约　　B. 由国家强制力保障其实现

C. 源于现实需要　　D. 随着历史发展而变化

75. 2018 年 8 月 31 日，第十三届全国人民代表大会常务委员会第五次会议通过关于修改《中华人民共和国个人所得税法》的决定，决定把每月收入额减除费用由原来的 3500 元提高到 5000 元。随着国民收入的提高，国家逐步调整个人所得税的起征标准，收入在起征点以下人群缴纳所得税的义务也随之被免除。这体现的法律义务的特点是（　　）。

A. 法律义务是历史的　　B. 法律义务源于现实需要

C. 法律义务必须依法设定　　D. 法律义务可能发生变化

76. 通讯自由隶属于我国公民的哪项基本权利和自由（　　）。

A. 政治权利　　B. 人身权利　　C. 财产权利　　D. 宗教信仰及文化权利

(二)多项选择题

1. "法律"一词有广义和狭义两种用法。就我国现行的法律而论，广义的法律包括（　　）。

A. 全国人民代表大会及其常务委员会制定的法律

B. 国务院制定的行政法规

C. 地方国家权力机关制定的地方性法规

D. 民族自治地方的人民代表大会制定的自治条例和单行条例

2. 下列关于法律的说法正确的是（　　）。

A. 法律是统治阶级意志的体现　　B. 法律是由国家创制和实施的行为规范

C. 法律由一定的社会物质生活条件决定　　D. 法律与人类社会同时产生

3. 法律的国家强制性表现为（　　）。

A. 国家对合法行为的肯定和保护

B. 国家对违法行为的否定和制裁

C. 国家是保护法律实施的唯一力量

D. 法律的每一个实施过程都要借助于国家的强制力

4. 马克思、恩格斯在《共产党宣言》中指出："你们的观念本身是资产阶级的生产关系和所有制关系的产物，正像你们的法不过是被奉为法律的你们这个阶级的意志一样，而这种意志的内容是由你们这个阶级的物质生活条件来决定的。"这句话深刻地揭示了法律的本质，即"法律是统治阶级意志的体现"。下面对这句话理解正确的有（　　）。

A. 法律是统治者个人意志的简单相加　　B. 法律体现了统治阶级的整体意志

C. 法律体现了统治阶级意志的全部　　D. 法律仅仅是上升为国家意志的那部分意志

5. 马克思主义的唯物史观告诉我们，法律作为政治上层建筑，是由当时社会的经济基础抑或是生产关系决定的。从马克思主义的科学立场出发，下列关于法律与统治阶级关系的说法正确的是（　　）。

A. 法律体现的是上升为国家意志的统治阶级意志

B. 法律保护的是统治阶级的整体利益

C. 法律是统治阶级全部意志的体现

D. 统治阶级也必须遵守法律

6. 在法律发展史上，社会主义法律是新型的法律制度，有着与以往剥削阶级类型法律制度不同的经济基础与阶级本质。我国社会主义法律（　　）。

A. 体现了党的主张和人民意志的统一　　B. 具有科学性和先进性

C. 是中国特色社会主义建设的重要保障　　D. 具有比发达国家法律体系更高的成熟性

7.【2017年考研真题】我国法律文化有悠久的历史和传承，据《说文解字》阐释，汉语中"法"的古体是"灋"，"灋，刑也，平之如水，从水；廌，所以触不直者去之，从去。"在古代，"法"主要表现为"刑"或"刑律"，"刑"既有刑戮，罚罚之意，也有规范之意；"廌"也称"獬豸"，是神话中的独角兽，它公正不阿，善断是非曲直。上述材料表明，在传统文化中人们对法律的理解和诉求是（　　）。

A. 法律具有至高无上的地位

B. 法律体现了君权神授的思想

C. 法律寄托着惩恶扬善、匡扶正义的价值追求

D. 法律富含着公正如水、正义神圣的深刻意蕴

8.【2014 年考研真题】柏拉图说："法律有一部分是为有美德的人制定的，如果他们愿意和平善良地生活，那么法律可以教会他们在与他人的交往中所要遵循的准则；法律也有一部分是为那些不接受教诲的人制定的，这些人顽固不化，没有任何办法能使他们摆脱罪恶。"这段话所凸显的法律的规范作用是（　　）。

A. 教育作用　　B. 保障作用　　C. 预测作用　　D. 强制作用

9. 下列属于法律运行环节的有（　　）。

A. 立法　　B. 守法　　C. 执法　　D. 司法

10. 法律的运行是一个从创制、实施到实现的过程。这个过程主要包括法律制定（立法）、法律执行（执法）、法律适用（司法）、法律遵守（守法）等环节。其中，把法律规范转化为法律实践，把法定的权利和义务转化为现实的权利和义务是法律运行环节中的（　　）。

A. 法律制定　　B. 法律执行　　C. 法律适用　　D. 法律遵守

11. 国家机关的立法活动必须遵守法定程序。就全国人民代表大会的立法程序而言，其环节大体包括（　　）。

A. 法律案的提出　　B. 法律案的审议　　C. 法律案的表决　　D. 法律的公布

12. 下列选项属于行政执法的是（　　）。

A. 工商部门吊销了某个体经营者的营业执照

B. 民政部门委托基层群众性自治组织代为发放救灾物资

C. 人民法院判处某国家工作人员 5 年有期徒刑和没收财产

D. 食品卫生部门授权卫生防疫站对食品卫生进行检查监督

13. 建设高效的法治实施体系，是建设中国特色社会主义法治体系的重点。高效的法治实施体系是指执法、司法、守法等各个环节有效衔接、协调高效运转、持续共同发力，实现效果最大化的法治实施系统。其中，司法发挥着影响深远、不可或缺的重要作用。下列关于司法说法正确的有（　　）。

A. 公正司法是维护社会公平正义的最后一道防线

B. 法律执行是国家行政机关执行法律的活动

C. 我国的司法机关包括人民法院和人民检察院

D. 公民在法律面前一律平等是一项司法原则

14. 我国的司法机关是指（　　）。

A. 国家检查机关　　B. 国家审判机关　　C. 海关　　D. 公安机关

15.【2018 年考研真题】"天下之事，不难于立法，而难于法之必行。"法律的生命力在于实施，法律的权威也在于实施，守法是法律实施和实现的基本途径。对守法的正确理解是（　　）。

A. 守法的主体是一切组织和个人

B. 守法是行使法定的权利，履行法定的义务

C. 守法意味着一切组织和个人严格依法办事的活动和状态

D. 守法是遵守宪法和法律

16. 守法意味着一切组织和个人严格依法办事的活动和状态。依法办事的含义是(　　)。

A. 守法只是履行义务　　B. 守法只是行使权力

C. 依法享有并行使权力　　D. 依法承担并履行义务

17. 下列选项,属于我国的国家制度的有(　　)。

A. 人民民主专政制度　　B. 人民代表大会制度

C. 民族区域自治制度　　D. 基层群众自治制度

18. 我国宪法作为国家的根本法,既具有与一般法律相同的特点,又具有与一般法律不同的特征。宪法的特征有(　　)。

A. 任何法律法规都不能与宪法相抵触

B. 宪法的制定和修改程序比普通法律更为严格

C. 宪法的修改需由 2/3 以上的全国人大代表提议

D. 宪法的内容涉及国家生活中最根本、最重要的问题

19. 2015 年 7 月 1 日,第十二届全国人大常委会第十五次会议表决通过了全国人大常委会关于实行宪法宣誓制度的决定。决定于 2016 年 1 月 1 日起施行。决定彰显宪法权威,激励和教育国家工作人员忠于宪法、遵守宪法、维护宪法、加强宪法实施。因为宪法(　　)。

A. 是国家的根本法　　B. 具有最高的法律地位、法律权威、法律效力

C. 是治国安邦的总章程　　D. 是中国特色社会主义法律体系的主干

20. 2018 年 3 月 11 日,第十三届全国人民代表大会第一次会议经投票表决,通过了《中华人民共和国宪法修正案》。着眼新时代坚持和发展中国特色社会主义的新形势新任务对宪法作出适当修改,是时代必然、实践必要、法治必需。宪法是我国的根本大法,我国宪法的基本原则包括(　　)。

A. 党的领导原则　　B. 人民主权原则

C. 尊重和保障人权原则　　D. 民主集中制原则

21. 人民代表大会制度是我国的根本政治制度,其优越性表现在(　　)。

A. 能够有效保证人民广泛参加国家治理和社会治理

B. 能够有效调节国家内部各类人群间关系,增强民族凝聚力,形成安定团结的政治局面

C. 能够集中力量办大事,有效促进社会生产力解放和发展

D. 能够有效维护国家独立自主,维护中国人民和中华民族的福祉

22. 人民代表大会制度是我国的(　　)。

A. 国家性质　　B. 根本政治制度　　C. 政体　　D. 国家结构形式

23.【2014 年考研真题】与第十一届全国人民代表大会相比,第十二届人民代表大会在代表结构与组成上,呈现“两升一降”的变化:来自一线的工人、农民代表 401 名,占代表总数的 13.42%,提高了 5.18 个百分点;专业技术人员代表 610 名,占代表总数的 20.42%,提高了 1.2 个百分点;党政领导干部代表 1042 名,占代表总数的 34.88%,降低了 6.93 个百分点。提高基层人大代表特别是一线工人、农民、知识分子代表比例,降低党政领导干部代表比例,有利于(　　)。

A. 推动人民群众最关心最直接最现实问题的解决

B. 调动基层群众参政议政的积极性和主动性

C. 保证人民群众直接参加国家管理

D. 更为充分地发挥全国人大的民意反映与监督职能

24.【2012年考研真题】基层民主是我国广大工人、农民、知识分子和各阶层人士在城乡基层政权机关、企事业单位和基层自治组织中依法直接行使民主权利。发展基层民主（　　）。

A. 有利于提高全民的民主素养，为进一步发展民主创造了条件

B. 是发展社会主义民主的基础性工程

C. 为基层群众直接参与国家事务的管理提供了更多机会

D. 为基层群众管理基层公共事务和公益事业创造了条件

25.【2009年考研真题】基层群众自治制度是我国政治制度体系中的重要组成部分，其主要内容有（　　）。

A. 农村村民委员会　B. 城市居民委员会　C. 企业职工代表大会　D. 妇女联合会

26. 宪法相关法是与宪法相配套、直接保障宪法实施和国家政权运作等方面的法律规范，其法律范围主要包括（　　）。

A. 国家机构的产生、组织、职权和基本工作原则方面的法律

B. 民族区域自治制度、特别行政区制度、基层群众自治制度方面的法律

C. 维护国家主权、领土完整、国家安全、国家标志象征方面的法律

D. 保障公民基本政治权利方面的法律

27.【2011年考研真题】刑法的基本原则是指刑法特有的在刑法的立法、解释和适用过程中所必须具有的全局性、根本性的准则，我国刑法明文规定的基本原则有（　　）。

A. 罪刑法定原则　B. 疑罪从无原则

C. 罪刑相适应原则　D. 法律面前人人平等原则

28. 下列属于我国刑法体系中的主刑的有（　　）。

A. 罚金　B. 管制　C. 拘役　D. 剥夺政治权利

29. 实体法和程序法是法律体系两部分不可或缺的内容。下列选项属于实体法的有（　　）。

A. 民事诉讼法　B. 民法　C. 刑法　D. 行政法

30. 民法是一部与每个人都息息相关的法律，它是调整平等主体的公民之间、法人之间、公民和法人之间的财产关系和人身关系的法律规范，它遵循的基本原则有（　　）。

A. 民事主体地位平等　B. 契约自由　C. 公平　D. 诚实信用

31. 2017年3月15日，第十二届全国人民代表大会第五次会议通过了《中华人民共和国民法总则》（以下简称《民法总则》）。《民法总则》于2017年10月1日起施行。《民法总则》（　　）。

A. 是民法典的开篇之作　B. 规定了公民的基本权利

C. 具有最高的法律权威　D. 在民法典中起统领性作用

32. 为保护公民的私有财产的继承权，依照《中华人民共和国宪法》制定了《中华人民共和国继承法》。以下符合《继承法》的是（　　）。

A. 法定继承人是按照继承法的规定，有资格继承遗产的人

B. 在法定继承人范围内，所有人都能同时继承遗产

C. 继承权男女平等，第一顺序：配偶、子女、父母；第二顺序：兄弟姐妹、祖父母、外祖父母

D. 有扶养能力和有扶养条件的继承人，不尽扶养义务的，分配遗产时，应当不分或者少分

33. 实体法和程序法是法律体系两部分不可或缺的内容。下列选项属于程序法的有（ ）。

A. 人民调解法　　B. 民事诉讼法

C. 刑事诉讼法　　D. 行政诉讼法

34. 实体法与程序法犹如一个硬币的两面，共同构成了法律体系的内容与形式。其中，程序法又可分为诉讼法与非诉讼程序法，下列法律当中属于非诉讼程序法的有（ ）。

A. 仲裁法　　B. 人民调解法　　C. 引渡法　　D. 行政诉讼法

35.【2016 年考研真题】我国在建设社会主义法治国家的道路上不断探索，继 2011 年宣布中国特色社会主义法律体系已经形成之后，2014 年又提出“建设中国特色社会主义法治体系”的目标。从“法律体系”到“法治体系”的变化体现在（ ）。

A. 法治体系不仅有法律规范体系，还包括法治实施体系、法治监督体系、法治保障体系和党内法规体系

B. 法治体系强调科学立法、严格执法、公正司法、全民守法

C. 法治体系既要有法律的制定，也要保证法律的落实

D. 法治体系不仅仅是静态的法律文本，而且也是动态的法的实现过程

36. 党的十八届四中全会提出和确立了建设中国特色社会主义法治体系、建设社会主义法治国家的总目标，开启了建设社会主义法治国家的新征程。建设中国特色社会主义法治体系的重要意义在于（ ）。

A. 是中国特色社会主义的本质要求

B. 是推进国家治理体系和治理能力现代化的重要举措

C. 全面依法治国的总抓手

D. 是中国特色社会主义的重要保障

37. 党的十八届四中全会提出和确立了建设中国特色社会主义法治体系、建设社会主义法治国家的总目标，开启了建设社会主义法治国家的新征程。建设中国特色社会主义法治体系的内容之一是形成完备的法律规范体系。此外，这个法治体系的内容还包括（ ）。

A. 高效的法治实施体系　　B. 严密的法治监督体系

C. 有力的法治保障体系　　D. 完善的党内法规体系

38. 全面依法治国的基本格局包括（ ）。

A. 科学立法　　B. 保证执法　　C. 公正司法　　D. 全民守法

39. 习近平总书记说过：“要懂得‘100－1＝0’的道理，一个错案的负面影响足以摧毁九十九个公正审判积累起来的良好形象。执法司法中万分之一的失误，对当事人就是百分之百的伤害。”与这句话所蕴含的思想一致的是（ ）。

A. 公正司法是维护社会公平正义的最后一道防线

B.“一次不公正的审判，其恶果甚至超过十次犯罪”

C. 公正是法治的生命线，是司法活动最高的价值追求

D. 法律的生命力在于实施，法律的权威也在于实施

40. 走中国特色社会主义法治道路，必须坚持从中国实际出发，坚持（ ）。

A. 中国共产党的领导　　B. 人民主体地位

C. 法律面前人人平等　　D. 依法治国和以德治国相结合

41. 坚持走中国特色社会主义法治道路，必须坚持党的领导。党的领导是中国特色社会主

义最本质的特征，是社会主义法治最根本的保证。坚持党的领导，具体体现在党(　　)。

A. 领导立法　　B. 保证执法

C. 公正司法　　D. 带头守法

42.【2010年考研真题】有一则寓言讲道：狐狸把鱼汤盛在平底的盘子里，请仙鹤来和它一起“平等”地喝鱼汤，结果仙鹤一点也没喝到，全被狐狸喝去了。这个寓言给人们的启示是，尽管资产阶级宣布“法律面前人人平等”，但是(　　)。

A. 法律名义上的平等掩盖着事实上的不平等

B. 这种形式上的平等即是资本主义的本质

C. 它的实质是将劳资之间经济利益的不平等合法化

D. 这种平等的权利是建立在财产不平等基础之上的权利

43. 坚持法律面前人人平等是中国特色社会主义法治道路的内容之一。坚持法律面前人人平等，对于坚持走社会主义法治道路的意义在于(　　)。

A. 有利于增强人民群众的主人翁意识和责任感

B. 有利于预防特权思想和各种潜规则的侵蚀

C. 有利于贯彻执行“以事实为依据、以法律为准绳”的司法原则

D. 有利于维护法律权威、健全社会主义法治，确保实现全面依法治国的总目标

44. 下列选项中哪些体现了“坚持法律面前人人平等”的要求(　　)。

A. 公民平等享受公民权利和履行公民义务

B. 一切违反宪法法律的行为都必须予以追究

C. 公民平等享受公民权利，不需要平等履行公民义务

D. 坚决反对特权思想和特权现象

45.《人民日报》在评论某明星偷税漏税一事时指出：“法律面前人人平等。”在我国，坚持法律面前人人平等，要求公民不分民族、种族、性别、职业、家庭出身、宗教信仰、教育程度、财产状况、居住期限等，都应当平等享受公民权利、平等履行公民义务。下列说法中正确的是(　　)。

A. 坚持法律面前人人平等，要坚决反对特权思想和特权现象

B. 平等是社会主义法治的基本要求

C. 平等是社会主义法律的基本属性

D. 平等是社会主义法治最根本的保证

46. 坚持依法治国和以德治国相结合，必须正确认识法治和德治的地位、作用和实现途径。以下内容正确的是(　　)。

A. 法治和德治对社会成员具有约束作用的内在要求和表现形式不同

B. 德治是治国理政的基本方式

C. 法治主要依靠制定和实施法律规范的形式来推进和实施

D. 德治主要依靠培育和弘扬道德等途径来推进和实施

47. 近日，沈阳基层法院宣判了三起拉拽公交司机，甚至暴力抢夺公交车方向盘案件。法院认为：三名被告在公交车行驶过程中拉拽驾车司机，导致车辆失控，司乘人员受伤，其行为均已构成以危险方法危害公共安全罪。这一结果，让密切关注公共安全的人们感到宽慰。法治和德治，是治国理政不可或缺的两种方式，忽视其中的任何一个，国家的长治久安都将难以实现。推动法治和德治的相互促进，要(　　)。

A. 强化道德对法治的支撑作用

B. 把道德要求贯彻到法治建设中

C. 运用法治手段解决道德领域的突出问题

D. 把法治和德治都作为治国理政的基本方式

48.【2018 年考研真题】我国民法通则、合同法、物权法中，都有要求民事主体在进行民事活动时应当尊重社会公德，不得损害公共利益和经济秩序的内容，已经具有“公序良俗”的含义。2017 年 10 月 1 日起施行的民法总则明确规定“民事主体从事民事活动，不得违反法律，不得违背公序良俗”，从民法基本原则的高度确立了禁止违反公序良俗的原则。这一规定体现了(　　)。

A. 依法治国和以德治国的有机统一

B. 对传统民法上的公序良俗原则的继承和发展

C. 法律为道德建设提供制度保障

D. 道德为法律提供价值基础

49. 法安天下，德润人心。习近平总书记多次以德治与法治为关键词，重申形成风清气正的政治生态。他强调，要将法治和德治并举，下大力气拔“烂树”、治“病树”、正“歪树”，治树护林。思想道德与法律相辅相成，共同服务于一定的经济基础，其中(　　)。

A. 思想道德为法律体系提供价值基础

B. 法律为社会主义道德提供制度保障

C. 既要发挥法律的教化和引领作用，也要发挥思想道德的规范和强制作用

D. 思想道德和法律在调解领域、调节方式、调节目标等方面存在很大不同

50. 法治思维是指以法治价值和法治精神为导向，运用法律原则、法律规则、法律方法思考和处理问题的思维模式。是一种融法律的价值属性和工具理性于一体的特殊的高级法律意识。法治思维含义包括(　　)。

A. 法治思维以法治价值和法治精神为指导，是一种正当性思维

B. 法治思维以法律原则和法律规则为依据来指导人们的社会行为，是一种规范性思维

C. 法治思维以法律手段与法律方法为依托，是一种可靠的逻辑思维

D. 法治思维是一种符合规律、尊重事实的科学思维

51. 培养法治思维，必须抛弃人治思维。法治思维区别于人治思维的集中体现是(　　)。

A. 在依据上，法治思维认为国家的法律是治国理政的基本依据，处理法律问题要以事实为根据、以法律为准绳

B. 在方式上，法治思维以一般性、普遍性的平等对待方式调节社会关系，具有稳定性和一贯性

C. 在价值上，法治思维强调集中社会大众的意志来进行决策和判断

D. 在标准上，法治思维以法律为最高权威

52. 下列选项，属于法治思维的基本内容的有(　　)。

A. 法律至上　　B. 权力制约　　C. 权利保障　　D. 正当程序

53. 治国理政必须奉守法律至上原则。法律的至上性，具体表现为(　　)。

A. 法律的普遍适用性　　B. 法律的优先适用性

C. 法律的不可违抗性　　D. 法律的客观性

54.“吃百姓之饭，穿百姓之衣，莫道百姓可欺，自己也是百姓；得一官不荣，失一官不辱，勿说一官无用，地方全靠一官”。这副流传至今的对联，蕴含着官自民来、官为表率的朴素道理。推进全民守法，必须抓住领导干部这个“关键少数”。各级领导干部要带头依法办事，带头遵守法律。法律是约束权力最大的“笼子”，具有制约公权力的重要功能。权力制约原则可以概括为（　　）。

A. 职权由法定　　B. 有权必有责　　C. 用权受监督　　D. 违法受追究

55. 公平正义是中国共产党一贯坚持的政治主张和价值追求。党的十九大报告指出，我国稳定解决了十几亿人的温饱问题，总体上实现小康，不久将全面建成小康社会，人民美好生活需要日益广泛，不仅对物质文化生活提出了更高要求，而且在民主、法治、公平、正义、安全、环境等方面的要求日益增长。作为法治思维基本内容之一的公平正义的主要内容有（　　）。

A. 机会公平　　B. 结果公平　　C. 权利公平　　D. 规则公平

56. 公平正义是法治思维的基本内容之一。公平正义主要包括权利公平、机会公平、规则公平和救济公平。权利公平的含义包括（　　）。

A. 发展机会和发展前景平等　　B. 权利主体平等

C. 享有的权利特别是基本权利平等　　D. 权利保护和权利救济平等

57. 公平正义是法治思维的基本内容之一。公平正义主要包括权利公平、机会公平、规则公平和救济公平。以下属于机会公平内容的是（　　）。

A. 起点平等　　B. 社会成员的发展进步权平等

C. 结果平等　　D. 当代人和后代人的机会平等

58. 权利保障是法治思维的基本内容之一，权利保障主要是指对公民权利的法律保障，具体包括（　　）。

A. 宪法保障　　B. 立法保障　　C. 行政保护　　D. 司法保障

59. 正当程序是法治思维的基本内容之一。程序具有独立的价值和意义，只有严格按照法律程序办事办案，处理结果才可能公正并具有公信力和权威性。下列选项属于正当程序的具体表现的有（　　）。

A. 中立性　　B. 参与性　　C. 公开性　　D. 时限性

60. 法律权威是指法律在社会生活中的作用力、影响力和公信力，是法律应有的尊严和生命。法律是否具有权威，取决于（　　）。

A. 法律是否在国家和社会治理体系中占主导地位和起决定作用

B. 法律本身是否科学

C. 法律在实践中是否得到严格实施和遵循

D. 刑事拘留数、拘捕率、起诉率、有罪判决率、结案率是否达标

61. 法律权威是指法律在社会生活中的作用力、影响力和公信力，是法律应有的尊严和生命。我国社会主义法律具有独特的本质属性和社会作用，尊重和维护法律权威，其意义更加重大，对全面依法治国更加必要。尊重和维护法律权威的重要意义包括（　　）。

A. 是社会主义法治观念的核心要求和建设社会主义法治国家的前提条件

B. 对于推进国家治理体系和治理能力现代化、实现国家的长治久安极为重要

C. 是实现人民意志、维护人民利益、保障人民权利的基本途径

D. 是维护个人合法权益的根本保障

62. 尊重和维护法律权威的基本要求是(　　)。

A. 信仰法律　　B. 遵守法律　　C. 服从法律　　D. 维护法律

63. 社会主义法律权威的树立，既有赖于国家的努力，也有赖于公民个人的努力。从个人角度来说，应当通过各种方式努力维护社会主义法律权威。对于大学生来说，至少应做到(　　)。

A. 努力树立法律信仰　　B. 积极宣传法律知识

C. 遵守和服从法律　　D. 经常参与法律事务

64.【2011 年考研真题】有位法学家曾说过："法律必须被信仰，否则等于形同虚设。"这句话表明，一个人只有从内心深处真正认同、信任和信仰法律，才会自觉维护法律的权威。由此可见(　　)。

A. 法律的内在说服力是法律权威的内在基础

B. 法律权威不可能完全建立在外在强制力的基础之上

C. 法律信仰与宗教信仰没有本质的区别

D. 法律信仰是法律制定和执行的根本依据

65. 在日常生活中，大学生培养法律思维的途径有(　　)。

A. 学习法律知识　　B. 掌握法律方法

C. 养成守法习惯　　D. 从事法律职业

66. 法律权利具有的特征有(　　)。

A. 法律权利的内容、种类和实现程度受社会物质生活条件的制约

B. 法律权利的内容、分配和实现方式因社会制度和国家法律的不同而存在差异

C. 法律权利不仅由法律规定或认可，而且受法律维护或保障，具有不可侵犯性

D. 法律权利必须依法行使，不能不择手段地行使法律权利

67.【2015 年考研真题】1763 年，老威廉・皮特在《论英国人个人居家安全的权利》的演讲中说："即使最穷的人，在他的小屋里也能够对抗国王的权威。屋子可能很破旧，屋顶可能摇摇欲坠；风可以吹进这所房子，雨可以淋进这所房子，但是国王不能踏进这所房子，他的千军万马也不敢跨进这间破房子的门槛。"这段话后来被浓缩成"风能进，雨能进，国王不能进"。这凸显了权力与权利的关系是(　　)。

A. 权力应当以权利为界限　　B. 权力决定权利

C. 权力必须受到权利的制约　　D. 权力优先于权利

68. 古希腊有句谚语："自由的第一个意义就是担负自己的责任。"从法律的权利与义务的关系角度来看，这句谚语给我们带来的启示是(　　)。

A. 法律权利与义务就像一枚硬币的两面，密不可分，相互依存

B. 法律权利的实现必须以相应法律义务的履行为条件

C. 一个行为可以同时是权利行为和义务行为

D. 在法律领域权利和义务两者不可兼得

69. 义务与权利相对应，是指政治上、法律上、道义上应当承担的责任。法律义务具有的特点有(　　)。

A. 法律义务是历史的　　B. 法律义务源于现实需要

C. 法律义务必须依法设定　　D. 法律义务可能发生变化

70.【2016年考研真题】法律权利和法律义务的关系，就像一枚硬币的两面，密不可分。二者之间关系的正确表述是(　　)。

A. 法律权利与法律义务是相互依存的关系

B. 法律权利与法律义务是目的与手段的关系

C. 法律权利与法律义务具有顺序性

D. 法律权利与法律义务具有二重性

71. 住宅安全权是公民的一项基本权利。下列属于侵犯公民的住宅安全权的行为有(　)。

A. 陌生男子闯入了老王的家　　B. 陌生男子查封了老王的家

C. 国家机关为侦查犯罪进入老王的家　　D. 陌生男子闯入老王临时居住的宾馆

72. 公共生活中个人权利与他人权利发生冲突在所难免，比如学生宿舍里有人看书，有人休息，有人要听音乐……对解决权利冲突要有正确的认识。虽然每个人都有行使个人权利的自由，但也要尊重他人的权利。这是因为(　　)。

A. 不尊重他人权利，就可能丧失自己的权利

B. 尊重他人权利既是一项法律义务，也是一项道德义务

C. 权利实现的内在动力是人们彼此之间对各自权利的相互尊重

D. 尊重他人权利是公民权利意识的重要内容

73. 下列属于我国宪法规定的公民的基本权利的有(　　)。

A. 宗教信仰自由　　B. 劳动权　　C. 休息权　　D. 物质帮助权

74. 政治权利是公民参与国家政治活动的权利和自由的统称，它的行使主要表现为公民参与国家、社会组织与管理的活动。这一基本权利具体包括(　　)。

A. 人身自由权　　B. 选举权与被选举权　　C. 表达权　　D. 民主管理权

75. 下列选项属于我国宪法规定的公民的人身权利的有(　　)。

A. 身体不受侵犯　　B. 人格尊严不受侵犯

C. 住宅不受侵犯　　D. 通信自由和通信秘密

76. 下列选项属于我国宪法规定的社会经济权利的有(　　)。

A. 隐私权　　B. 劳动权　　C. 休息权　　D. 社会保障权

77. 下列选项属于我国宪法规定的公民的基本义务的有(　　)。

A. 依法纳税　　B. 维护国家统一和全国各民族团结

C. 维护祖国的安全、荣誉和利益　　D. 依法服兵役

78. 在现代法治社会，人们行使任何权利、做任何事情都不能超越法律界限。行使权力要(　　)。

A. 符合权利行使的目的　　B. 符合权利行使的限度

C. 符合权利行使的方式　　D. 符合权利行使的程序

(三)简答题

1. 简述法律的含义。

2. 简述社会主义法律的本质特征。

3. 简述我国宪法的地位。

4.简述我国宪法的基本原则。

5.简述我国人民代表大会制度的优越性。

6.简述全面依法治国的基本格局。

7.简述坚持党的领导、人民当家作主与依法治国的关系。

8.简述法治思维与人治思维的区别。

9.简述尊重和维护法律权威的基本要求。

10.简述法律权利的含义与特征。

11.简述法律义务的含义与特征。

12.简述违反法定义务应承担的法律责任。

(四)论述题

1.试论我国宪法的地位和基本原则。

2.试论建设中国特色社会主义法治体系的主要内容。

3.试论坚持走中国特色社会主义法治道路的基本要求。

4.如何理解依法治国和以德治国相结合?

5.论述法治思维的基本内容。

6.大学生如何培养法治思维?请联系实际谈谈你的看法。

7.如何正确理解法律权利与法律义务的关系?

8.在当今社会,路遇老人摔倒,扶不扶成了一个问题。结合道德和法律相关知识,从国家、社会、个人等角度,谈谈在当今社会怎样践行助人为乐的美德。

9.如何正确理解行使法律权利的界限?

10. 当权利受到侵犯时如何依法维权?

(五)材料分析题

材料分析题 1【2011 年考研真题】

成思危,著名经济学家,原民建中央主席,九届、十届全国人大常委会副委员长。谈到我国政党制度,他深有体会地说:"西方的政党制度是'打橄榄球',一定要把对方压倒。我们的政党制度是'唱大合唱',民主党派和中国共产党的合作共事是为了一个共同的目标,为了保持社会的和谐。要大合唱,就要有指挥,这个指挥无论从历史还是现实来看,都只有中国共产党才能胜任。"海外有评论说,中国的民主党派人士在政府任职多是"坐虚位""无实权"。成思危说,这不符合实际情况,中国的民主党派不是"政治花瓶"。"在担任化工部副部长的时候,我对自己负责范围内的工作是完全有权作出决策的。作为全国人大常委会副委员长,我负责证券法、农村金融的执法检查。我和中共党籍的副委员长一样,也是独当一面的。"

第十一届全国人大一次会议以来,全国共有 18.7 万名民主党派、无党派人士当选各级人大代表。其中,全国人大常委会副委员长 6 人,省级人大常委会副主任 35 人。2 人分别担任国务院科技部、卫生部部长。2007 年有 18 人担任最高人民法院、最高人民检察院和中央国家机关部委领导职务副职。

20 世纪 90 年代以来,中共中央加强同各民主党派的协商,内容不断充实,程序逐步规范。据统计,1990 年至 2009 年 6 月,中共中央、国务院直接召开或委托有关部门召开的协商会、座谈会、情况通报会就有 287 次,其中,中共中央总书记主持召开或出席的就有 85 次。各民主党派中央、无党派代表人士向中共中央、国务院及有关方面提出建议 260 多项,各民主党派地方组织提出各项建议 9 万多项。如关于三峡工程、耕地保护、两岸"三通"、西部大开发、中部崛起、东北地区等老工业基地振兴、建设社会主义新农村、青藏铁路沿线发展、国家级综合配套改革实验区、实施可持续发展战略、制定和实施"十一五"规划等方面提出的建议,得到了中共中央、国务院的高度重视和采纳。

——摘自《光明日报》(2010 年 10 月 18 日)

结合材料回答问题:

1. 从"打橄榄球"和"唱大合唱"的形象比较中,说明我国政党制度的特点和优点。

2. 我国各民主党派在社会主义建设中如何发挥参政议政的作用?

材料分析题 2【2015 年考研真题】

【材料 1】 2014 年 10 月闭幕的十八届四中全会,是党在中央全会上第一次专题讨论依法治国的问题,体现了对法治的高度重视。会议结束后,微博上的各种评论,满是对法治进步的热望:"想要法治的果实,就要给它阳光雨露""期待法治进入与人民互动的 2.0 时代""法治不仅是宏大的,也是具体的;它关乎国家治理,更关乎百姓福祉"……

《韩非子》有句名言,"国无常强,无常弱。奉法者强则国强,奉法者弱则国弱"。尊奉法律,需要执政者,治理者发力,引导之,提倡之;遵守法律,需要全体公民给力,用法律来定分止争,维护之,践行之。网络上,已经有人以普通人"小明"为例,演绎"四中全会与你我有啥关系"。

有人说，法治于人就如同空气，你可能不会时时刻刻意识到它的存在，可一旦缺少就立刻窒息。的确，从出生到成长，从成家到立业，无不需要法治的护航；加强对财产权的保护，完善教育、医疗、食品安全等方面的法律法规，提高环境污染的违法成本……四中全会催动"法治的春天"有着温暖人心的春意。当越来越多人在法治的护佑下感受着畅快的呼吸，法治才能成为内心时时恪守的律令。

也不用回避，中国的法治还有很多问题。从"暂行50多年"的高温条例，到保护个人信息安全等方面尚无完善法律，中国的法治进程需要紧跟时代的步伐。四中全会从立法、司法、执法、守法等方面开出了药方，但最根本的，还是提升全社会对法治的信心与信任。正如党的十八届四中全会公报所说，法律的权威源自于人民内心的拥护和真诚信仰，这才是法治的力量所在、尊严所系。

——摘自《人民日报》(2014年10月24日)

【材料2】 法治是人类为了征服自己，由人类自己立法进行自我管理，这远比征服自然困难得多。特别是约束公权力，非有高度的觉悟、顽强的毅力和坚强的意志难以成其事。任何国家法治的确立都不是在一盘散沙的状态下随随便便建立起来的，而是必须有坚定有力的集中统一领导和部署。

迄今为止，尚未有法治成功的国家是在群龙无首、四分五裂的状态下实现法治的。恰恰相反，就法治发达国家的经验来看，这些国家的法治之所以能够最终确立，都是自上而下、从官到民表现出对法治执着的追求，付出巨大的努力。在中国这个拥有13亿人口、情况极其复杂的大国建设法治，更需要有自上而下坚强统一的领导，要有统一的意志，坚决果断一体推行。正是基于这样的情况，十八届四中全会指出，全面推进依法治国，必须坚持党的领导。

——摘自《人民日报》(2014年10月24日)

结合材料回答问题：

1. 如何理解"法治关乎国家治理，更关乎百姓福祉"？

2. 为什么"全面推进依法治国，必须坚持党的领导"？

材料分析题3

【材料1】 文明其表，制度其里。任何一种文明的成长和成熟，都离不开规则和制度的支撑。正因如此，我们信仰法治、遵守规则，是为了让公共空间变得稳定、可预期。规则是文明的内化，被普遍遵行的规则就像安全带一样，是社会健康运行的安全保障。

——摘自《人民日报》(2018年11月12日)

【材料2】 重庆公交坠江悲剧发生后，许多人也在悲痛之中追问：面对流动社会，公共安全该如何保障？在道德教化之外，怎么做才能惩前毖后？对此，近日辽宁省沈阳高新技术产业开发区法院用法槌作出回应：法治。在三起与之类似的拉拽公交司机案件中，被告人均构成以危险方法危害公共安全罪。这一结果，让密切关注公共安全的人们感到宽慰。

法治社会不能仅仅寄希望于"君子慎独"，而有赖于制度化约束。这也意味着，涵养法治意识，离不开一以贯之的落实。正如飞机、高铁上对吸烟的"零容忍"，让烟瘾再大的烟民也能在旅途中安分守己。制度的刚性，不仅树立了稳定的法治预期，也助推了文明的"提速"。正因如此，当"高铁霸座"连续刷屏，绝大多数人倾向于要亮剑、要刚性执法。保持权利边界的清晰可见，避免不文明对文明的挤出效应,以严格执法捍卫守法者的权益,是一个法治社会的应有之义。

——摘自《人民日报》(2018 年 11 月 13 日)

结合材料回答问题:

1. 为什么说“任何一种文明的成长和成熟,都离不开规则和制度的支撑”?

2. 如何理解“法治社会不能仅仅寄希望于‘君子慎独’,而有赖于制度化约束”?

材料分析题 4

2013 年 5 月 18 日 16 时许,在武汉一大学就读的陈某独自骑自行车从青山区友谊大道武汉火车站骑行回校。行至友谊大道一立交桥附近时,陈某不慎撞倒了 82 岁的樊太婆,致使樊太婆右手受伤。陈某要求给 100 元钱私了。樊不同意,要求陈某将其送回家。

陈某将樊送回家后,樊太婆及其儿子 61 岁的李某、孙子 21 岁的李某某及陈某一行 4 人,由李某某开车来到武汉市九医院急诊科看诊。因樊太婆的右手手腕背部出现肿胀畸形,急诊科女医生开单子让樊去拍 X 光片。

陈某缴费 100 多元,陪着樊去拍了 X 光片。医生诊断樊太婆是右桡骨完全性横形骨折,要求患者樊太婆住院治疗,并缴纳 1000 元的住院押金。

陈某找李某某借手机向他人借款未果。李某就要求陈某交出身份证做抵押,陈某以李某某已用手机对其身份证拍照为由不同意扣押身份证,并用其随身携带的水果刀朝李某胸前捅了一刀,刺在李某的衬衣扣子上。

随后,陈某持刀冲进医生办公室将急诊科女医生挟持,并携其到医院门诊大楼外。陈某要求李某某将其手机丢在地上。李某某照做,陈某用脚将手机屏幕踩坏。医院领导出面劝戒也未果。

接警后,警方迅速赶至事发现场,劝陈某放下凶器释放人质,并允诺为其垫付住院押金。但陈某仍持刀挟持被害人,要求警方提供一辆车让其离开,警方同意其条件,并要求其不要伤害人质。

5 月 18 日 19 时许,陈某乘坐警方提供的警车持刀挟持医生。行至武昌区临江大道新生路口附近时,车上人员及被挟持的被害人要求停车上厕所。车停后,设伏的民警趁陈某注意力分散之机,将其制服,成功解救被挟持的人质。解救过程中,被劫持医生左手中指被刀划伤。

武汉市青山区人民检察院起诉书指控,被告人陈某绑架他人作为人质,侵犯了他人的身体健康权、人身自由权,依法应当以绑架罪追究其刑事责任。

被告人陈某及其辩护人认为,陈某的行为已构成犯罪,但不构成绑架罪,请求法庭在有期徒刑 3 年以下对其定罪处罚。

今日,青山区法院一审判决被告人陈某犯绑架罪,处以有期徒刑 5 年,并处罚金 1000 元。

——摘自法制网(2013 年 12 月 13 日)

结合材料回答问题:

1. 分析此事件中陈某行为失当的原因。

2. 面对与陈某类似的处境,你认为如何处理是合适的?

材料分析题 5

3 月 9 日，最高人民法院院长周强向全国人大做了最高法院工作报告，在这份报告的附件中，有两起民事案件被提及——一起是“医生电梯内劝阻吸烟案”，另一起则是“朱振彪追赶交通肇事逃逸者案”。这两起案件虽小，但都引起了社会的广泛关注。而这两起案件最终的判决结果，无论是“医生电梯内劝阻吸烟案”二审判决医生不承担侵权责任，还是“朱振彪追赶交通肇事逃逸者案”判决朱振彪行为不具违法性、属于见义勇为，都是以法律作为判断是非的标准，是对公平正义的维护，也是对维护法律和公共利益的行为的保护。这两起案件的判决，向社会传递了一个信号，也就是法律对维护公共利益、见义勇为的行为是鼓励和支持的，只要行为人在过程中不存在法律上的过错，司法会予以公正裁判，不会让其承担法律责任。

——摘自北京法院网(2018 年 3 月 16 日)

结合材料回答问题：

1. 最高法的报告中提到这两起“小案”给我们提供了什么启示？

2. 谈谈你对法律思维基本内容之一的公平正义的理解。

材料分析题 6【2013 年考研真题】

某图书馆向所有读者免费开放。乞丐、拾荒者和衣衫破旧的民工小心翼翼进来了，无人阻挡。于是他们便堂而皇之地在馆内读书看报，有读者对此表示不满，向馆长抱怨说：图书馆是大雅之堂，如果允许乞丐和拾荒者进入阅读，就是对其他读者的不尊重。馆长回答说：我无权拒绝他们入内阅读，但你有权选择离开。

此事被发在微博上，顿时触动了社会的神经，引发人们对人文精神的关注和思考，中央电视台等主流媒体对此进行了报道，一场公共图书馆办馆理念的大讨论由此引发。

公共图书馆一向更愿意向体面的文化人敞开，常在门口赫然告示：衣冠不整谢绝入内！把读者分为三六九等，拒绝部分人入内，其公益性大打折扣，而该馆长希望图书馆成为每一个读书人的天堂，无论任何人，只要进了图书馆，在知识面前都享有同等权利，不得有高低贵贱之分。为此，该馆在全国同行中率先推出免证阅读制度，任何人进馆借读书籍都不需要证件和费用，以体现人道、人文的公共图书馆理念和人性化的服务。

对于图书馆实行免费开放可能带来的问题，该馆有关负责人感触颇深：自图书馆实行零门槛后，我们不仅没有感到压力增加，反而感觉开放的时间越长，不尊重这种权利的读者越少，我们和读者都被这种和谐的环境所改变，至于进馆要先洗手，馆内并没有硬性规定，耳濡目染的时间长了，谁也会自觉地洗手，然后再阅读。

“如果有天堂，天堂应该是图书馆的模样。”这是文学大师、曾担任阿根廷国立图书馆馆长的博尔赫斯的一句名言，该图书馆向乞丐和拾荒者免费开放，不啻一轮明亮的太阳让乞丐和拾荒者在得到温暖的同时，也净化我们的心灵。

——摘自《光明日报》(2012 年 5 月 10 日)

结合材料回答问题：

1. 从法律角度如何理解“我无权拒绝他们入内阅读，但你有权选择离开”？

2. 图书馆向乞丐和拾荒者免费开放对我们处理人际关系有何启示?

材料分析题 7

备受全国关注的"电梯劝烟猝死案"在河南郑州市中级人民法院驻经开区综合审判庭二审公开宣判,法院驳回了死者家属田女士的诉讼请求,一审判决判令杨某补偿田女士 1.5 万元错误,二审法院依法予以纠正,一审二审共计 1.4 万余元诉讼费由田女士承担。

去年 5 月,由于深知抽二手烟的危害,郑州的杨先生在小区电梯里劝一名老汉不要抽烟,引发争执,老人情绪激动心脏病发作离世。后来老人家属将其告上法庭,要求 40 余万元的赔偿。

此案后来分别经郑州市金水区人民法院、郑州市中级人民法院驻经济技术开发区综合审判庭审理。2017 年 9 月 4 日,金水区人民法院对此案做出一审判决,法院酌定杨先生向去世老人家属补偿 1.5 万元。

杨先生当时认为,老人突然离世,他也很难过,即便家属不索赔,他发自内心也想给予家属一定补偿,但这个补偿是出于人道主义的捐赠,不是赔偿。"我认为这件事情我没有过错!"随后,老人家属提起上诉。

"我劝他不要在电梯内抽烟,老人可能觉得伤了自尊,情绪比较激动,说我没资格管他,两人因此产生分歧。"杨先生曾解释,"我只是善意提醒他,吸烟对他和大家身体不好。"并说"在电梯间吸烟是不文明行为",无其他过激的语言。

——摘自观察者网(2018 年 1 月 31 日)

结合材料回答问题

1. 我国公民是否享有在电梯里吸烟或拒绝被动吸烟的权利?

2. 结合自身实际,谈谈我们在现实生活中如何依法行使权利?

材料分析题 8

【材料 1】 5 月 13 日上午,记者在台州高新区的前丁小区走访时发现,该小区内,有近 60 辆共享单车被随意停在房门口或者绿化带旁,其中,10 辆共享单车出现被破坏的情况,链条锁断了、手把坏了、轮胎没气了、车锁被拆了……有 1 辆共享单车被居民锁在护栏边。

"为了出门方便,我们就直接将自行车停到了家门口。"家住前丁小区的李女士说。

而在小区附近的前丁街,街道两边就有自行车停放处,但少数市民为了自己出门方便,将共享变成"独享"。

针对这一现象,哈啰出行台州媒体负责人张清雅表示,哈啰单车进入台州市场已有两年左右,目前,在台州的市场占有率较大。但单车被私占的情况已有好转。"投放之初,出现过车辆被改装、车锁被破坏、对车辆进行喷漆、加座椅等情况。"

——摘自中国台州网(2019 年 5 月 21 日)

【材料 2】 从"狂飙突进",到遭遇"倒春寒",共享单车面临的尴尬警示我们:拥抱共享经济,我们可能还没有做好准备,特别是文化观念上的准备。首先,共享单车面临着制度支撑不足的尴尬。没有规矩不成方圆。共享单车要健康发展,离不开完善的内外部的制度支撑。从企业来说，共享单车运营公司要不断完善管理体系。比如，建立诚信用车的奖励机制和不当用车、无序停车的惩罚机制。从政府部门来说，对于适应发展趋势的新形式、新业态，应该扶持与规范并重，主动介入，制定规则，加强监管。其次，共享单车面临着观念文化基础不牢的尴尬。大爷大妈将共享单车圈起来收看管费，孩子肆意破坏单车，这可能不单单是个别人私德缺失、私欲作祟的问题，而是反映出我们在公民素养和公德教育上还有薄弱环节。共享是“使用而非拥有”，共享的前提是对他人权利的承认和尊重。权利意识和诚信意识，是共享经济得以充分发展的观念根基，法治文化和诚信文化是共享经济繁荣发展的文化土壤。如果忽视了思想文化的土壤培育，共享经济的发展就会成为沙上建塔，共享单车的单兵推进就会夭折。

——摘自新华网(2017 年 2 月 27 日)

结合材料回答问题：

1. 独享单车的行为有何不当？说明理由。

2. 如何理解“共享的前提是对他人权利的承认和尊重”？

材料分析题 9

【材料 1】 9 月 28 日，西安市雁塔区人民法院对叶挺烈士近亲属叶正光、叶大鹰、叶铁军、叶晓梅、叶小燕、叶文、叶敏起诉西安摩摩信息技术有限公司名誉侵权一案一审公开宣判，判决西安摩摩公司在国家新闻媒体上予以公开道歉，消除其侵权行为造成的不良社会影响，并判决被告西安摩摩公司向原告支付精神抚慰金 10 万元。

法院经审理查明，2018 年 5 月 8 日，被告西安摩摩公司通过其自媒体账号“暴走漫画”，在“今日头条”上发布了时长 1 分 09 秒的短视频。该视频的内容将叶挺烈士《囚歌》中“为人进出的门紧锁着，为狗爬出的洞敞开着，一个声音高叫着，爬出来吧，给你自由!”篡改为“为人进出的门紧锁着！为狗爬出的洞敞开着！一个声音高叫着！爬出来吧！无痛人流!”。该视频于 2018 年 5 月 8 日至 2018 年 5 月 16 日在互联网平台上发布传播后，多家新闻媒体对此予以转载报道，引起了公众关注和网络热议，在一定范围内造成了不良社会影响和后果。

——摘自新华网(2018 年 9 月 28 日)

【材料 2】 习近平总书记强调，网络空间是亿万民众共同的精神家园。网络空间天朗气清、生态良好，符合人民利益。网络空间乌烟瘴气、生态恶化，不符合人民利益。谁都不愿生活在一个充斥着虚假、诈骗、攻击、谩骂、恐怖、色情、暴力的空间。互联网不是法外之地。我们要本着对社会负责、对人民负责的态度，依法加强网络空间治理，加强网络内容建设，做强网上正面宣传，培育积极健康、向上向善的网络文化，用社会主义核心价值观和人类优秀文明成果滋养人心、滋养社会，做到正能量充沛、主旋律高昂，为广大网民特别是青少年营造一个风清气正的网络空间。

——摘自中国网信网(2016 年 4 月 20 日)

结合材料回答问题：

1. 为什么说“互联网不是法外之地”？

2. 如何理解公民在互联网上所享有的言论自由权？

材料分析题 10

甲男与乙女系隔壁邻居。因甲时常聚集三朋四友在家打麻将，通宵达旦，喧闹声严重影响了乙家正常的休息。乙到甲家说明自己身体不好，神经衰弱，且孩子要学习，希望甲夜晚不要扰民。甲认为乙在朋友面前扫了自己面子，遂出言不逊，辱骂乙为妓女、神经病。双方由此发生争吵，引来邻里十数人，纷纷劝说双方忍让。甲恼羞成怒，上前拉住乙的衣服，扯下乙衬衣致其上身裸露。乙遭此羞辱之后，神经受到严重刺激，神经衰弱加重，不能正常生活、工作，所在企业因此将其辞退。治病、休养、生活无来源，使乙身心、财产俱遭伤损。后有朋友告诉乙，此事不能作罢，一定要讨个说法。

结合材料回答问题：

1. 本案中，乙有哪些权利受到了侵害？

2. 根据我国现行法律的规定，乙应该如何“讨个说法”？

推荐阅读文献

[1]习近平. 加快建设社会主义法治国家[J]. 求是，2015(1)：3－8.

[2]习近平. 在中共中央政治局第四次集体学习时强调：更加注重发挥宪法重要作用　把实施宪法提高到新的水平[N]. 人民日报，2018－02－26.

[3]中共中央文献研究室. 习近平关于全面依法治国论述摘编[M]. 北京：中央文献出版社，2015.

[4]本报评论部. 构建匹配时代的精神文明：如何提升我们的社会文明①[N]. 人民日报，2018－11－12.

[5]本报评论部. 涵养全社会的法治意识：如何提升我们的社会文明②[N]. 人民日报，2018－11－13.

[6]马兴宇，袁祥，赵达. 一种崭新的政党制度形式、执政方式和民主实现方式：从多党合作制度的逐步规范化、程序化看中国社会主义民主政治的新发展[N]. 光明日报，2010－10－18.

[7]叶辉. 褚树青：书香溢处，人间天堂[N]. 光明日报，2012－05－10.

[8]张铁. 让法治成为国家信仰[N]. 人民日报，2014－10－24.

参考答案

绪　论

(一)单项选择题

1～5. CACAC　**6～10.** DBABB　**11～12.** DD

(二)多项选择题

1. ABD　**2.** ABC　**3.** ABD　**4.** ABCD　**5.** ABCD　**6.** ABCD　**7.** BCD　**8.** ABC
9. ABCD　**10.** ABCD　**11.** ABC　**12.** ABCD

(三)简答题

1.答案见重难点解析(一)。

2.答案见重难点解析(四)。

3.答案见重要概念。

4.答案见重难点解析(五)。

(四)论述题

1.答案要点:(1)做有理想有本领有担当的时代新人,必须具备良好的思想道德素质和法治素养。思想道德素质和法治素养,是思想政治素质、道德素质和法治素养的有机融合,是新时代大学生必须具备的基本素质。

(2)人的本质是一切社会关系的总和。一个人要安身立命、成长成才、贡献社会,需要不断地调整自身与他人的关系,不断实现人的社会化。其中最为重要的是要正确认识自己、认识他人、认识社会,学习掌握运用道德和法律规范,正确调整自己的行为。

(3)良好的思想道德素质和法治素养,是在学习中升华、内省中完善、自律中养成、实践中锤炼的结果,同时也是大学生把握发展机遇、创造人生精彩的基础条件和宝贵资源。大学生应当通过理论学习和实践体验,牢固树立坚定的理想信念和正确的价值观念,陶冶高尚的道德情操,增强尊法学法守法用法的自觉性,不断提高自身的思想道德素质和法治素养。

2.答案要点见重难点解析(三)。

(五)材料分析题

材料分析题 1

1.答案要点:中国曾经走在世界前列,但到近代落后了。鸦片战争后,随着帝国主义的入侵,中国逐步沦为半殖民地半封建社会,面临亡国灭种的危机,争取民族独立、人民解放和实现国家富强、人民富裕,成为近代以来中华民族面临的两大历史任务。实现中华民族伟大复兴是近代以来包括普通民众、资产阶级革命派、中国共产党人在内的全体中国人民的最大梦想和共同追求。

2.答案要点:青年兴则国家兴,青年强则国家强。青年一代有理想、有本领、有担当,国家就有前途,民族就有希望。大学生是国家宝贵的人才资源,是民族的希望、祖国的未来,肩负着人民的重托、历史的重任。①要有崇高的理想信念,牢记使命,自信自励;②要有高强的本领才干,勤奋学习,全面发展;③要有天下兴亡、匹夫有责的担当精神,讲求奉献,实干进取。

材料分析题 2

答案要点:中国特色社会主义进入了新时代这一重大政治判断,既不是凭空产生的,更不是一个简单的新概念表述，而是具有丰富深厚思想内涵的。

(1)这个新时代，是承前启后、继往开来、在新的历史条件下继续夺取中国特色社会主义伟大胜利的时代。特别是改革开放以来，我们党带领人民走中国特色社会主义道路，极大激发了中国人民的创造力，极大解放和发展了社会生产力，极大增强了社会活力，极大提升了我国国际地位，党的面貌、国家的面貌、人民的面貌、军队的面貌、中华民族的面貌发生了前所未有的变化，社会主义在中国展现出强大生命力。

(2)这个新时代，是决胜全面建成小康社会、进而全面建设社会主义现代化强国的时代。党的十九大围绕实现“两个一百年”奋斗目标，对经济建设、政治建设、文化建设、社会建设和生态文明建设等提出明确要求，思想含量、政治含量、改革含量都很大，具有很强的战略性、前瞻性、针对性。坚忍不拔、锲而不舍地为全面建成小康社会、全面建设社会主义现代化强国而奋斗，是中国特色社会主义新时代的必然要求和历史任务。

(3)这个新时代，是全国各族人民团结奋斗、不断创造美好生活、逐步实现全体人民共同富裕的时代。人民对美好生活的向往，始终是我们党的奋斗目标。社会主义的本质是解放生产力，发展生产力，消灭剥削，消除两极分化，最终达到共同富裕。党的十九大把不断创造美好生活、逐步实现全体人民共同富裕作为发展的目标和归宿，体现了以人民为中心的发展思想，体现了我们党全心全意为人民服务的根本宗旨，体现了中国特色社会主义的本质要求。

(4)这个新时代，是全体中华儿女勠力同心、奋力实现中华民族伟大复兴中国梦的时代。实现中华民族伟大复兴，是鸦片战争以来中国人民最伟大的梦想，凝聚了几代中国人的夙愿。新中国的成立，为民族复兴奠定了坚实基础。改革开放这场新的伟大革命，为民族复兴注入了强大生机活力。在中国共产党领导下，中国这个世界上最大的发展中国家创造了人类社会发展史上惊天动地的发展奇迹，中华民族焕发出新的蓬勃生机。

(5)这个新时代，是我国日益走近世界舞台中央、不断为人类作出更大贡献的时代。当今世界，中国人民的梦想同各国人民的梦想息息相通，实现中国梦离不开和平的国际环境和稳定的国际秩序。历史上，中国曾为人类文明作出过卓越贡献。在中国特色社会主义新时代，中国一定能为世界的和平与发展、人类的繁荣与进步作出新的更大贡献。

材料分析题 3

1. 答案要点：(1)青年是标志时代的最灵敏的晴雨表，时代的责任赋予青年，时代的光荣属于青年。青年兴则国家兴，青年强则国家强。青年一代有理想、有本领、有担当，国家就有前途，民族就有希望。无论在革命战争时期，在社会主义建设时期，还是在改革开放时期，在实现民族复兴梦想的伟大征程中，青年不懈追求的梦想始终与振兴中华的责任担当紧密相连。

(2)青年是整个社会力量中最积极、最有生气的力量，国家的希望在青年，民族的未来在青年。自古英雄出少年，青出于蓝而胜于蓝，长江后浪推前浪，这是历史发展的规律，必定会不以人们的意志为转移。

2. 答案要点：新时代中国青年运动的主题，新时代中国青年运动的方向，新时代中国青年的使命，就是坚持中国共产党领导，同人民一道，为实现“两个一百年”奋斗目标、实现中华民族伟大复兴的中国梦而奋斗。

(1)树立远大理想。树立对马克思主义的信仰、对中国特色社会主义的信念、对中华民族伟大复兴中国梦的信心，到新时代新天地中去，让青春在创新创造中闪光。

(2)热爱伟大祖国。听党话、跟党走，胸怀忧国忧民之心、爱国爱民之情，以一生的真情投入、一辈子的顽强奋斗来体现爱国主义情怀，让爱国主义的伟大旗帜始终在心中高高飘扬。

(3)担当时代责任。让青春在新时代改革开放的广阔天地中绽放，让人生在实现中国梦的奋进追逐中展现出勇敢奔跑的英姿，努力成为德智体美劳全面发展的社会主义建设者和接班人。

(4)勇于砥砺奋斗。勇做走在时代前列的奋进者、开拓者、奉献者，在劈波斩浪中开拓前进，在披荆斩棘中开辟天地，在攻坚克难中创造业绩，用青春和汗水创造出让世界刮目相看的新奇迹。

(5)练就过硬本领。增强学习紧迫感，努力学习马克思主义立场观点方法，努力掌握科学文化知识和专业技能，努力提高人文素养，以真才实学服务人民，以创新创造贡献国家。

(6)锤炼品德修为。自觉树立和践行社会主义核心价值观，明大德、守公德、严私德，追求更有高度、更有境界、更有品位的人生，让清风正气、蓬勃朝气遍布全社会[①]。

第一章

(一)单项选择题

1～5. BADBD **6～10.** BCABB **11～15.** BDCBC **16～20.** ABCCB **21～25.** DABBD
26～30. BBABD

(二)多项选择题

1. ABC **2.** ABC **3.** ABD **4.** ACD **5.** ABC **6.** ABCD **7.** ABCD **8.** AC
9. ABC **10.** ACD **11.** ABCD **12.** ABCD **13.** BCD **14.** ABCD **15.** BCD **16.** ABCD
17. ABD **18.** ABC **19.** ABCD **20.** ACD **21.** ABC **22.** AD **23.** ACD **24.** ABC

(三)简答题

1.答案见重难点解析(一)。
2.答案见重难点解析(二)。
3.答案见重难点解析(二)。
4.答案见重难点解析(三)。
5.答案见重难点解析(四)。
6.答案见重难点解析(五)。
7.答案见重难点解析(五)。
8.答案见重难点解析(五)。
9.答案见重难点解析(五)。
10.答案见重难点解析(七)。

(四)论述题

1.答案要点：人生观是人们在实践中形成的关于人生目的、人生态度、人生价值等问题的总观点和总看法。①人生目的决定着人生道路的方向，也决定着人们行为选择的价值取向和用什么样的方式对待实际生活。②树立正确的人生观，明确人生目的、端正人生态度、认识人生价值，才能为创造有意义有价值的人生奠定良好的基础。③有什么样的人生观就会有什么样的人生。人的生命只有一次，理应严肃认真地思考人生，努力领悟人生的真谛，选择正确的人生道路，树立崇高的人生追求，实现应有的人生价值。

2.答案要点：(1)人生观的主要内容包括人生目的、人生态度和人生价值。人生目的回答人为了什么活着，人生态度回答人应当如何活着，人生价值回答什么样的人生才有价值。这三个方面相互联系、相辅相成，统一为一个有机整体。

(2)人生目的表明人的一生追求什么，人生态度表示以怎样的心态实现人生目标，人生价值判定一个具体人生的价值和意义。

(3)人生目的决定着人们对待实际生活的基本态度和人生价值的评判标准，人生态度影响着人们对人生目的的持守和人生价值的评判，人生价值制约着人生目的和人生态度的选择。

3.答案要点：人生目的是指生活在一定历史条件下的人，在人生实践中关于自身行为的根本指向和人生追求，是对“人为什么活着”这一人生根本问题的认识和回答，是人生观的核心，在人生实践中具有重要的作用。

(1)人生目的决定人生道路。人生目的规定了人生的方向，对人们所从事的具体活动起着定向的作用。

(2)人生目的决定人生态度。人生道路上有时会一帆风顺，有时会崎岖不平，面对各种各样的矛盾和斗争，不同的人生目的会使人持有不同的人生态度。

---

①参阅：2019年4月30日，习近平总书记在纪念五四运动100周年大会上的讲话。

(3)人生目的决定人生价值选择。正确的人生目的会使人懂得人生的价值首先在于奉献。从而在工作中尽心、尽力、尽责。错误的人生目的则会使人把人生价值理解为向社会或他人进行索取，从而把追逐个人私利视为有价值、有意义的人生，而漠视对国家、社会、集体和他人的义务与责任。

4.答案要点：(1)个人与社会的关系。马克思主义认为，个人是历史的、具有社会性的个体；社会则是以共同的物质生产活动为基础而相互联系和运动发展的人类生活共同体。马克思指出："个人是一个特殊的个体，并且正是他的特殊性使他成为一个个体，成为一个现实的、单个的社会存在物"。然而，"人的本质不是单个人所固有的抽象物，在其现实性上，它是一切社会关系的总和"。现实的人总是生活在一定的社会关系之中，每个人都不能离开社会而生存；人的生存和发展受到社会的制约。社会也总是人的社会，由无数个体所组成，离开了人，社会也就不复存在；人在受到社会制约的同时也以自己的实践活动作用于社会。

(2)人生价值内在地包含了人生的自我价值和社会价值两个方面：①人生的自我价值，是个体的人生活动对自己的生存和发展所具有的价值，主要表现为对自身物质和精神需要的满足程度。②人生的社会价值，是个体的实践活动对社会、他人所具有的价值。

(3)自我价值和社会价值的关系。人生的自我价值和社会价值，既相互区别，又密切联系、相互依存，共同构成人生价值的矛盾统一体。①人生的自我价值是个体生存和发展的必要条件，人生的自我价值的实现是个体为社会创造更大价值的前提。个体的人生活动不仅具有满足自我需要的价值属性，还必然地包含着满足社会需要的价值属性。个体通过努力提高自我价值的过程，也是其创造社会价值的过程。②人生的社会价值是社会存在和发展的重要条件，人生社会价值的实现是个体自我完善、全面发展的保障。没有社会价值，人生的自我价值就无法存在。人是社会的人，这不仅意味着个体物质和精神的需要必须在社会中才能得到满足，还意味着以怎样的方式和在多大程度上得到满足也是由社会决定的。

5.答案要点见重难点解析(六)。

6.答案要点见重难点解析(八)。

(五)材料分析题

材料分析题1

1.答案要点：世界观、人生观、价值观，是一个人对世界、对人生的基本看法和根本观点，是人们最基本、最重要的精神支柱。三者互相渗透、相辅相成，决定着人们的理想信念，影响着人们的思想境界，指导着人们的行为选择，关系着人们的价值判断。

2.答案要点：古往今来，人们对人生目的的探索从未停止过，思想家们孜孜以求留下了难以计数的答案。"服务人民、奉献社会"的思想以其科学而高尚的品质，代表了人类社会迄今最先进的人生追求。

(1)一个人确立了"服务人民、奉献社会"的人生追求，才能清楚地把握人的生命历程和奋斗目标，深刻理解人为了什么而活、应走什么样的人生之路等道理。

(2)一个人确立了"服务人民、奉献社会"的人生追求，才能以正确的人生态度对待人生、解决实际生活中的各种问题，以人民利益为重，始终对祖国和人民具有高度的责任感，在服务人民、奉献社会中实现自己的人生价值。

(3)一个人确立了"服务人民、奉献社会"的人生追求，才能掌握正确的人生价值标准，才能懂得人生的价值首先在于奉献，自觉用真善美来塑造自己，不断培养高洁的操行和纯朴的情感，努力使自己成为一个高尚的人。

3.答案要点：河北保定学院15名毕业生放弃工作和深造机会，到万里之遥的新疆且末县中学任教，是当代中国青年的正确方向。大学生应该到基层和人民中去建功立业，青春之花应该在祖国最需要的地方绽放。

材料分析题2

1.答案要点："给人温暖就是给自己幸福"体现出人生的价值是自我价值和社会价值两个方面的内容和辩证关系，是郭明义的人生价值观的集中反映。人生的自我价值是个体的人生活动对自己的生存和发展所具有的价值。人生的社会价值是个体的人生活动对社会、他人所具有的价值。人生的社会价值和自我价值，既相互区别，又密切联系、相互依存。人生的社会价值是实现人生自我价值的基础。

2. 答案要点："简单中的伟大"是人们对郭明义人生价值的评价。人生价值评价的根本尺度是看一个人的人生活动是否符合社会发展的客观规律，是否促进了历史的进步，是否对社会和他人作出了贡献。郭明义多年坚持做平凡简单的事情，但是他的精神是伟大的，境界是崇高的。他影响、带动了更多的人，起了很好的示范作用，产生的社会效应是广泛而深远的。

材料分析题 3

1. 答案要点：在人生旅途中没有永远的顺境，也没有永远的逆境。无论是顺境还是逆境，对人生的作用都是双重的，关键是怎样去认识和对待它们。只有善于利用顺境，勇于正视逆境和战胜逆境，人生价值才能够实现。"人，不仅要战胜失败，而且还要超越胜利"这句话所体现是对人生历程中两种不同境遇的态度。

(1) 在逆境中奋斗，犹如逆水行舟，不进则退，需要付出更大的努力和更多的艰辛才可能成功。在逆境中奋斗，会有顺境中难以得到的获得感和成就感。逆境的恶劣环境，对于挑战者而言，可以磨炼意志、陶冶品格、积累战胜困难的经验、丰富人生阅历。处低谷而力争，受磨难而奋进，这是身处逆境的学问，是将压力变成动力之所为。

(2) 在顺境中前进，如同顺水行舟，天时、地利、人和等有利因素，使人们更容易接近和实现目标。但是，顺境中的宽松气氛、优越条件，又容易使人滋生骄娇二气，自满自足，意志衰退。顺势而快上，乘风而勇进，这是身处顺境的学问，是善于抓住机遇，不断丰富与完善自己的途径。

2. 答案要点：路遥精神给我们的启示体现在两个方面：

(1) 积极进取的人生态度。没有积极进取的人生态度，再崇高的人生目标也难以真正实现。走好人生之路，需要大学生正确认识、处理生活中各种各样的困难和问题，保持认真务实、乐观向上、积极进取的人生态度。

(2) 辩证对待人生矛盾。路遥身上所体现出的正确的幸福观、得失观、苦乐观、顺逆观、生死观等，都是值得我们学习和效仿的。

材料分析题 4

1. 答案要点：在人生的道路上，谁都会遇到困难、挫折，就看你能不能战胜它，战胜了，你就是英雄，就是生活的强者。雷海的人生经历很好地反映出他有正确的顺逆观，处低谷而力争，受磨难而奋进，将压力变成动力之所为，勇于正视逆境和战胜逆境，最大限度地实现人生价值。

2. 答案要点：顺境和逆境是人生历程中两种不同的境遇。要在科学高尚的人生观指引下，正确对待人生矛盾，树立正确的顺逆观，努力提升人生境界，成就出彩人生。

(1) 在顺境中前进，使人们更容易接近和实现目标。但是又容易使人滋生骄娇二气，自满自足，意志衰退。

(2) 在逆境中奋斗，需要付出更大的努力和更多的艰辛才可能成功。但可以磨炼意志、陶冶品格、积累战胜困难的经验、丰富人生阅历。

(3) 只有善于利用顺境，勇于正视逆境和战胜逆境，人生价值才能够实现。

材料分析题 5

1. 答案要点：因为生命充满了人所不能把握的偶然性，"对于我们的父母，我们永远是不可重复的孤本"。因为生命都是机遇的产物，所以我们的人生弥足珍贵。我们要牢固树立生命可贵的意识，倍加爱护自己和他人的生命，努力使自己的生命绽放人生应有的光彩。

2. 答案要点：因为生命短促，每个人只有一次生命，才更显示了人生的弥足珍贵。如何认识、对待生与死，体现了一个人人生境界的高低。中国共产党人的牺牲精神，充分显示出他们在民族危难时对待生死的正确态度。这种牺牲精神既是特殊时代的标签，也是革命前辈留给我们的宝贵财富；既是中国共产党人在特殊年代里展现的精神风貌，更是实现中华民族伟大复兴中我们应该具有的至高情怀。

3. 答案要点：人的生命是有限的，而生命的价值却是无限的。我们无法增加生命的长度，但却能追求生命应有的高度。大学生应珍惜韶华，在服务人民、投身民族复兴伟大事业中开发出生命所蕴藏的巨大潜能，努力地给有限的个体生命赋予更有价值的意义。

第二章

(一)单项选择题

1～5. BCBBA **6～10.** ABBDA **11～15.** CBBDA **16～20.** DACBB **21～25.** BDBCB
26～29. ABBB

(二)多项选择题

1. ABD **2.** ACD **3.** ACD **4.** ABC **5.** BC **6.** ABC **7.** AC **8.** ABC **9.** ABCD
10. ABCD **11.** ABC **12.** ACD **13.** BCD **14.** ABC **15.** ABCD **16.** ABCD **17.** ABC
18. ABD **19.** ABD **20.** ABCD **21.** BD **22.** AC **23.** ABD **24.** AC **25.** ABCD
26. ABC **27.** AD **28.** ACD **29.** ABCD

(三)简答题

1.答案见重难点解析(一)。

2.答案见重难点解析(三)。

3.答案见重难点解析(四)。

4.答案见重难点解析(五)。

5.答案见重难点解析(六)。

6.答案见重难点解析(七)。

(四)论述题

1.答案要点见重难点解析(二)。

2.答案要点:(1)中国特色社会主义是我们的共同理想。①有共同理想,才能有共同步调。大学生要牢固确立在中国共产党领导下走中国特色社会主义道路、为实现中华民族伟大复兴而奋斗的共同理想和坚定信念。②中国特色社会主义是科学社会主义,不是别的什么主义。③中国特色社会主义不是从天上掉下来的,而是中国共产党带领人民历经千辛万苦找到的、实现中国梦的正确道路。④中国共产党的领导是中国特色社会主义最本质的特征。中国共产党是中国工人阶级的先锋队,同时是中国人民和中华民族的先锋队,是中国特色社会主义事业的领导核心。

(2)我们要胸怀共产主义远大理想。①马克思主义科学预测了未来社会的理想状态,指明了人类社会的发展方向。共产主义社会是物质财富极大丰富、实现按需分配、人的精神境界极大提高、每个人自由而全面发展的社会。②共产主义是现实运动和长远目标相统一的过程。事实上,共产主义的思想和实践早已存在于我们的现实生活中,那种认为"共产主义是渺茫的幻想""共产主义没有经过实践检验"的观点,是完全错误的。③共产主义远大理想的最终实现是一个漫长、艰辛的历史过程,需要一代又一代人付出艰苦的努力。作为当代大学生,我们要正确认识共产主义远大理想和中国特色社会主义共同理想之间的关系。

(3)中国特色社会主义共同理想与共产主义远大理想是阶段性理想与最终理想的关系。实现共产主义是我们的远大理想,坚持和发展中国特色社会主义,就是向着远大理想所进行的实实在在的努力。心中有信仰,脚下有力量。大学生要自觉做共产主义远大理想和中国特色社会主义共同理想的坚定信仰者、忠实实践者,为崇高理想信念而矢志奋斗。

3.答案要点:(1)立志当高远。青年时期是理想形成的重要时期,也是立志的关键阶段。志向高远就是要放开眼量,不满足于现状,也不屈服于一时一地的困难与挫折,更不要斤斤计较于个人私利的多与少、得与失。树雄心、立壮志,是关系大学生一生前途命运的重大课题。

(2)立志做大事。在今天,做大事就是献身于中国特色社会主义伟大事业。新时代的大学生应该把个人命运与国家和人民的命运联系在一起,立为国奉献之志,立为民服务之志,为祖国和人民的利益而奋斗,在实现社会理想而奋斗的过程中实现个人理想。

(3)立志须躬行。漫长的征途需要一步一步的走,崇高理想的实现需要一点一滴的奋斗。通往理想的路是遥远的,但起点就在脚下,在一切平凡的岗位上,在扎扎实实的学习和工作中。实现崇高的理想,要从我做起,从现在做起,从平凡的工作做起。伟大出自平凡,社会需要杰出人物,更需要千千万万个普通劳动者。

(五)材料分析题

材料分析题1

1.答案要点:"无穷的力量"来自青年时期正确的理想信念。理想信念是人的精神世界的核心,是人精神上的"钙"。理想指引人生方向,信念决定事业成败。青年成长面临人生目标的确定和前进的动力等一系列人生课题。理想信念指引奋斗目标,对认识历程起着导向的作用,是人的思想和行为的定向器;理想信念提供前进动力,是人不懈努力最终成就事业的动力源;理想信念提高精神境界,塑造高尚的人格。

2.答案要点:中国梦是历史的、现实的、未来的,更是青年一代的。中华民族伟大复兴的中国梦终将在一代代青年的接力奋斗中变为现实。在实现中国梦的过程中广大青年要坚定理想信念,志存高远,脚踏实地,攻坚克难,勇做时代的弄潮儿,在实现中国梦的生动实践中不懈奋斗,书写人生华章。

材料分析题2

1.答案要点:(1)理想信念是人类特有的精神现象。人既需要物质资料来满足生存需要,也需要理想信念来充实精神生活。正确坚定的理想信念,激励人们为一定的社会理想和生活目标而不断努力追求。张富清战争年代能不怕牺牲、出生入死,和平时期能淡泊名利、扎根大山,靠的就是一个党员的信仰。

(2)理想信念作为人的精神世界的核心,一方面能使人的精神生活的各个方面统一起来,使人的精神世界成为一个健康有序的系统,避免精神空虚和迷茫;另一方面又能引导人们不断地追求更高的人生目标,并在追求和实现理想目标的过程中提升精神境界、塑造高尚人格。这种对理想目标不断追求,不会因为人的年龄增长而停止,必然会陪伴每个人的一生。正因为张富清有对"入党的誓言"的不负,才会有直到95岁高龄的坚守。

2.答案要点:习近平总书记强调理想信念,是由于其对中国共产党人具有特殊的政治意义,关乎执政党的生死存亡、党员干部的精神追求以及国家和民族的前途命运。

(1)理想信念关乎执政党的生死存亡。从我们党的干部队伍状况看,大多数理想信念是坚定的。同时,也有对共产主义心存怀疑,有的是非观念淡薄、原则性不强、正义感退化,糊里糊涂当官,浑浑噩噩过日子。这些现象和问题,应引起我们全党的高度警醒和注意。

(2)理想信念关乎党员干部的精神追求。理想信念是共产党人的政治灵魂,是共产党人经受任何考验的精神支柱。习近平总书记强调:"理想信念是共产党人精神上的'钙'",作为党员干部,必须始终坚定理想信念,绝不能有丝毫放松和动摇。

(3)理想信念关乎国家和民族的前途命运。革命先烈在生死考验面前之所以视死如归,就是因为他们有坚定的理想信念。尽管知道自己追求的理想不会在自己手中实现,但他们坚信,一代代人为之持续努力,一定能实现。由此换来全民族的解放。

因此,作为共产党人要筑牢理想信念的思想根基。

材料分析题3

1.答案要点:他们选择了甘于寂寞、乐于奉献的生活方式。他们不畏艰辛,淡泊名利,坚持个人与国家相结合,个人与群众相结合,当前与长远相结合,专业知识与社会实践相结合。一份职业,背负三份责任,从而实现了人生价值的最大化,找到了人生的远大目标。

2.答案要点:"理想很丰满,现实很骨感"这一说法,反映了人生选择中所遇到的如何处理理想与现实关系的困惑。理想与现实既有联系又有区别,理想是圆满的,现实则是复杂的,理想源于现实又超越现实,现实是理想的基础,理想是未来的现实。坚定的信念是实现理想的重要条件,勇于实践、艰苦奋斗是实现理想的根本途径。

第三章

(一)单项选择题

1～5. AABAD　**6～10.** CCBBB　**11～15.** CBCAB　**16～20.** DBBAB　**21～23.** BDA

(二)多项选择题

1. ABC　**2.** ABCD　**3.** ABCD　**4.** ABCD　**5.** BCD　**6.** AB　**7.** ABCD　**8.** ABCD
9. ABCD　**10.** ABCD　**11.** ABC　**12.** ABCD　**13.** ABC　**14.** ABCD　**15.** ABCD　**16.** ABCD
17. ABCD　**18.** ABCD　**19.** ABCD　**20.** ABD　**21.** ABC　**22.** ABD　**23.** ABCD　**24.** ABCD
25. ABC　**26.** ABC　**27.** ABCD　**28.** ABCD　**29.** ABCD　**30.** ABCD　**31.** ABCD

(三)简答题

1.答案见重难点解析(一)。
2.答案见重难点解析(二)。
3.答案见重难点解析(二)。
4.答案见重难点解析(三)。
5.答案见重难点解析(四)。
6.答案见重难点解析(五)。
7.答案见重难点解析(六)。
8.答案见重难点解析(七)。
9.答案见重难点解析(七)。
10.答案见重难点解析(七)。

(四)论述题

1.答案要点:(1)以爱国主义为核心的民族精神和以改革创新为核心的时代精神,构成了中国精神的基本内容。①民族精神是一个民族在长期共同生活和社会实践中形成的,为本民族大多数成员所认同的价值取向、思维方式、道德规范、精神气质的总和,是一个民族赖以生存和发展的精神支柱。爱国主义是民族精神的核心。②时代精神是一个国家和民族在新的历史条件下形成和发展的,是体现民族特质并顺应时代潮流的思想观念、价值取向、精神风貌和社会风尚的总和,是一种对社会发展具有积极影响和推动作用的集体意识。改革创新是时代精神的核心。③民族精神与时代精神紧密关联,都是一个民族赖以生存和发展的精神支撑。第一,一切民族精神都曾经是一定历史阶段中带动潮流、引领风尚、推动社会发展的时代精神。同时,一切时代精神都将随着历史的变迁逐步融入民族精神的长河之中,不断丰富和发展民族精神的时代内涵。第二,弘扬和培育民族精神,必须自觉回应时代的要求,推动民族精神的不断革新,推动民族精神的创新性发展和创造性转化,从而为当下的实践提供精神力量;弘扬和培育时代精神,必须立足民族精神的根基、接续民族精神的血脉、承接民族精神的基因,使得时代精神既面向未来,又不忘本来,始终具有引领民族前行的强大吸引力和感召力。第三,民族精神和时代精神共同构成了我们当今时代的中国精神。民族精神赋予中国精神以民族特征,是中华民族的精神独立性得以保持的重要保证;时代精神赋予中国精神以时代内涵,是中国精神引领时代前行、拥有鲜明时代性和强大生命力的重要根源。第四,民族精神和时代精神的交融汇通,使得中国精神既具有鲜明的民族性,又洋溢着强烈的时代性,成为中华民族共有的精神家园和奋力实现复兴的强大精神力量。

(2)弘扬中国精神的重要意义。①中国精神是凝聚中国力量的精神纽带。推进民族复兴的时代伟业,我们必须有万众一心、众志成城的强大精神凝聚力。②中国精神是激发创新创造的精神动力。当前,我们正在从事的中国特色社会主义事业是一项前无古人的创造性事业,中国精神作为兴国强国之魂的价值和意义更为凸显。③中国精神是推进复兴伟业的精神定力。只有自觉弘扬中国精神,增强民族自尊心和自信心,坚定不移走自己的路,才能使全体人民在实现复兴伟业的征途中拥有坚如磐石的精神和信仰力量,不为困难吓倒，不为诱惑所动，不为干扰迷惑，坚定不移把我们的事业不断推向前进，直至光辉的彼岸。

2.答案要点：(1)爱国主义的基本内涵。爱国主义体现了人们对祖国的深厚感情，揭示了个人对祖国的依存关系，是人们对自己家园以及民族和文化的归属感、认同感、尊严感与荣誉感的统一。爱国主义主要表现在：①爱祖国的大好河山；②爱自己的骨肉同胞；③爱祖国的灿烂文化；④爱自己的国家。

(2)爱国主义的时代要求。新时代的爱国主义，既承接了中华民族的爱国主义优良传统，又体现了鲜明的时代特征，内涵更加丰富。新时代的爱国主义基本要求是：①坚持爱国主义和社会主义相统一。祖国的命运和党的命运、社会主义的命运密不可分。只有坚持爱国和爱党、爱社会主义相统一，爱国主义才是鲜活的、真实的，这是当代中国爱国主义精神最重要的体现。在当代中国，爱国主义首先体现在对社会主义中国的热爱上。②维护祖国统一和民族团结。在新的时代条件下，弘扬爱国主义精神，必须把维护祖国统一和民族团结作为重要着力点和落脚点。维护和推进祖国统一，是中华民族走向伟大复兴的题中之义。③尊重和传承中华民族历史和文化。对祖国悠久历史、深厚文化的理解和接受，是人们爱国主义情感培育和发展的重要条件。我们必须尊重和传承中华民族历史和文化，以时代精神激活中华优秀传统文化的生命力，延续文化基因，萃取思想精华，推进中华优秀传统文化创造性转化和创新性发展。④必须坚持立足民族又面向世界。坚持新时代的爱国主义，要求我们正确处理好立足民族与面向世界的辩证统一关系。必须坚持立足民族，维护国家发展主体性。必须面向世界，构建人类命运共同体。

3.答案要点：爱国既需要情感的基础，也需要理性的认识，更需要实际的行动。爱国不是简单的情感表达，而是一种理性的行为，要讲原则、守法律，以合理合法的方式来进行。

(1)维护和推进祖国统一。大学生与包括港澳台同胞在内的全体中华儿女一起，顺应历史大势、共担民族大义，把民族命运牢牢掌握在自己手中。要感悟两岸关系和平发展的潮流，担当起实现民族伟大复兴的历史重任，为推动两岸关系和平发展、实现祖国统一作出自己的贡献。①推进祖国统一，必须保持香港、澳门长期繁荣稳定；②从中华民族整体利益的高度把握两岸关系大局；③坚持一个中国原则；④推进两岸交流合作；⑤促进两岸同胞团结奋斗；⑥反对“台独”分裂图谋。

(2)促进民族团结。大学生都要像爱护自己的眼睛一样维护民族团结，像爱护自己的生命一样维护社会稳定，自觉做民族团结进步事业的建设者、维护者、促进者。①深化对党的民族理论和民族政策的认识，认真学习国家关于民族事务的法律法规，深入了解中华民族“多元一体”的发展历史，坚定“汉族离不开少数民族，少数民族离不开汉族，各少数民族之间也相互离不开”的思想观念。②认清“藏独”和“疆独”等各种分裂主义势力的险恶用心和反动本质，坚持原则、明辨是非，不信谣、不传谣，不受分裂分子挑拨煽动，不参与违法犯罪活动，与破坏民族团结的行为作坚决斗争。

(3)增强国家安全意识。国家安全问题事关国家安危和民族存亡。在国家安全形势越来越复杂的今天，大学生要增强国家安全意识，对境内外敌对势力的渗透、颠覆、破坏活动保持高度警惕，切实履行维护国家安全的义务。①确立总体国家安全观。必须坚持总体国家安全观，坚持国家利益至上，以人民安全为宗旨，以政治安全为根本，以经济安全为基础，以军事、文化、社会安全为保障，以促进国际安全为依托，走出一条中国特色的国家安全道路。②增强国防意识。我国的国防是全民的国防。大学生必须具有很强的国防观念和忧患意识，自觉接受国防和军事方面的教育训练，关心国防、了解国防、热爱国防、投身国防，积极履行国防义务，成为既能建设祖国、又能保卫祖国的优秀人才。③履行维护国家安全的义务。大学生应自觉遵守国家安全法律，履行维护国家安全的法律义务。

4.答案要点：青年时期是创新创造的宝贵时期。新时代的大学生置身于实现中华民族伟大复兴的时代洪流之中，应当以时代使命为己任，把握时代脉搏，迎接时代挑战，增强创新创造的能力和本领，勇做改革创新的实践者，将弘扬改革创新精神贯穿于实践中、体现在行动上。

(1)树立改革创新的自觉意识。①增强改革创新的责任感。大学生要不断增强以改革创新推动社会进步，在改革创新中奉献服务社会、实现人生价值的崇高责任感和使命感，以“时不我待、只争朝夕”的紧迫感投身改革创新的实践中。②树立敢于突破陈规的意识。敢于大胆突破陈规甚至常规，敢于大胆探索尝试，善于观察发现、思考批判，不唯书、不唯上，只唯实，这是大学生在学习与实践中创新创造的重要前提。③树立大胆探索未知领域的信心。要创新，就要有强烈的创新自信。青年应是常为新、敢创造，理当锐意创新创造，不等待、不观望、不懈怠，勇做改革创新的生力军。

(2)增强改革创新的能力本领。①夯实创新基础。改革创新者都具有扎实的专业知识基础。大学生作为改革创新的生力军，应从扎实系统的专业知识学习起步和入手，而不能好高骛远，空谈改革，坐论创新。②培养创新思维。大学生在专业学习与社会实践中应自觉培养创新型思维，勤于思考，善于发现，勇于创新。③投身创新实践。当代大学生应当在全面深化改革的伟大实践中深深体悟改革创新精神，增强改革创新的意识，锤炼改革创新的意志，增强改革创新的能力本领，勇做改革创新的实践者和生力军。

(五)材料分析题

材料分析题1

1. 答案要点：爱国主义是我们每个人宝贵的精神财富，是有志之士建功立业的思想基础。强烈的爱国情感可以使人树立远大的生活目标，强烈的爱国情感可以使人产生不可战胜的精神力量，强烈的爱国情感能够激发人的聪明才智。华罗庚、钱学森和季羡林等正是因为有强烈的爱国主义精神，对祖国有着深厚的情感，并把这种感情化为奋斗的力量，才取得人生的巨大成就。

2. 答案要点：爱国主义是千百年来人们在社会实践中形成的对自己的祖国极其忠诚和热爱的深厚情感。中华民族从来就有爱国主义的光荣传统。一部中华民族的发展史，就是一部中华儿女的爱国奋斗史。中国人很早就有以“天下兴亡、人民安康”为己任的家国情怀。在漫长的历史发展过程中，中华民族形成了追求进步、维护民族尊严和国家主权的光荣传统，形成了对外来侵略者无比痛恨、对卖国求荣的民族败类无比鄙视、对爱国志士无比崇敬的宝贵民族性格。

3. 答案要点：以爱国主义为核心的民族精神的时代内涵：伟大创造精神；伟大奋斗精神；伟大团结精神；伟大梦想精神。

材料分析题2

1. 答案要点：中兴事件再次说明，关键核心技术是要不来、买不来、讨不来的。只有把关键核心技术掌握在自己手中，才能从根本上保障国家经济安全、国防安全和其他安全。在当代中国，社会发展离不开改革创新，改革创新是社会发展的重要动力，坚持改革创新是新时代的迫切要求。①创新始终是推动人类社会发展的第一动力；②创新能力是当今国际竞争新优势的集中体现；③改革创新是我国赢得未来的必然要求。

2. 答案要点：“周虽旧邦，其命维新”体现了创新创造精神。创新创造精神是中华民族最深沉的民族禀赋，成就了辉煌灿烂的中华文明。

3. 答案要点：做改革创新生力军。①树立改革创新的自觉意识。增强改革创新的责任感，树立敢于突破陈规的意识，树立大胆探索未知领域的信心。②增强改革创新的能力本领。夯实创新基础，培养创新思维，投身创新实践。

材料分析题3

1. 答案要点：对祖国悠久历史、深厚文化的理解和接受，是人们爱国主义情感培育和发展的重要条件。中华优秀传统文化是中华民族的精神命脉，其中蕴涵着中华民族世世代代形成和积累的思想营养和实践智慧，是中华民族得以延续的文化基因，也是我们在世界文化激荡中站稳脚跟的根基。中华文化独一无二的理念、智慧、气度、神韵，增添了中国人民和中华民族内心深处的自信和自豪。我们必须尊重并传承中华民族历史和文化，以时代精神激活中华优秀传统文化的生命力，延续文化基因，萃取思想精华，推进中华优秀传统文化创造性转化和创新性发展，在传承与创新中树立和坚持正确的历史观、民族观、国家观、文化观，增强做中国人的骨气和底气。

2. 答案要点：(1)科学没有国界，但科学家有祖国。在经济全球化的条件下，国家仍然是民族存在的最高组织形式，是国际社会活动中的独立主体。只要国家继续存在，爱国主义就有坚实的基础。当今世界综合国力的竞争，集中体现为科技的竞争和人才的竞争。自然科学家和社会科学家都对国家的繁荣富强担负着重大的责任。

(2)经济全球化是一把双刃剑,既是机遇,又是挑战。经济全球化是世界经济发展的必然趋势,但不等于全球政治、文化一体化。在参与经济全球化的过程中,必须坚定地捍卫自己国家的利益,这就更需要爱国主义的支撑。

3.答案要点:(1)新时代的爱国主义基本要求是:坚持爱国主义和社会主义相统一、维护祖国统一和民族团结、尊重和传承中华民族历史和文化、坚持立足民族又面向世界。

(2)弘扬新时代的爱国主义,必须团结全体社会主义劳动者、社会主义事业的建设者、拥护社会主义的爱国者、拥护祖国统一和致力于中华民族伟大复兴的爱国者,汇集起实现中国梦的磅礴力量。

第四章

(一)单项选择题

1～5. BCBDA　**6～10.** ACDAD　**11～15.** DBBAC　**16～20.** CDADC　**21～24.** BBDC

(二)多项选择题

1. ABCD　**2.** ABC　**3.** CD　**4.** ABC　**5.** ABD　**6.** ABCD　**7.** ABCD　**8.** ABC
9. BCD　**10.** ABCD　**11.** ACD　**12.** ABC　**13.** AB　**14.** ACD　**15.** ACD　**16.** ABC
17. ABC　**18.** CD　**19.** ABC　**20.** ABCD　**21.** BCD　**22.** ABD　**23.** ABCD　**24.** ABD
25.ABCD　26.ACD

(三)简答题

1.答案见重难点解析(一)。

2.答案见重难点解析(二)。

3.答案见重难点解析(三)。

4.答案见重难点解析(四)。

5.答案见重难点解析(五)。

6.答案见重难点解析(六)。

(四)论述题

1.答案要点:培育和践行社会主义核心价值观,是推进中国特色社会主义伟大事业、实现中华民族伟大复兴中国梦的战略任务。

(1)把培育和践行社会主义核心价值观融入国民教育全过程。①培育和践行社会主义核心价值观要从小抓起、从学校抓起。②拓展青少年培育和践行社会主义核心价值观的有效途径。③建设师德高尚、业务精湛的高素质教师队伍。

(2)加强社会主义核心价值观宣传教育。①用社会主义核心价值观引领社会思潮、凝聚社会共识。深入开展中国特色社会主义和中国梦的宣传教育,不断增强人们的道路自信、理论自信、制度自信、文化自信,坚定全社会全面深化改革的意志和决心。②新闻媒体要发挥传播社会主流价值的主渠道作用。坚持团结稳定鼓劲、正面宣传为主,牢牢把握正确舆论导向,把社会主义核心价值观贯穿到日常形势宣传、成就宣传、主题宣传、典型宣传、热点引导和舆论监督中,弘扬主旋律,传播正能量,不断巩固壮大积极健康向上的主流思想舆论。③建设社会主义核心价值观的网上传播阵地。适应互联网快速发展形势,善于运用网络传播规律,把社会主义核心价值观体现到网络宣传、网络文化、网络服务中,用正面声音和先进文化占领网络阵地。④发挥精神文化产品育人化人的重要功能。一切文化产品、文化服务和文化活动,都要弘扬社会主义核心价值观,传递积极人生追求、高尚思想境界和健康生活情趣。

(3)开展涵养社会主义核心价值观的实践活动①。①广泛开展道德实践活动。以诚信建设为重点,加强社会公德、职业道德、家庭美德、个人品德教育,形成修身律己、崇德向善、礼让宽容的道德风尚。②深化学雷

① 注:中共中央办公厅印发的《关于培育和践行社会主义核心价值观的意见》(中办发〔2013〕24号)。

锋志愿服务活动。大力弘扬雷锋精神，广泛开展形式多样的学雷锋实践活动，采取措施推动学雷锋活动常态化。③深化群众性精神文明创建活动。各类精神文明创建活动要在突出社会主义核心价值观的思想内涵上求实效。④发挥优秀传统文化怡情养志、涵育文明的重要作用。⑤发挥重要节庆日传播社会主流价值的独特优势。⑥运用公益广告传播社会主流价值、引领文明风尚。

2. 答案要点见重难点解析（四、五、六）。

3. 答案要点见重难点解析（八）。

（五）材料分析题

材料分析题1

1. 答案要点：(1)核心价值观是一定社会形态社会性质的集中体现，在一个社会的思想观念体系中处于主导地位，体现着社会制度、社会运行的基本原则和社会发展的基本方向。

(2)核心价值观，承载着一个民族、一个国家的精神追求，体现着一个社会评判是非曲直的价值标准。人类社会发展的历史表明，对一个民族、一个国家来说，最持久、最深层的力量是全社会共同认可的核心价值观。

(3)社会主义核心价值观是当代中国精神的集中体现，凝结着全体人民共同的价值追求。社会主义核心价值观是当代中国发展进步的精神指引，是建设社会主义现代化强国和实现中华民族伟大复兴中国梦的磅礴力量。从一定意义上来说，“价值观的力量，比生存的需要更崇高，比血浓于水的亲情更博大”。

2. 答案要点：(1)历史和现实一再表明，只有建立共同的价值目标，一个国家和民族才会有赖以维系的精神纽带，才会有统一的意志和行动，才会有强大的凝聚力、向心力。

(2)当前，我国正处在经济转轨和社会转型的加速期，思想领域日趋多元、多样、多变，各种思潮此起彼伏，各种观念交相杂陈，不同价值取向并存，所有这些表现出来的是具体利益、观念观点之争，但折射出来的是价值观的分歧。

(3)培育和践行社会主义核心价值观，能够在具体利益矛盾、各种思想差异之上最广泛地形成价值共识，有效引领整合纷繁复杂的社会思想意识，有效避免利益格局调整可能带来的思想对立和混乱，形成团结奋斗的强大精神力量。

社会主义核心价值观是当代中国精神的集中体现，凝结着全体人民共同的价值追求。社会主义核心价值观与中国特色社会主义发展要求相契合，与中华优秀传统文化和人类文明优秀成果相承接，是中国共产党凝聚全党全社会价值共识作出的重要论断。

3. 答案要点：(1)坚定价值观自信。①“一个民族、一个国家，必须知道自己是谁，是从哪里来的，要到哪里去，想明白了、想对了，就要坚定不移朝着目标前进。”这种坚定不移朝着目标前进的精神状态，就是一个民族、一个国家高度自觉自信的状态。②坚定的核心价值观自信，是中国特色社会主义道路自信、理论自信、制度自信和文化自信的价值内核。③社会主义核心价值观丰厚的历史底蕴、坚实的现实基础、强大的道义力量为我们坚定核心价值观自信提供了充分的理由。

(2)做社会主义核心价值观的积极践行者。①扣好人生的扣子。大学生正处在人生成长的关键时期，知识体系搭建尚未完成，价值观塑造尚未成型，情感心理尚未成熟，需要加以正确引导。这好比小麦的灌浆期，这个时候阳光水分跟不上，就会耽误一季的庄稼。②勤学修德明辨笃实。要切实做到勤学、修德、明辨、笃实，使社会主义核心价值观成为一言一行的基本遵循。

材料分析题2

1. 答案要点：(1)所谓“物化生存”方式，就是有些人的需要、能力、关系、感情、价值等，都要通过“物”来体现、实现和确证，人对“物”有一种依赖，受“物”支配和主宰，“物”对人有一种统治。这种“物化生存”方式反映到一些人的精神世界中来，就会呈现精神懈怠现象。

(2)精神懈怠的危险是所有危险之首。如果一个政党、一个国家、一个民族、一些人的精神懈怠了，这个党、国家、民族和人民是难以真正强大起来的，实现中国梦就是一种空想，终究要败下阵来。

2. 答案要点：(1)核心价值观，承载着一个民族、一个国家的精神追求，体现着一个社会评判是非曲直的价值标准。

(2)社会主义核心价值观是当代中国精神的集中体现,凝结着全体人民共同的价值追求。

(3)培育和践行社会主义核心价值观的实质,就是重建中国人的精神世界,解决人的精神懈怠问题。

(4)只有全社会积极弘扬和践行社会主义核心价值观,才能解决人的精神懈怠问题,才能汇聚起建设社会主义现代化强国和实现中华民族伟大复兴的中国梦的磅礴力量。

材料分析题 3

1.答案要点:(1)家庭是孩子的第一个课堂,父母是孩子的第一任老师,父辈的模板、父母的行为都将成为孩子模仿的对象。

(2)勤俭持家、尊长爱幼、守纪懂法、温良恭俭等家风中的优良品质都将成为孩子成长的养分。相反,不思进取、坑蒙拐骗、好逸恶劳、无视法律等家风中负面的思想意识和行为都必将为历史所摒弃。

2.答案要点:(1)家风是指一个家庭或家族的传统风尚或作风。良好的家风,对家庭成员的个人修养产生着重要的作用,也对整个社会道德风尚的形成产生着重要的影响。家是最小国,国是千万家。强调家风的重要性,是希望上行下效、以家带国,把良好的家风传导到更大的范围、更广的空间,进而形成积极向上、欣欣向荣的社会风气,从而形成家和万事兴、家兴国昌盛的局面。

(2)社会主义核心价值观引领家风建设。社会主义核心价值观是当代中国精神的集中体现,所以其对家庭成员的成长、家风的建设乃至对社会风气的形成具有重要的引领作用。家风是社会主义核心价值观构建的基础。优良的家风能够促进邻里乡亲的和睦友好、社会风气的提升,进而成就国家的风气和民族的精神。优良家风会成为社会主义精神文明建设、培育和践行社会主义核心价值观的坚实基础。

材料分析题 4

1.答案要点:王继才同志的一生奋斗和执着坚守,是社会主义核心价值观的生动诠释,是民族精神和时代精神的生动写照。王继才同志先进事迹蕴含着丰富深刻的精神内涵:

(1)灵魂内核是忠诚:32 年守岛,他始终听党话、跟党走,用行动铸就听党指挥的不变军魂。

(2)质朴情怀是奉献:他无私忘我,不辞艰苦、不求回报、不计得失,把有限的生命投入到无限的爱国奉献之中。

(3)价值追求是坚守:他每天干着巡海岛、观天象、护航标等普通的工作,日复一日、心无旁骛,在平凡的岗位上书写了不平凡的人生华章。

(4)时代精神是奋斗:他把对祖国的感情融入工作奋斗中,始终脚踏实地、敬业务本,是我们走进新时代,实现新作为的一面镜子、一盏航灯。

2.答案要点:(1)典型是最好的教科书,榜样是鲜活的价值观。①"一个有希望的民族不能没有英雄,一个有前途的国家不能没有先锋。"学习宣传先进典型,是引领社会主义核心价值观建设的重要途径。②树立、宣传先进典型的根本目的,是要发挥先进典型的示范作用、带头作用,在全社会掀起学典型、做先进,积极践行社会主义核心价值观的风气。③一代代的先进模范,所处的时代不同、表现形式不同、社会角色不同,但都具备优秀的品质:报效国家、服务大众、奉献自己。他们的精神感动和影响了一代又一代青年,无论什么时候,我们的国家、社会都需要这样的精神。

(2)先进模范身上的宝贵品质与社会主义核心价值观是高度契合的,他们以实际行动,生动诠释了社会主义核心价值观的真谛,充分展现了当代中国人的精神风貌。①在构建和谐社会的进程中,先进模范就是培育和践行社会主义核心价值观的带路人。把先进模范群体作为培育和践行社会主义价值观的关键群体之一,树他们为旗帜、立他们为标杆,让大家认识到,像他们那样做人,像他们那样工作,像他们那样劳动,就会成为对社会有用的人。这是一种充满正能量的激励,有无可替代的重要作用,因为榜样的力量是无穷的。②"榜样是看得见的哲理",伟大征程需要榜样的接续和传承。站在新的历史起点上,让我们向典型学习、向榜样致敬,"扣好人生第一粒扣子",把爱国之情、强国之志、报国之行统一起来,为实现中华民族伟大复兴的中国梦添砖加瓦;到基层、农村、边疆、老区等困难的地方建功立业,到脱贫一线去拼搏奉献,实现青春价值;瞄准一流目标,在捍卫国家利益、推动科技创新、引领社会风尚等方面冲锋在前。

第五章

(一)单项选择题

1～5. CDBCB　**6～10.** AAACD　**11～15.** CCBBA　**16～20.** BACAC　**21～25.** ADBBA
26～30. DBDDB　**31～35.** CCDAB　**36～40.** DBABC　**41～45.** DACCC　**46～50.** DBADD
51～55. CCABB　**56～60.** DCDCA　**61～65.** BBCAB　**66～70.** DBDDA　**71～75.** BDDCB
76～80. DADDC　**81～84.** CBDB

(二)多项选择题

1. ABC　**2.** ABD　**3.** ABD　**4.** ABC　**5.** ABD　**6.** AD　**7.** ABD　**8.** ABC　**9.** ABCD
10. ABC　**11.** ABCD　**12.** ABCD　**13.** ABC　**14.** ABD　**15.** BCD　**16.** ACD　**17.** ABC
18. ABCD　**19.** ABCD　**20.** ABD　**21.** ABCD　**22.** ABD　**23.** BCD　**24.** ABCD
25. ACD　**26.** ABCD　**27.** ABD　**28.** ABCD　**29.** BCD　**30.** ABD　**31.** CD　**32.** AC
33. ABCD　**34.** ABCD　**35.** ACD　**36.** ACD　**37.** ABC　**38.** AB　**39.** ABD　**40.** ABCD
41. ABCD　**42.** ABD　**43.** BCD　**44.** ABC　**45.** ABCD　**46.** ABCD　**47.** ABCD
48. BCD　**49.** ABCD　**50.** ABCD　**51.** BC　**52.** ABCD　**53.** ABCD　**54.** ABD
55. ABCD　**56.** ABC　**57.** BC　**58.** ABC　**59.** AC　**60.** ABCD　**61.** ABCD
62. ABD　**63.** ACD　**64.** ABCD

(三)简答题

1.答案见重难点解析(一)。

2.答案见重难点解析(二)。

3.答案见重难点解析(三、四)。

4.答案见重难点解析(五)。

5.答案见重难点解析(七)。

6.答案见重难点解析(八)。

7.答案见重难点解析(九)。

8.答案见重难点解析(十)。

9.答案见重难点解析(十一)。

10.答案见重难点解析(十二)。

11.答案要点:(1)树立正确的择业观。①树立崇高的职业理想;②服从社会发展的需要;③做好充分的择业准备。

(2)树立正确的创业观。①要有积极创业的思想准备,积极关注经济社会发展的趋势,了解国家鼓励大学生自主创业的有关政策,为今后自主创业打下良好的基础。②要有敢于创业的勇气,只有勇敢地接受创业的挑战,破除依赖心理和胆怯心理,才能敢于创业、善于创业,做一个真正的创业者。③要充分考虑自身的条件、创业的环境等各种现实的因素,努力提高自主创业的能力。

12.答案见重难点解析(十三)。

13.答案见重难点解析(十四)。

(四)论述题

1.答案要点见重难点解析(六)。

2.答案要点:在对待古今中外优秀道德成果的态度上,我们既需要实现中华传统美德的创造性转化和创新性发展,也需要借鉴人类文明优秀道德成果。

(1)实现中华传统美德的创造性转化和创新性发展。

(2)借鉴和吸收人类文明优秀道德成果,必须秉承正确的态度和科学的方法。①要坚持马克思主义立场、观点、方法，在道德问题上把握好共性和个性、抽象和具体、一般和个别的关系。不同的道德文明体现了各自的生活方式、人生态度、价值信仰和行为方式，但不同民族或国家之间仍然会面临某些共同的问题，形成一些具有共性的道德认识。②在方法上，要坚持以我为主、为我所用，批判继承其他国家的道德成果。在吸取人类优秀道德文明成果的问题上，既要大胆吸收和借鉴人类道德文明的积极成果，又必须掌握好鉴别取舍的标准，善于在吸收中消化，把人类文明优秀道德成果变成自己道德文明体系的组成部分。

3.答案要点：个人品德在社会道德建设中具有基础性作用。在现实生活中，社会公德、职业道德和家庭美德的状况，最终都是以每个社会成员的道德品质为基础的。社会公德、职业道德和家庭美德建设，最终都要落实到个人品德的养成上。

(1)个人品德是公共生活、职业生活、婚姻家庭生活顺利进行的前提和基础。①个人品德是公共生活、职业生活、婚姻家庭生活顺利进行的内部动力。社会群体活动是个体活动的集合，个人品德的状况会外显于他所参与的社会群体活动，在某种程度上说，个体品德修养的状况决定了社会生活、职业生活、婚姻家庭生活的状况。②个人品德对公共生活、职业生活、婚姻家庭生活具有重要影响。良好的个人品德可以引导良好的公共生活、职业生活和婚姻家庭生活的形成。相反，不良的个人品德会对公共生活、职业生活和婚姻家庭生活产生负面和消极的影响，甚至出现道德滑坡现象。

(2)公共生活、职业生活和婚姻家庭生活是个人品德外在表现的主要领域。①从个人品德与公共生活的关系来看，个人品德必然要表现为公共生活中的社会公德。人是社会关系的总和，其生存发展离不开社会，只能存在于社会关系之中，社会的发展又是通过所有个人努力实现。②从个人品德与职业生活的关系来看，个人品德必然表现为职业生活中的职业道德。职业道德作为从事一定职业的人在从业过程中所应遵循的特殊道德规范，与个人品德有着密切的关系。③从个人品德与婚姻家庭生活的关系来看，个人品德必然表现为婚姻家庭生活中的家庭美德。每个人作为家庭中的一员而存在，必须要承担家庭义务和遵守家庭美德。要增强家庭伦理观念，自觉遵守家庭道德规范和家庭美德，就必然要求每个家庭成员具有良好的个人品德。

因此，为了保证社会健康运转与和谐发展，公民的个人品德必然要表现为对社会公德、职业道德和家庭道德的遵守和实践。

当前我国公共生活、职业生活、婚姻家庭生活领域出现的一些问题，归根结底是公民个人品德修养出现了问题。为了实现社会的有序与和谐，今后无论在国家社会主义精神文明建设层面，还是在公民个人品德修养层面，都应该更加关注公民的个人品德修养。

4.答案要点：良好的社会风尚是人们在社会道德实践中逐渐形成起来的。大学生投身崇德向善的道德实践，要弘扬真善美、贬斥假恶丑，做社会主义道德的示范者和引领者，促成知荣辱、讲正气、作奉献、促和谐的社会风尚。

(1)知荣辱。大学生应以正确的荣辱观为指导，坚定正确的行为导向，产生正确的价值激励，助推全社会形成知荣明辱的良好道德风尚。

(2)讲正气。要做到讲正气，在日常生活中就要洁身自好、严于律己，自觉远离低级趣味；积极维护社会公共秩序，抵制歪风邪气，敢于伸张正义、见义勇为，坚决同践踏社会道德风尚的一切行为作斗争。

(3)作奉献。奉献精神传递社会温暖，能够拉近人与人之间的距离，建立和谐的人际关系和稳定的社会秩序，促进社会健康有序地发展。热心公益与爱心资助、心中有爱是奉献精神，在危难关头挺身而出、牺牲小我是奉献精神，以职业与事业为人生目标的爱岗敬业是奉献精神，以服务国家科学技术创新进步或捍卫国家安全为己任是奉献精神。大学生要在奉献社会中积极发光发热，使我们的社会更加美好和幸福。

(4)促和谐。民主法治、公平正义、诚信友爱、充满活力、安定有序、人与自然和谐相处的社会，是国家富强、民族复兴、人民幸福的重要保证。对于大学生来说，促和谐就是要促进自我身心的和谐、个人与他人的和谐、个人与社会的和谐、人与自然的和谐等。

总之，大学生要以高度的主人翁精神，积极参与各种精神文明创建活动，为家庭谋幸福、为他人送温暖、为社会作贡献，不断引领社会风尚，提升道德品质。

(五)材料分析题

材料分析题1

1.答案要点:(1)文化是民族之根、民族之魂,昭示着一个民族从哪里来,是一个民族不同于其他民族的独特"基因"。

(2)中华传统美德内容丰富、博大精深,是人类文明发展的重要精神财富,是社会主义道德建设的源头活水。中国革命道德,是对中华传统美德的延续和发展,是马克思主义与中国革命、建设、改革的伟大实践相结合的产物,是中华民族极其宝贵的道德财富。

(3)在长期的历史发展中,中华传统美德已经深入到全民族的思维方式、价值观念、行为方式和风俗习惯之中,具有重要的当代价值。中国革命道德内容丰富、历久弥新,对于我们实现中华民族伟大复兴仍然具有极其重要的现实意义。

2.答案要点:中国传统道德是一个矛盾体,具有鲜明的两重性。属于精华的部分,表现出积极、革新、进步的一面;属于糟粕的部分,则表现出消极、保守、落后的一面。因此,需要对中国传统道德进行去粗取精、去伪存真的工作,提炼出作为其精华部分的中华传统美德,坚持古为今用、推陈出新,努力实现中华传统美德的创造性转化和创新性发展。

3.答案要点:(1)借鉴和吸收人类文明优秀道德成果,必须秉承正确的态度和科学的方法。

(2)要坚持马克思主义立场、观点、方法,在道德问题上把握好共性和个性、抽象和具体、一般和个别的关系。不同的道德文明体现了各自的生活方式、人生态度、价值信仰和行为方式,但不同民族或国家之间仍然会面临某些共同的问题,形成一些具有共性的道德认识。

(3)在方法上,要坚持以我为主、为我所用,批判继承其他国家的道德成果。在吸取人类优秀道德文明成果的问题上,既要大胆吸收和借鉴人类道德文明的积极成果,又必须掌握好鉴别取舍的标准,善于在吸收中消化,把人类文明优秀道德成果变成自己道德文明体系的组成部分。

材料题分析题2

1.答案要点:"工匠精神"既是一种敬业精神,又是一种工作态度。具体讲,所谓"工匠精神"就是立足本职工作、热爱本职工作的爱岗敬业精神,是锲而不舍、专心专注、精益求精的严谨工作态度。"工匠精神"是我们世代传承的精神财富,任何领域任何时代都需要。随着时代的发展,工匠的工作或许可以被机器等取代,但"工匠精神"却不可能被代替或被超越。

2.答案要点:职业生活是人类社会生活中最普遍、最基本的活动方式,需要道德规范的指引和约束。"工匠精神"所蕴含的道德要求,不仅适用于工匠,也适用于一切从业者。从国家层面倡导"工匠精神",也是加强职业道德建设的需要。也就是在经济社会快速发展时期,使认真、敬业、执着、创新成为更多人的职业追求。弘扬"工匠精神",就是倡导全社会人人都做"工匠精神"的践行者。

材料分析题3

1.答案要点:家风通过家规、家教的方式得以传承并体现在家庭成员的日常行为中,是家庭或家族在代代相传中不断积淀而成的。好家风的传承既是塑造个体良好品德的过程,又是推动社会文明进步的过程。好家风与其他优秀文化传统的传承一样,是延续优良文明基因的过程。

2.答案要点:好家风与社会主义核心价值观是息息相通的,是涵养社会主义核心价值观的深厚土壤。材料中勤俭持家、友善邻里、廉洁自律的好家风正是社会主义核心价值观的具体体现。传承好家风,就是要通过延续其优良风尚,摒弃不合时代要求的内容,并进行创新性发展,使好家风成为提高个人素养、增进家庭和睦、培育良好社会风气的重要途径,让弘扬社会主义核心价值观真正落到实处。

材料分析题4

1.答案要点:诚实守信在我国思想道德建设中具有特殊重要的作用,它既是中华民族的传统美德,也是我国公民道德建设的重点,还是社会主义核心价值观的一条重要准则。诚实就是真实无欺,既不自欺,也不欺人;守信就是重诺言,讲信誉,守信用。诚实和守信是统一的。就个人而言,诚实守信是高尚的人格力量;就社会而言，诚实守信是正常秩序的基本保证；就国家而言，诚实守信是良好的国际形象。

2. 答案要点：要让信用的黏合剂成为社会发展的巨大红利，需要做到：①加强诚信宣传教育；②加强诚信体系建设，对守信行为进行奖励，对失信行为进行严厉惩戒，让失信者寸步难行，让守信者一路畅通；③提升全社会诚信水平，打造不敢失信、不能失信、不愿失信的社会环境，形成全社会诚实守信，重信守诺的良好风尚。

材料分析题 5

1. 答案要点：文明出行是现代社会公共生活的重要内容，随着社会的进步，公共生活领域的范围逐渐扩大。公共生活需要公共秩序。维护公共秩序对经济社会健康发展，保障人民生活质量与安全具有重要意义。建立和维护社会秩序需要道德和法律两种手段。两者发挥作用的方式有所不同，但互为补充、相辅相成。

2. 答案要点：构建文明的公共生活秩序，需要增强社会公德意识和法律意识，养成遵守社会公德和遵纪守法的良好行为习惯，学习和把握公共生活中的道德与法律规范，提升自身文明素养和法律意识。

材料分析题 6

1. 答案要点：伟大的抗战精神包括：天下兴亡、匹夫有责的爱国情怀，视死如归、宁死不屈的民族气节，不畏强暴、血战到底的英雄气概，百折不挠、坚忍不拔的必胜信念。伟大的抗战精神，是中国人民弥足珍贵的精神财富，永远是激励中国人民克服一切艰难险阻、为实现中华民族伟大复兴而奋斗的强大精神动力。

2. 答案要点：红色基因的道德内容主要包括：为实现社会主义和共产主义理想而奋斗；全心全意为人民服务；始终把革命利益放在首位；树立社会新风，建立新型人际关系；修身自律，保持节操。用实际行动把红色基因一代代传下去，具有十分重要的意义。有利于加强和巩固社会主义和共产主义的理想信念；有利于培育和践行社会主义核心价值观；有利于引导人们树立正确的道德观；有利于培育良好的社会道德风尚。

材料分析题 7

1. 答案要点：社会公德的主要内容包括文明礼貌、助人为乐、爱护公物、保护环境、遵纪守法。材料 1 中不文明行为违背了文明礼貌、遵纪守法的社会公德。

2. 答案要点：(1)个人品德在社会道德建设中具有基础性的作用。社会公德、职业道德、家庭美德建设，最终都要落实到个人品德的养成上。现实生活中，规则之所以屡屡被无视和破坏，从主观上讲，就是因为有些人私德“光着脚”，缺乏“社会公德”，不能正确处理个人利益与社会利益的关系，为了追求个人利益，不惜损害他人利益、社会利益，甚至无视法律法规。

(2)要为社会公德保驾护航，不仅需要良好社会风气的倡导，而且要以法律和制度的硬约束来确保社会公德的不受挑战。一方面，提升公民的思想道德素质和法治素养，增强公共意识；另一方面要提高破坏规则的代价，通过法律的力量强制人们遵守和敬畏规则。

材料分析题 8

1. 答案要点：网络交往只是将公共生活的场所和领域扩展、公共生活的空间扩大，虽然使公共生活进一步扩展到虚拟世界，但并没有改变人与人交往的本质。网络交往的人都是在现实中生活的，所以，网络交往仍然是人与人的现实交往，网络生活也是人的真实生活。

2. 答案要点：公共生活需要公共秩序，网络交往与其他公共生活一样也需要网络秩序。秩序是由社会生活中的规范来制约和保障的，网络秩序是由一定规范维系的人们公共生活的一种有序化状态。“网络空间天朗气清、生态良好，符合人民利益。网络空间乌烟瘴气、生态恶化，不符合人民利益。”大学生应当遵守网络生活中的道德要求，努力营造清朗网络空间。具体要求如下：①正确使用网络工具；②健康进行网络交往；③自觉避免沉迷网络。④加强网络道德自律；⑤积极引导网络舆论。

材料分析题 9

1. 答案要点：职业是指人们由于社会分工所从事的具有专门业务和特定职责，并以此作为主要生活来源的社会活动。职业生活则是人们参与社会分工，用专业的技能和知识创造物质财富或精神财富，获取合理报酬，丰富社会物质生活或精神生活的生活方式。人类是劳动创造的，社会是劳动创造的。劳动没有高低贵贱之分，任何一份职业都很光荣，好工作的标准也不是“钱多事少离家近”。无论从事什么劳动，要干一行爱一行，爱一行钻一行，在劳动中体现价值、展现风采、感受快乐。

2.答案要点：兢兢业业、踏实勤奋的工作作风，数十载如一日埋头苦干、爱岗敬业、办事公道、服务群众的奉献精神。

材料分析题 10

1.答案要点：个人品德在社会道德建设中具有基础性作用。在现实生活中，社会公德、职业道德和家庭美德的状况，最终都是以每个社会成员的道德品质为基础的。社会公德、职业道德和家庭美德建设，最终都要落实到个人品德的养成上。个人品德是公共生活、职业生活、婚姻家庭生活顺利进行的前提和基础。公共生活、职业生活和婚姻家庭生活是个人品德外在表现的主要领域。当前我国公共生活、职业生活、婚姻家庭生活领域出现的一些问题，归根结底是公民个人品德修养出现了问题。为了实现社会的有序与和谐，今后无论在国家社会主义精神文明建设层面，还是在公民个人品德修养层面，都应该更加关注公民的个人品德修养。

2.答案要点见重难点解析(十四)。

材料分析题 11

1.答案要点：志愿服务是指志愿贡献个人的时间及精力，在不求任何物质报酬的情况下，为改善社会、促进社会进步而提供的服务。志愿服务的精神是奉献、友爱、互助、进步。其中，奉献精神是精髓。

2.答案要点：志愿服务是培育和弘扬社会主义核心价值观的重要载体。志愿服务所体现出来的奉献精神，有助于传递社会关爱、弘扬社会正气、形成向上向善、诚信互助的良好社会风尚。志愿服务已经成为大学生参与社会实践、成长成才的重要舞台，成为大学生关爱他人、传播青春正能量的重要途径。大学生应积极参加志愿服务活动，在深入社会、体察民情、关爱他人、奉献社会的道德实践中感受善的力量，为实现中国梦发光发热。

第六章

(一)单项选择题

1～5. DADBB　**6～10.** CBABB　**11～15.** DDBDC　**16～20.** CBDAC　**21～25.** ABCAA
26～30. AADCB　**31～35.** BDABB　**36～40.** ACCCA　**41～45.** CCCAC　**46～50.** AABCD
51～55. CABCD　**56～60.** DDCAB　**61～65.** ACDBD　**66～70.** DCBDD　**71～76.** BDABAB

(二)多项选择题

1. ABCD　**2.** ABC　**3.** AB　**4.** BD　**5.** ABD　**6.** ABC　**7.** ACD　**8.** AD　**9.** ABCD
10. BCD　**11.** ABCD　**12.** ABD　**13.** ACD　**14.** AB　**15.** ABCD　**16.** CD　**17.** ABCD
18. ABD　**19.** ABC　**20.** ABCD　**21.** ABCD　**22.** BC　**23.** ABD　**24.** ABD　**25.** ABC
26. ABCD　**27.** ACD　**28.** BC　**29.** BCD　**30.** ACD　**31.** AD　**32.** ACD　**33.** ABCD
34. ABC　**35.** ABCD　**36.** ABCD　**37.** ABCD　**38.** ACD　**39.** ABC　**40.** ABCD
41. ABD　**42.** ACD　**43.** ABCD　**44.** ABD　**45.** ABC　**46.** ACD　**47.** ABC
48. ABCD　**49.** ABD　**50.** ABCD　**51.** ABCD　**52.** ABCD　**53.** ABC　**54.** ABCD
55. ACD　**56.** BCD　**57.** ABD　**58.** ABCD　**59.** ABCD　**60.** ABC　**61.** ABCD
62. ABCD　**63.** AC　**64.** AB　**65.** ABC　**66.** ABCD　**67.** AC　**68.** ABC　**69.** ABCD
70. ABD　**71.** ABD　**72.** ABCD　**73.** ABCD　**74.** BCD　**75.** ABCD　**76.** BCD　**77.** ABCD
78. ABCD

(三)简答题

1.答案见重难点解析(一)。

2.答案见重难点解析(二)。

3.答案见重难点解析(三)。

4.答案见重难点解析(四)。

5.答案见重难点解析(五)。

6.答案见重难点解析(七)。

7.答案见重难点解析(九)。

8.答案见重难点解析(十一)。

9.答案见重难点解析(十三)。

10.答案见重难点解析(十五)。

11.答案见重难点解析(十六)。

12.答案见重难点解析(十九)。

(四)论述题

1.答案见重难点解析(三、四)。

2.答案见重难点解析(六)。

3.答案见重难点解析(八)。

4.答案见重难点解析(十)。

5.答案见重难点解析(十二)。

6.答案见重难点解析(十四)。

7.答案见重难点解析(十七)。

8.答案要点:(1)国家应加大对助人为乐的支持力度和完善各方面的制度保障。①舆论支持,新闻媒体应继续加强对见义勇为、助人为乐行为的宣传;②制度支持,通过立法完善对助人为乐者的保护和对助人为乐反而被诬陷行为的惩戒;③物质奖励和精神奖励的支持,对见义勇为和助人为乐者进行精神或物质的奖励。(2)社会各界应积极弘扬助人为乐精神,为推进助人为乐的良好社会风尚作出积极贡献。(3)个人应该努力提高自己的精神境界,坚定行善的信念,学习和改进助人的方式方法。

9.答案见重难点解析(十八)。

10.答案要点:我国公民的权利救济方式主要包括四种:①司法救济。公民可以通过行使诉权,依据刑事诉讼法、民事诉讼法和行政诉讼法,实现权利救济。②行政救济。公民可以通过行使听证、复议等权利,要求国家行政机关以行政裁决的形式实现对权利的救济。③政治救济与社会救济。政治救济主要是公民依法以游行、示威、结社、请愿等方式要求或实现合法权益的权利救济模式。④自力救济。自力救济是指权利人依靠自己的力量实施的救济行为。如我国刑法中规定的正当防卫与紧急避险,民事法律规定侵权人和被侵权人就侵权行为达成的赔偿或和解协议等。

(五)材料分析题

材料分析题 1

1.答案要点:中国共产党领导的多党合作和政治协商制度,是适合中国国情的社会主义政党制度。与多党竞争、轮流执政的"打橄榄球"式的西方政党制度有着本质区别。"唱大合唱"形象反映了我国政党制度的鲜明特色:共产党领导,多党派合作;共产党执政,多党派参政。中国共产党和各民主党派有着共同的根本利益和共同目标。这充分体现了共产党和各民主党派团结一致、合作共事的优点和特点。

2.答案要点:各民主党派都参加国家政权,参与国家事务的管理,参与国家大政方针和国家领导人选的协商,参与国家方针、政策、法律、法规的制定执行。民主党派成员通过多渠道、多形式广泛开展重大问题的调查研究。对执政党的工作实行民主监督,积极参与改革开放和现代化建设事业,为推动祖国统一大业和社会进步不断献言献策。

材料分析题 2

1.答案要点:法治是实现国家治理现代化的主要手段,良好的法治有助于维护国家的政治制度、经济制度和社会秩序。不仅如此,法治更关乎百姓福祉。从坚持人民主体地位来讲,法治建设以保障人民根本利益为出发点和落脚点；从法治建设的各方面来讲，无论立法、执法、司法还是守法，都与百姓息息相关；从人的一生福祉来讲，无不需要法治的护航。

2.答案要点：党的领导是中国特色社会主义最本质的特征，是社会主义法治最根本的保证。把党的领导贯彻到依法治国全过程和各方面，是我国社会主义法治建设的一条基本经验。坚持党的领导，是社会主义法治的根本要求，是党和国家的根本所在、命脉所在，是全国各族人民的利益所系、幸福所系，是全面推进依法治国的题中应有之义；党的领导和社会主义法治是一致的，社会主义法治必须坚持党的领导，党的领导必须依靠社会主义法治。

材料分析题 3

1.答案要点：(1)公共生活需要公共秩序，公共秩序需要法律和道德等规范、规则和制度来约束和协调。规则是文明的内化，被普遍遵行的规则和制度就像安全带一样，是社会健康运行的安全保障。

(2)任何一种文明的成长和成熟，都离不开规则和制度的支撑。文明的成长和成熟，既要靠教育，也要靠法制。通过规则和制度加强对社会生活各个方面的管理，制裁和打击危害社会的不法行为，才能规范和养成良好的行为习惯，约束和制止不文明行为，形成扶正祛邪、扬善惩恶的社会风气。

2.答案要点：(1)德治和法治，是维护社会秩序的两种不同方式，法治主要依靠制定和实施法律规范的形式来推进和实施，德治主要依靠培育和弘扬道德等途径来推进和实施。

(2)“君子慎独”指的是依靠个人道德自律，是德治的方式；“制度化约束”是指依靠法律等制度来维护社会秩序，是德治的方式。

(3)法治社会不能仅仅寄希望于“君子慎独”，而且有赖于制度化约束。法治社会的形成，需要法治和德治共同发挥作用：通过德润人心，达到“君子慎独”；通过“制度化约束”，达到法安天下。

材料分析题 4

1.答案要点：陈某行为失当，与其没有养成良好的法治思维和行为方式有关。

(1)法治思维是指以法治价值和法治精神为导向，运用法律原则、法律规则、法律方法思考和处理问题的思维模式。

(2)对陈某而言，他行为失当体现在：当他在医院与伤者家属发生冲突时，没有做到依法冷静权衡，而是持刀挟持医生，作出触犯法律的行为。

(3)陈某行为失当的原因，归结起来就是没有养成良好的法治思维和行为方式。

2.答案要点：如果在日常生活中遇到与陈某类似的处境，以下几点是必须做到的：

(1)理智冷静，千万不要冲动，更不能做出类似陈某那种违法犯罪的行为。

(2)按照法律的程序要求解决问题。可以选择的有：①协商解决。自行协商处理损害赔偿事宜。②调解解决。通过交管部门调解。③诉讼解决。由法院依法审理，作出判决或裁定。

材料分析题 5

1.答案要点：最高法的报告中提到这两起“小案”，向社会传递了以下信号：

(1)维护公平正义。公平正义是法治的生命线，是司法活动最高的价值追求。公正司法是维护社会公平正义的最后一道防线。保证公正司法，努力让人民群众在每一个司法案件中都能够感受到公平正义，才能提高司法公信力，推动全社会树立法制意识。

(2)鼓励和支持维护公共利益、见义勇为的行为。

2.答案要点：(1)公平正义是指社会的政治利益、经济利益和其他利益在全体社会成员之间合理、公平分配和占有。

(2)公平正义主要包括权利公平、机会公平、规则公平和救济公平等。①权利公平包括权利主体平等、享有的权利特别是基本权利平等以及权利保护和权利救济平等。②机会公平包括起点平等、发展平等和代际平等。③规则公平包括法律规则面前人人平等、法律内容面前人人平等和法律保护面前人人平等。④救济公平是指为权利受到侵害或处于弱势地位的公民提供平等有效的救济。救济公平包括司法救济公平、行政救济公平和社会救济公平等内容。

材料分析题 6

1. 答案要点：我国法律规定，国家尊重和保障人权，公民在法律面前一律平等。平等权是公民的一项基本权利，是不受任何差别对待、国家给予平等保护的权利。图书馆作为公共资源，人人享有使用的权利，乞丐和拾荒者也不例外，管理者也应该提供便利。公民在行使自由和权利的时候，不得损害公共利益和其他公民的合法自由和权利。读者没有高低贵贱之分，如果有人不愿意与乞丐和拾荒者一起阅读，有权选择离开。

2. 答案要点：平等和宽容是处理人际关系的基本原则，图书馆是公共场所，乞丐和拾荒者也有读书的需要和权利，理应受到尊重和平等对待。图书馆对乞丐和拾荒者免费开放，并不是一种施舍，读者可以被这种和谐的环境所改变，人们在互相尊重中心灵也得到了净化。

材料分析题 7

1. 答案要点：任何权利的行使都不是绝对的，都有其相应的限度，必须依照法律规定的限度来行使权利。我国宪法规定，公民在行使自由和权利的时候，不得损害国家的、社会的、集体的利益和其他公民的合法的自由和权利。公民在电梯里吸烟，是危害他人健康，构成侵权，不再是权利。公民劝阻他人在电梯里吸烟，符合权利行使的正当性。

2. 答案要点：行使法律权利要求：①符合权利行使的目的。不仅在形式上符合相关法律的规定，也要符合立法意图和精神。②符合权利行使的限度。公民在行使自由和权利的时候，不得损害国家的、社会的、集体的利益和其他公民的合法的自由和权利。③符合权利行使的方式和权利行使的程序。行使权利必须采用合法的方式、按照法定程序进行，不能采取非法手段。

材料分析题 8

1. 答案要点：(1)独享单车的行为既不道德，也违反法律。

(2)共享单车一方面是社会公用产品，大众对其拥有“使用权”；另一方面，其“所有权”在共享单车运营公司。

(3)社会公德包括爱护公物，对社会公用物品的独占或破坏，有违社会公德。

(4)共享单车是其所属企业运营的私有财产。我国宪法规定，公民合法的私有财产不受侵犯。因此，对共享单车的独占或破坏违反了法律，需要承担相应法律责任。

2. 答案要点：(1)共享的本质在“享”，即通过与他人的分享实现一定的权利诉求，其本质就是个人与他人权利的关系问题。

(2)一个人行使权利的过程可能就是另一个人履行义务的过程，每个人权利的实现都是他人的协助和尊重的结果。

(3)只有所有人都尊重他人的权利，单车的共享才会实现。

材料分析题 9

1. 答案要点：(1)网络空间也是公共领域。网络空间是虚拟的，但网络空间中的个体是真实的，网络空间是公共领域的延伸。

(2)公共领域从事活动需要公共秩序，公共秩序需要法律维护，所以“互联网不是法外之地”。

2. 答案要点：(1)《中华人民共和国宪法》赋予公民言论自由的权利。中国公民在互联网上的言论自由受法律保护，可以通过各种形式在网上发表言论。

(2)公民在互联网上行使言论自由的权利时，要坚守法律法规的底线，不得损害国家的、社会的、集体的利益和其他公民的合法的自由和权利。

材料分析题 10

1. 答案要点：本案中，乙因甲的行为而遭受的权益侵害主要有两个方面：

(1)健康权。健康权是在公民享有生命权的前提下，确保自身肉体健全和精神健全、不受任何伤害的权利。因甲通宵打麻将，制造噪音，乙的身体健康权受到侵害。

(2)人格尊严权。人格尊严权,即与人身有密切联系的名誉、姓名、肖像等不容侵犯的权利。因甲的辱骂和公然的侮辱行为,乙的人格尊严权受到了侵害。

2.答案要点:根据我国现行法律的规定,乙“讨个说法”的主要途径有:

(1)行政救济。可以向公安机关举报和投诉,要求加害人甲赔礼道歉并赔偿损失。

(2)司法救济。如果经公安机关调解,双方未达成协议或者达成协议后甲不履行的,乙可以就民事争议依法向人民法院提起民事诉讼。如果判决生效后甲仍拒不履行判决,就可以申请法院强制执行。

后　记

本书由中国地质大学(武汉)马克思主义学院德育教研部思想道德修养与法律基础教研室多位教师共同编写完成。本书由杨美华、张洁、马洪杰、高翠欣主编。各部分编者是:绪论、第四章:张洁;第一章:杨美华、王明华、张洁、马洪杰;第二章:于晓舟、姚琳;第三章:高艳丽;第五章:高翠欣、束永睿;第六章:马洪杰。全书由杨美华拟定编写框架,最后由杨美华、张洁负责统稿。本书的编写得到高翔莲教授、彭涛教授、汪宗田副教授的鼎力支持,在此表示衷心的感谢!本书在编写过程中参考了大量的文献和专家学者的研究成果,在此表示感谢!

另外,本书的编写得到了中国地质大学出版社、中国地质大学(武汉)马克思主义学院、中国地质大学(武汉)学生工作处、中国地质大学(武汉)珠宝学院、中国地质大学(武汉)机械与电子信息学院的大力支持,在此表示衷心的感谢!参加本书编写的教师长期奋斗在思想道德修养与法律基础课教学和研究的第一线,有较好的理论基础和丰富的教学经验,在本书的编写过程中,各位编者认真负责、尽心尽力,但由于时间紧促,加之学识和水平有限,因此书中难免有疏漏错误之处,希望诸位专家、读者不吝批评赐教!

编　者

2019 年 8 月